다시, 목민(牧民)

다시, 목민(牧民)
— 고영근의 삶과 신학

2021년 4월 23일 초판 1쇄 인쇄
2021년 4월 30일 초판 1쇄 발행

지은이 | 고성휘 김정준 박종현 신익상
엮은이 | 고영근 목민연구소
펴낸이 | 김영호
펴낸곳 | 도서출판 동연
등 록 | 제1-1383호(1992. 6. 12)
주 소 | 서울시 마포구 월드컵로 163-3
전 화 | (02)335-2630
전 송 | (02)335-2640
이메일 | h-4321@daum.net
블로그 | https://blog.naver.com/dong-yeon-press

ISBN 978-89-6447-659-8 03040

다시, 목민牧民

—고영근의 삶과 신학

고영근 목민연구소 엮음
고성휘 김정준 박종현 신익상 함께 씀

동연

추천의 글

고영근(高永根, 1933~2009) 목사님은 청년 시절을 한국전쟁기에 북한군과 남한군에서 보냈고, 제대 후에는 신학을 공부하여 전남 강진에서 목회를 시작, 전국을 자신의 목장으로 하는 목민목회에 나섰다. 그 사이에 불의하고 포악한 정권에 맞서 싸우며 그의 예언자적 외침 · 투쟁으로 두 차례의 옥고와 이십여 차례의 구류를 치른, 해방 후 한국교회사에서 예언자적 목회활동으로 수난을 겪은 가장 기억할 만한 분이다.

필자가 고영근 목사님을 알게 된 것은 1980년대 초 필자의 해직 시절에 고영근 목사님의 초청으로 목민선교회에 가서 강연 차 나눈 교제가 기연이 되었다. 그 뒤 고 목사님이 주최한 여러 강연과 모임에서 뵙게 되었다. 특히 필자가 강연을 하는 곳에 고 목사님이 오시면, 강연장 맨 앞자리에 앉으셔서 나의 강연에 동의할 부분이 있을 때에는 "아멘" "아멘" 하면서 강연에 추임새를 넣어주던 일이 자주 떠오른다. 아마 이것이 계기가 되어 목사님을 소개하는 이 책도 미리 보게 된 것이라 생각한다.

연보에 의하면, 고영근 목사님은 1933년에 평안북도 의주군에서 출생, 청소년 시절에 이미 '성령의 불세례'를 체험했을 정도로 깊은 신앙의 경지에 들었다. 6.25 전쟁이 일어나자 그는 '월남할 목적'으로 1951년 18세의 나이로 인민군대에 입대, 4개월여 후에 전투지역에서 국군에 귀순했다. 1953년 반공포로로 석방되어 국군에 자진 입대하여 8개월간의 군종 하사관 복무를 끝으로 1956년 제대했다. 야간신학교 수료 후 임실 갈담리 강진교회에서 첫 목회를 시작했고, 내선 백운성결교회에서 시무하면서 서울신학대학을 졸업했으며, 1966년 5월 성결교단에서 목사안수를 받은 후 서울 북아현교회 목회자로 부임했다. 이 무렵 그는 성결교회에서 장로교회로 교단을 옮겼다. 1971년 예장 전도부 목사, 1972년에는 '한국부흥사협회 총무'를 맡게 되면서 전국 단위의 목회를 시작했고, 『한국교회의 나아갈 길』 등 여러 권의 책을 출판했다.

1972년 유신정권이 성립되자 그는 한국교회의 영적 부흥의 시급성을 절감한 듯하다. 그는 1974년 '엑스플로 74' 등 민족복음화 운동에 뛰어들어 부흥사 수련회 등 전국 단위의 부흥회를 인도하게 되었는데, 1975년 한 해만 해도 전국 단위 부흥회 45회에 교역자 수련회 29회를 인도했다. 이 무렵 유신정권의 반민주·독재적 권력 하에서 그는 교계 개혁 못지않게 사회정화의 필요성을 절감하게 되어 정권에 대한 비판을 숨기지 않았다. 1976년 3월 중순 충북 단양장로교회에서 행한 그의 설교가 긴급조치 9호를 위반했다 하여 구속되었고, 그 이듬해 7월, 1년 4개월 만에 병보석으로 석방되었다. 이어서 그는 1977년 11월 27일 전남 강진군 강진교회 부흥회 기간에 긴급조치 9호 위반 혐의로 2차 구속되어 2년 넘게 수감생활을 했다. 유신정권 하에서 말씀을 증거하다가 두 번이나 현장 투옥된 경우는 흔치 않았다.

1979년 12월 석방된 그는 그 이듬해 3월 1일 목민선교회를 창립했고 '나라를 위한 기도회'를 시작하는 등 그 뒤의 활동은 목민선교회를 발판으로 전국적인 교회·사회개혁에 나서게 되었다. 신군부에 대한 그의 냉철한 비판과 예언자적 선포는 수십 차례 연행과 구류로 이어졌고, 그의 외침은 신군부 정권뿐만 아니라 신군부를 뒷받침하고 있는 미국 정부에 대한 비판으로도 이어졌다. 이 무렵 그는 '고난받는 양심수를 위한 영치금·도서 보내기 운동'(1981)과 '문부식 구명 기도회'(1983), '나라를 위한 기도회'(1985), '양심수·구속자·시국사범 후원 운동'(1990)과 '비전향 장기수 돕기 운동'(1990)에까지 목회 영역을 확장시켰다. 이 같은 그의 선교활동은 그 스스로 수감생활을 통해 고난을 체휼했기 때문에 가능했던 것이다. 따라서 1998년 10월 한국인권문제연구소가 그에게 제1회 인권상을 수여한 것은 결코 놀라운 일이 아니다.

그는 기독교 복음을 사회적 영역으로 확산하는 데에 누구보다 앞장섰다. 당시 한국기독교회와 목회자들은 '정교분리'(政敎分離)라는 주장을 내세워 복음의 활동 영역에 미리 방어막을 치고 스스로를 게토화시키며 자신들의 비겁함을 정당화했다. 이는 불의한 정치를 비판하지 못하는 자신들의 무능과 무용(無勇) 때문이었지 복음의 속성 때문에 그렇게 된 것은 아니었다. 당시의 이 같은 정황에 비춰보면, 그의 목민목회는 복음의 확실한 기반 위에서 성속(聖俗)의 구분을 넘어서서 하나님 나라의 무한한 확장성을 염두에 둔 것이었다. 그의 목민목회는 목장(牧場)을 '기독교적'이라 간주되는 영역에 한정시키지 않고 전 세계와 정치·사회 각 영역으로 확장시킨 것이었다. 정권적 차원의 모든 영역과 경제·사회·교육의 제반 영역, 도시와 농촌의 구별이 있을 수 없었다. 그렇게 함으로 기독교 복음의 광활한 영역을 개척해 갔던 것이다.

그 무렵 한국 신학계에서는 이론적으로 하나님 나라의 우주적임을 주장하기도 했지만, 실천적인 측면에서는 고영근 목사님이 가장 선두 그룹에 서서 치고 나갔다. 그 무렵 그는 정권교체를 호소하는 유인물을 배포하는가 하면 박정희기념관 건립을 중단하라는 운동을 벌이기도 했다. 당시 선각적인 그의 활동은 기독교계는 물론 한국의 지성계도 제대로 감당하지 못한 것이었다. 그러나 이런 엄청난 활동은 그의 건강을 소진시켜 2007년부터 당뇨병과 뇌졸중으로 투병을 시작하게 되었고 2009년 9월 6일 하나님의 부르심을 받았다.

고영근 목사님은 화려한 학문적 배경을 가지진 않았지만, 말씀과 실천을 겸수(兼修)하고 지행(知行)을 합일(合一)시켰기 때문에 실천적인 경험을 토대로 『한국교회 혁신과 사회정화방안』(1968), 『한국교회의 나아갈 길』(1972), 『기독교인의 나아갈 길』(1981), 『우리 민족의 나아갈 길』 6권(1984~1987) 등 수십 권의 저술과 팜플렛, 성명서 등을 남겼다. 이런 저술들은 현장을 떠나 연구실의 사유만으로 이뤄진 탁상(卓上)의 공론(空論)이 아니라, 그가 살았던 시대와 목회의 현장에서 보고 느낀 실제적인 경험들을 토대로 하나님 말씀의 적용을 풀어갔기 때문에 그가 경험한 시대와 사회, 교회가 고스란히 거기에 녹아 있다.

고영근 목사님은 그가 직면했던 유신 정권과 신군부의 권력하에서 당시 박정희·전두환·노태우를 그의 강론대에 올려놓고 하나님의 말씀으로 해부하고 채찍질을 가한 거의 유일한 목회자가 아닌가 한다. 이런 모습은 구약의 예언자들이 보여줬던 모습 그대로였다. 그를 연구하려는 자들은 그가 넓혀놓은 목민목회의 그 광활한 목장을 먼저 살피고 그 안에 담겨 있는 개별적인 사실을 점검해가는 순서를 밟는 것이 온당하다고 생각한다. 그의 일언일구(一言一句)나 일거수일투족(一擧手一投足)은 그가 넓혀 간 목민목회에 대한 이해를 전제로 할 때 제대로 해명된다는 뜻이다. 그럴 때 그가 고민하고 구상했던 한국민족과 한국교회의 미래가 제대로 보일 것이고, 아직도 분단을 극복하지 못한 이 민족을 향해 민족적 고민을 어깨에 짊어지고 용기 있게 돌파해 간 고영근 목사의 목민목회와 통일한국의 미래를 이해하고 살아가게 될 것이다.

이 책은 고영근 목사님의 생애를 몇 개의 시대 구분을 통해 천착해보려고 시도한, 아마도 최초의 연구서라고 생각된다. 학자적 시각에 따라 몇 개의 시기 구분을 통해 고영근 목사님을 조망하고 있다. 시대적 구분이나 그 특징이 어떤 형태로 나타나더라도 고영근 목사님에게서 나오는 가장 강력한 힘은 복음의 힘이요, 자기 시대를 향한 예언자적 소리였다. 이 책의 연구자들은 시대마다의 고영근 목사님의 주장과 실천을 찾아내어 그의 진면목을 살피려고 했다. 연구자들의 노력에 감사하면서 이 책이 하나의 기반이 되어 앞으로 더욱 고영근 목사님의 예언자적인 모습이 더욱 천착되기를 기대한다.

2021년 3월 3일

이만열

(전 국사편찬위원회 위원장)

추천의 글

'牧民, 爲民, 愛民'의 고영근 목사의 삶, 목회, 신학을 기리며

고영근 목사님을 처음 뵈었던 것은 기독교회관에서였다. 작지만 단단한 체구로 기억된다. 만날 때마다 목민선교회 소식지를 전해 주셨다. '이게 뭐지?' 하며 대수롭지 않게 소식지를 눈으로 보고 사무실로 들어와 책상 위에 방치하듯 올려두었다. 신대원을 졸업하고 곧바로 2003~2006년까지 3년 반 동안 기독교회관에서 일하면서 그렇게 고영근 목사님을 처음 뵙고 스치듯 마주쳤다. 그때는 목사님이 어떤 분이신지 몰랐다. 여러 선교단체 중 하나를 맡고 계신 것이라 생각했다.

목민선교회 고영근 목사님 소식을 또다시 마주한 곳은 예상치 못한 곳이었다. 고향 시골 마을에 있는 어머니 댁에 명절을 맞아 내려갔는데 어머니 책상 위에 목민선교회 소식지가 가지런히 놓여 있었다. 어머니께서 어떤 경로를 통해 목민선교회 소식지를 받으셨는지 알 수 없으나 우편을 통해 소식지가 시골 마을에까지 도달해 있었다. 기독교회관에서 직접 받았던 목민선교회 소식지가 시골 어머니 책상에 놓여 있는 것을 보며 어떤 분일까 궁금하기 시작했다. 하지만 2006년 6월 유학을 떠나 다시 돌아올 때까지 그 존재를 까맣게 잊고 있었다.

이후 고영근 목사님과 목민선교회를 구체적으로 다시 마주한 것은 공부를 마치고 귀국 후 고성휘 박사님을 뵙고부터이다. 고 목사님이 남겨주신 엄청난 양의 문서들과 저서들을 정리하고 계셨다. 정리에 큰 도움을 드리지 못했지만 남겨놓으신 저서와 문서들을 통해 고 목사님을 깊이 인지하기 시작했다.

일제강점기에 태어나셔서 한국전쟁을 경험하시고 군부독재에 항거하며 우리 사회의 민주화 이행과정의 모든 변곡점을 경험하신 삶. 그 변곡점 앞에 놓여 있던 여러 선택의 기로에서 언제나 하나님의 사람으로 서고자 했던 삶. 한국 현대사의 굴곡에서 교회와 복음의 역할을 살피고 실천했던 분. 바로 고영근 목사님이시다. 그러나 그는 교계와 민주화운동 계에서도 소외되어 있었다. 이념의 울타리를 뛰어넘어, 두 종류의 독재 곧 '민중'의 삶을 공히 모두 해치는 공산독재와 군부독재에 저항하며, 항상 '민중'의 삶과 생명을 지키기 위한 '목민, 위민, 애민'의 경계인으로 자처했기 때문이다. 하지만 그는 포기하지 않고 폭력과 고난 아래 신음하는 '민중' 개개인을 찾아갔고, 악의 구조를 변혁하는 실천을 이어갔다. 그는 '목민, 위민, 애민'을 위해 누가 알아주지 않더라도 이상을 현실에서 실천했던 용기있는 예언자였다.

그의 사후 10여 년이 지난 이때, 마침내 후배 학자들이 그의 삶을 재구성하고 그의 생각들을 다시 읽어내 오늘 이 책을 발간했다. 그의 출생에서 소명, 첫 사역의 시기(1933-1958), 그가 구상한 목민목회를 구체적 실현했던 갈담리와 백운교회를 중심으로 한 지역선교 사역 시기(1958-1968), 북아현교회 목회에서 총회 전도목사로 전환, 반독재 투쟁으로 그의 목민목회와 신학이 지역에서 민족 단위로 전환되었던 시기(1969~1975), 박정희 군사독재에서 전두환 군사독재 체제로 전환기에 "자유와 평등"을 외치며 민족과 교회의 나아갈 길을 찾아 '목민'으로 민족목회를 실현했던 시기(1976-1987), '한국교회갱신운동, 공정언론촉구성직자회 결성, 비전향 장기수 후원사업'의 독자적 목민목회를 통해 "구조악에 항거하고" 민족목회를 실시한 시기(1988~1999)를 네 명의 학자들이 정리했다. 고영근 목사님이 당시 실시했던 목민목회의 엄청난 활동에 비해 그의 목민신학과 목회는 널리 알려지지 않았다. 그가 주변인으로, 경계인으로 예언자의 목소리를 내었기 때문에 교계와 사회가 그를 알아주지 못했을 뿐 아니라 때로는 의도적으로 그를 소외시켰다고 보인다. 교회와 정치권력들이 그를 외면했더라도 민중을 향한 그의 목민, 위민, 애민의 외침은 지금도 여전히 우리의 가슴을 울린다.

> 한국의 도시마다 밤이 되면 빨간 십자가의 네온사인이 찬란하게 비치고 있습니다. 버스 안에서 어떤 중년 신사가 옆 사람에게 '저 많은 교회들은 무엇을 하고 있는가?' 했더니 옆 사람이 대답하기를 '저 교회당은 목사들이 예수와 천당 팔아서 밥 벌어먹는 곳이지'라고 대답하였습니다. 나는 곰곰이 생각해 보았습니다. 저들이 어찌하여 교회당을 향하여 목사들이 밥벌이하는 곳이라고 악평하는가를! 한국교회가 구태의연하게 개척교회를 난립하여 교세 확장을 계속하면서 선교사업을 했노라고 자위를 하고 그 반면 고난받는 겨레를 섬기는 일을 등한히 한다면 어떻게 하나님의 성령이 한국교회 안에서 역사하겠습니까? 한국교회는 교세 확장에만 치우치지 말고 한국교회 갱신운동, 자선사업, 구조복음화운동에 기여하

여 민족과 역사 앞에 공헌하는 한국교회가 되어야 할 것입니다(고 영근, 1997).

그의 외침은 지금도 여전히 유효하다. 권력의 행태와 민중의 삶은 그때와 크게 다르지 않기 때문이리라. 이 시점에 그의 삶, 목회, 신학을 읽어내어 그의 생애를 재구성하여 정리하는 것은 늦은 감이 없지 않다. 하지만 코로나19 팬데믹을 관통하며 '언택트'(untact) 사회로의 전환 속에 '뉴노멀'(new normal)이 요청되는 변혁의 기로에 선 우리 교회와 사회에 그의 외침이 행동 양식으로 삼을 근거가 된다는 의미로서 울림이 크다.

최상도

(호남신학대학교 역사신학과 교수)

책을 펴내며

새벽기도를 마치고 나오는데 어머니로부터 전화가 왔다. "아버지가 숨을 안 쉬셔." "어. 엄마 걱정 마셔요. 곧 쉬시겠죠." 말도 되지 않는 환상을 갖고 있었다. 그는 언제나 고난을 딛고 일어서는 오뚝이 같은 존재라 믿었기에. 그는 2003년 이후로 시력을 급격히 잃었고 파킨슨씨병으로 고통을 당하더니 곧 뇌졸중으로 2차례나 쓰러졌다. 그러면서도 목민선교 사업을 지속하려 많은 애를 썼다. 하지만 마지막 촛불 같은 노력에도 불구하고 세월은 그를 지나치지 않았다. 3년 동안의 투병 생활을 지켜보면서도 하늘의 부르심은 예상치 못한 일이었다.

예상치 못한 그의 삶의 끝을 넋 놓고 바라보면서 뭐 하나 준비하지 못한 나를 탓하게 되었고 괴로웠다. 장례식에선 그의 삶을 관통하는 짧은 영상이라도 준비하지 못한 것이 안타까웠다. 하관예배를 드리고 온 날, 이제라도 그를 향한 추모 영상을 만들어야겠다고 생각했다. 그래서 그의 먼지 쌓인 책들과 자료들을 만나게 되었다. 쥐들이 부지런히 돌아다녔을 사과박스 2개에는 그의 오랜, 빛바랜 편지들과 꼼꼼하게 적어놓은 자필기록문들이 쏟아져 나왔다. 일기부터 설교문 초안, 그리고 받은 편지들을 꼼꼼하게 철해 놓은 그의 노력을 나는 외면할 수 없었다. 그 바쁜 와중에 뭔가를 정리하면서 즐거워하셨던 그의 모습을 기억하고 있었기 때문이었다. "아버지. 뭐 하세요?" "자료 정리한다." 정리하는 것을 참 좋아하셨다. 그가 열심히 정리한 문서들이 오롯이 내게로 떨어질지는 상상하지 못한 채 그런가 보다 했던 그의 발자취. 고영근목민연구소를 만들 수밖에 없는 순간이었다.

추모 1주기부터 5주기까지 고영근 목사를 알리기에 힘썼다. 1, 2주기에는 추모예배로, 3, 4주기에는 문화행사로, 5주기에는 예장 역사위원회의 후원으로 6개월간 사료 전시를 했고 감사음악회로 마무리하였다. 크고 작은 전시 기회마다 쫓아다니며 고영근을 기억에서 소환하는 일에 10여 년을 매진하였고 그 과정에서 도움과 응원의 손길은 점점 늘어갔다. 이제는 추모행사로 마칠 게 아니라 그의 삶을 통해 하나님께서 말씀하시려는 그 무언가를 오늘을 사는 우리가 서로 공유해야 한다고 믿게 되었다.

그래서 나온 이 책은 그의 사후 10년이 지나 나온 첫 연구서이다. 얼마나 감개무량한지 이루 말할 수 없다. 그의 삶을 재조명하려는 딸의 애틋한 입장도 입장이려니와 파면 팔수록 나오는 목민사역의 매력을 혼자만 볼 수 없기에 더욱 그렇다. 그가 씨앗을 뿌렸으니 흙을 덮어야 할 또 다른 농부가 필요했다. 그래서 저 멀리 알지도 못하는 러시아 교육심리학자 비고츠키를 연구하는 것보다 목사 고영근을 연구하는 것이 더 가치 있는 일임을 확신하게 된 것이다. 이 열정 가득한 목사이자 부흥사인 그의 입을 통해 하나님이 하실 말씀은 도대체 무엇이었을까? 그리고 하나님은 어떻게 이토록 다양한 사역을 가능하게 하셨을까? 60, 70, 80, 90년대 사역들이 예측할 수 없게 다르며 또 새롭게 다르다. 그럼에도 자세히 보면 하나로 관통하는 '내어줌'의 목민이 자리하고 있다.

이 연구서를 기획하면서 참으로 감사했던 일은 세 분의 학자들이 함께했다는 것이다. 역사신학자, 조직신학자, 기독교교육학자가 한데 모여서 고영근의 삶을 2년여 동안 골머리를 싸매며 토론하였다. 나도, 그들도 잘 알지 못했던 목사 고영근. 그 과정에서 '목민'이라는 단어가 목사 고영근의 삶과 사역을 통해 추출되면서 일목요연한 체계로 거듭나게 되었다. 알록이 달록이의 열린 서술을 기대했을 뿐이었는데, 이 분들의 서술은 그 기대보다 더 많은 영역을 두드리고 있었다. 서로의 생각과 시선을 형성하는 역사가 다름에도 그들 각자의 시선으로 고영근을 보면서 '목민'이라는 한결같은 맥락으로 볼 수 있다는 것이 얼마나 값진가. 그래서 세 분의 연구자들에게 무한한 감사의 마음을 드린다. 또 이 책을 만들 즈음에 정성진 목사님의 고영근 연구사업 후원 제안에 더 큰 힘을 얻었다. 하나님은 이렇게 생각지도 못한 도움의 손길을 예비하고 인도하셔서 그의 뜻을 펼치신다.

연보를 만드느라 그의 책을 다시 살펴보다가 안기부에서 풀려나오면 오랫동안 변비에 시달렸다는 회고가 눈에 띄었다. 인간의 나약함에도 하나님이 부여하신 사명을 온전히 수행하려 최선의 노력을 다한 흔적을 느낄 수 있었다. 얼마나 맞았으면, 얼마나 윽박지름을 당했으면. 그럼에도 석방된 그다음 날 어김없이 안기부가 예상치 못하는 전국 순회 집회에 나섰고 그들에게 또다시 연행되어 닥칠 온갖 모욕과 매질을 각오하면서도 그는 외침을 멈추지 않았다. 그의 끝없는 광야의 삶. 죽어라 모진 매를 맞아도 꿈쩍하지 않아야 할 그의 순교자적 사명은 하나님으로부터 받은 소명에 대한 감사함에서 출발하지 않았을까?

고영근 연구는 이제 첫 출발을 하였다. 하나의 시선만으로 포섭할 수 없을 그의 다양한 목민사역. 부흥사인가 보면 목회자요, 목회자인가 보면 어느새 민주투사로 서 있고, 재야인사인가 보면 충만한 영성운동가로 서 있는 그. 하나의 범주로 가둘 수 없는 그의 독특한 목민사역이 이제 세상의 빛을 보기를 소망한다.

2021년 3월에

고성휘

머리말

고영근의 신학과 사회사상 그리고 목민(牧民) 사역

고영근 목사님의 전기를 출간하게 된 것에 깊은 감사와 기쁨을 멈출 수 없습니다. 지난 2018년 1월 목민연구소에서 필자들이 처음 모여 2020년 고영근 목사님의 10주기를 추모하는 사업을 추진하기로 뜻을 모았습니다. 그 논의 결과 2020년 봄에 평전을 출간하고 함께 추모식을 거행하는 것이 목표였지만 코로나19의 팬데믹으로 국내·외 집회가 중지되는 상황에 직면하게 되었고 당초 3월에 열려던 추모식을 연기하게 되었습니다.

그 당시에는 고영근 목사님을 민주화운동에 헌신하셨던 기독교 운동가로 인식하고 있었습니다. 그후 목민연구소 고성휘 박사님이 그간 축적되었던 고영근 목사님의 사료들을 제공하였고, 이를 윤독하며 매월 목사님의 생애와 활동과 신학사상, 사회사상을 토론하는 시간을 가졌습니다. 이 과정을 통해서 고영근 목사님을 더 가까이 다가서 이해할 수 있는 길이 열렸습니다. 그분의 청교도적이고 순교자적 신앙, 체제와 이데올로기를 넘어서는 전체주의에 대한 저항의식과 실천, 성서에 대한 심오한 통찰과 그것이 현재의 삶을 어떻게 변화시키고 영향을 줄 수 있는지 보여주는 영성, 교회와 사회, 국가에 대한 신학적 성찰 그리고 그의 목회와 선교 현장에 늘 넘쳐나던

따사로운 인품까지… 그분을 알아가는 시간이었습니다. 아마 이 작업을 통해 얻은 가장 큰 소득은 고영근 목사님의 예수 그리스도를 닮은 따뜻한 성품을 마음으로 깊이 느끼게 된 것이라고 여겨집니다. 이 책은 고영근 목사님과 사귐과 필자들의 교제와 나눔의 결실입니다.

이 책의 첫 부분은 고영근 목사님의 출생과 유·소년기를 전기적으로 재구성하였습니다. 기독교교육학자 김정준 박사님이 교육학적 관점에서 빈약한 사료에도 불구하고 고영근 목사님의 성장기를 그려내었습니다. 그 부분에는 고영근 목사님의 가정적 영향, 청소년기의 순교적 신앙 유산의 습득, 한국전쟁이라는 민족적 비극 속 생존을 위한 투쟁에서 시대의 아픔을 끌어안기 시작한 기독교 사역자로서 전환의 모습이 그려져 있습니다.

고성휘 박사님의 글은 한국전쟁 후 한국 사회 속에서 고영근 목사님의 성서적 영성과 한국교회의 순교자적 영성이 교회와 지역사회의 기독교적 재구성에 어떤 역할을 하고, 또 어떤 영향을 주었는지를 그의 갈담리교회, 백운교회 목회사역을 통해 연구하였습니다. 이는 현대의 제도화된 종교로서의 역할에서 지역사회와 성육신적 일치를 지향하고, 기독교적 가치로 세계를 변화시키는 신약성서의 하나님 나라의 전망과 칼빈신학의 문화 변혁자로서 기독교의 창조적 모습을 고영근 목사님의 지역 목회를 통해 알려주었습니다.

박종현 박사의 글은 지역교회의 창조적 목회자였던 고영근 목사님의 사역이 민족과 민중을 지향하는 목민목회로써 창조적인 전환의 시기로 재구성하였습니다. 그리고 고영근 목사님의 민주화운동이 가진 개성적인 모습으로써 고영근 목사님의 민주화운동의 시대사적, 신학적, 민족사적 의미를 파악하는 데 주력하였습니다.

신익상 박사님의 글은 1976년 긴급조치 9호 위반으로 시작된 고영근 목사님의 민주화운동과 그로 인한 수난을 신학적, 사회사상적으로 해석하여 그 의미 체계를 분석하면서 고영근 목사님의 정치신학을 구형하였습니다.

고성휘 박사님의 마지막 글은 고영근 목사님의 사역 중에서 비전향 장기수들을 향한 사역을 기술하였습니다. 철저한 반독재 투쟁가였던 고영근 목사님은 공산주의 체제를 평생 경계하셨지만, 비전향 장기수들에 대해서는 이데올로기적 접근이 아닌 기독교 인도주의자로서 마치 마태복음 25장에 나오는 이야기처럼 수감된 자들에 대한 무조건적인 사랑과 관심을 보여주셨습니다. 이 모습은 노년의 고영근 목사님의 모습이며, 그가 따뜻한 그리스도의 성품을 가진 영성가였음을 보여줍니다.

이 작은 책자가 민주화의 새로운 전환기를 맞이하는 한국의 기독교회와 기독교인들에게 새로운 기독교 실천과 영성을 위한 소중한 단서를 제공해 주기를 기대합니다. 그리고 고영근 목사님을 사랑하고 존경하는 이들에게는 그분에 대한 소중한 기억의 저장소로서, 그리고 아직 고영근 목사님 몰랐던 분들에게 그분을 소개하는 길잡이가 되기를 소망합니다. 아울러 향후 고영근 목사님에 대한 더욱 심화된 연구가 나오기를 소망합니다.

지난 2년간 목민연구소를 이끌며 필자들에게 자료를 제공하고 소중한 접대를 해주신 고성휘 박사님께 감사드립니다. 이 모임의 초창기에 여러 신학적 조언을 해주신 협성대학교 박숭인 교수님께도 감사드립니다. 이 모임에 기회가 될 때마다 참석하시고 출판해주신 도서출판 동연 김영호 장로님께 감사드립니다. 또 본 연구를 위하여 연구비를 흔쾌히 지원해 주신 정성진 목사님과 출판비를 지원해 주신 고성진, 고성숙 선생님께 감사드립니다.

집필자를 대표하여
박종현
(한국문화신학회 회장)

차례

추천의 글 _ 이만열 / 5
추천의 글 _ 최상도 / 10
책을 펴내며 _ 고성휘 / 14
머리말 _ 박종현 / 18

제1장 | 고영근의 생애 초기(1933~1958)
고영근 목사의 생애 초기: 신생, 소명, 복음 사역의 길 김정준

I. 들어가는 말 27
II. 고영근의 중생: 일제강점기에 만난 하나님 29
1. 일제 민족말살통치의 황민화정책 29
2. 신사참배 33
3. 6.25 전쟁 36
III. 고영근의 영적 성장: 가정과 교육 38
1. 출생과 성장: 말보다 생활에서 배움 38
2. 성장과 성품 형성: 부모님의 외유내강 39
3. 서당과 간이학교: 근면과 성실 40
IV. 고영근의 신앙적 배경: 성서에 기초한 주체적 순교신앙 43
1. 평안남도 평양 vs. 평안북도 의주: 선교부 44
2. 의주의 3.1 독립운동: 민족독립 신앙 45
3. 순교자의 영성: 이기선, 심을철 47
V. 고영근의 소명: 6.25 전쟁과 복음 사역 54
1. 신생과 소명의 길
: 일본 제국주의에서 공산주의로 넘어가는 길목에서 54
2. 정치 이데올로기 vs. 기독교의 '생명' 57
3. 복음의 사역: 죽음을 넘어 복음으로 생명을 61
VI. 나가는 말 70

제2장 | 고영근의 목민목회(1958~1968)
갈담리, 백운지역 선교 사역에 기반한 고영근의 목민목회 고성휘

I. 들어가는 말 81
II. 고영근의 목회관 85
1. 척박한 현실 위에 선 애통함의 목회관 85
2. 민중을 향한 '목민목회' 90
3. '목'과 '민'의 관계적 평등성 92
III. 목민목회의 기초를 이룬 지역선교 사역 99
1. 갈담리 강진교회 99
2. 백운교회 115
IV. 지역을 넘어 전국으로 131
1. 지역 문제로 파생된 선교 확장 131
2. 개별목회에서 전국목회로의 확산 134
3. 상호 소통과 정보공유 137
V. 맺음말 140

제3장 | 고영근의 목민신학(1969~1975)
고영근의 목민신학의 형성: 지역 목회에서 민족 목회로 전환 시대
박종현

I. 들어가는 말 155
II. 1960년대와 1970년대의 한국 사회와 교회의 변화 157
III. 1969년 북아현교회 목회와 바른 교회 운동 164
IV. 교회개혁과 사회개혁을 위한 저술과 목민사상의 구형(構型) 167
V. 고영근의 한국교회 영성운동사에서 위치 188
VI. 목민신학의 전망과 예언적 민주화운동 193
VII. 고영근 목민사상의 역사적 의의 200
VIII. 나가는 말 211

第4장 | 고영근의 민족목회(1976~1987)

목민신학, 민주화의 길을 걷다: 민중으로서의 민족을 위한 목회의 시대

신익상

I. 들어가는 말 221
II. 독재에 맞서는 삶: 예언자직을 살다 223
1. 유신독재체제와 예언자의 길(1976~1980) 223
2. 반복되는 독재체제와 우리 민족의 나아갈 길(1980~1987) 246
III. 목민선교: 예언자직을 말하다 259
1. 민중으로서의 민족 263
2. 남은 자의 투쟁 264
IV. 나가는 말 267

第5장 | 고영근의 통일운동(1988~1999)

고영근의 '조국의 정의화, 자주화, 민주화, 통일'운동

고성휘

I. 들어가는 말 279
II. 조국의 정의화, 자주화, 민주화, 통일의 관점 283
1. 주체로서의 민중 283
2. 정의의 내재화와 기독교 통일 운동 289
III. '조국의 민주화'의 실천적 접근 293
1. 시민운동의 일환으로서 '공정언론촉구성직자회' 293
2. 노태우 고소 고발 사건과 지방자치제 301
IV. '비전향 장기수 후원' 사업의 실천적 유의미성 303
1. 개별자로서의 민중을 향한 '찾아감' 303
2. 비전향 장기수 후원 사업의 실천적 유의미성 309
V. 나가는 말 314

목민 고영근 목사 연보 / 329
저자 소개 / 352

제1장

고영근의 생애 초기 (1933~1958)

| 김정준 |

고영근 목사의 생애 초기
: 신생, 소명, 복음 사역의 길
(1933~1958)

Ⅰ. 들어가는 말

이 글은 한국 근대사에 위치한 고영근 목사(高永根 牧師)의 생애와 복음 사역의 신학적 의미가 무엇인지 살펴보기 위함이다. 특히 필자는 역사적 상황에서 고영근 목사(이하 '고영근'이라 칭함)의 생애 초기에 관심을 깆고 그 의미를 살펴보려고 한다.

고영근의 생애는 역사적 사회문화적 컨텍스트 안에서 한 개인이 하나님을 만나고 체험했던 신앙적 사건과 그것에 기인하는 신앙적 해석과 실천적 삶의 사건들이 녹아 있다. 곧 일제강점기-민족해방-한국전쟁-한국의 정치격변기-경제개발 및 민주화 시대로 이어지는 격동의 시대에 한 사람, 고영근이 하나님을 만나는 체험과 함께 자신의 삶을 복음으로 확인하고 세상에 증언했던 예언자 신앙의 모습을 발견하려는 것이다. 그의 생애 기록과 많은 사람의 증언에서 발견한 바는 무엇보다 역사적 상황에서 고영근의 생애에 개입해 들어오신 하나님의 은혜에 대한 신앙의 내연(內燃)이 어떻게 외연(外延)되어 나타나는지를 잘 드러낸다. 한 사람의 생애는 역사적 진공 상태에서 발현되는 것이 아니다. 모든 것이 인간의 지식과 경험으로 다 설명되는 것은 아니지만, 적어도 우리는 역사적 상황에서 한 인간이 현실에서 관계를 맺고 경험했던 다양한 요인들을 살펴봄으로써 한 인간 고영근 목사의 생애와 사역에 대한 의미를 잘 이해할 수 있으리라 생각한다. 특히 한국 근현대사의 역사적 맥락에서 목사로서 고영근의 생애 초기에 맞닿아 있는 '삶의 자리'(Sitz-im-Leben), 곧 일제강점기, 가정과 교육, 6.25 전쟁 등을 배경으로 하는 신앙의 사건에 초점을 두고 살펴보려는 것이다.

이 글의 내용은 고영근의 생애(1933. 1. 18.~2009. 9. 6.) 가운데 초기에 해당한다. 구체적으로 고영근이 일제강점기 평안북도 의주에서 태어난 1933년 1월 18일부터 1945년 8월 15일 민족해방과 함께 북한에 소련군이 진주하여 경험하게 된 공산주의, 1950년에 시작된 6.25 전쟁과 포로수용소 경험, 이후 자진 입대한 남한의 군대 생활과 군종 하사관의 사역, 1958년 4월 야간 신학교 수료와 전라북도 임실군 강진에서 첫 목회를 시작하기 직전까지의 사건에 초점을 두고자 한다. 그 내용은 I. 들어가는 말, II. 고영근의 중생: 일제강점기에 만난 하나님, III. 고영근의 영적 성장: 가정과 교육, IV. 고영근의 신앙적 배경: 성서에 기초한 주체적 순교신앙, V. 고영근의 소명: 6.25 전쟁과 복음 사역, VI. 나가는 말 등의 순서로 전개한다.

II. 고영근의 중생: 일제강점기에 만난 하나님

고영근 목사의 생애는 한국 근현대사에서 조선 후기 민족적 위기와 혼란의 상황, 곧 1910년 한일합방조약(1910. 8. 22.)에 의한 대한제국 소멸, 민족 자주독립의 기상이 용암처럼 표출된 3.1 운동(1919. 3. 1) 이후, 곧 일제강점기 말엽 1933년 1월 18일 평안북도 의주에서 시작된다. 다시 말하여 그의 생애는 1930년대 일제강점기 말엽으로, 세계사적 흐름에서 제2차 세계대전 이후 우리에게 찾아온 민족해방(1945. 8. 15), 6.25 전쟁(1950~1953), 근대화 및 산업경제개발시대(1960~1970년대), 민주화운동시대(1980~1990년대), 지식정보화시대(2000년대)에 이르는 정치, 경제, 역사적 상황과 밀접하게 연결되어 있다. 필자는 고영근의 생애 초기의 역사적 상황, 곧 장차 그의 인격과 신앙 형성에 큰 영향을 끼친 시대적 상황을 살펴보려고 한다. 또한, 그의 삶 초기에 영향을 끼친 일제의 문화통치와 황민화정책, 신사참배, 6.25 전쟁 등에 주목하고자 한다.

1. 일제 민족말살통치의 황민화정책

고영근이 태어나 성장했던 어린 시절, 그의 인격과 신앙 형성에 지대한 영향을 끼쳤던 첫 번째 시대적 상황은 일제강점기 민족말살통치(1931. 만주사변 발발이후~1945)하에서 황민화 정책이 본격화되던 시기이다.

1910년 8월 대한제국이 일본의 불법적인 수단에 의해 합병된 이후 1945년 8월 15일 민족해방에 이르기까지 한민족은 일제 식민 지배하에 있었다.[1] 1910년 한일합방 이후 일제가 조선 땅에서 시행한 식민지배의 양상은 크게 세 단계, 곧 무단통치(1910~1919), 문화통치(1919~1931), 민족말살통치(1931~1945) 등으로 전개되었다. 일제의 한국 식민지배의 특징은 크게 두 가지로 한민족 말살정책과 식민지 수탈정책이라 할 수 있다.

첫째, 무단통치(1910~1919)이다. 조선을 강점한 일제는 초기에 조선총독부를 중심으로 헌병과 경찰을 동원하여 무단통치(武斷統治)하였다. 1906년 2월에 설치된 통감부(統監府)를 조선총독부(朝鮮總督府)로 개편하였고, 제3대 통감이며 육군대장이자 현직 육군대신인 데라우찌 마사다께(寺內正毅)를 초대 조선 총독으로 겸임시켰다. 초대 총독 데라우찌는 치안유지를 명목으로 헌병과 경찰을 일원화하는 제도를 확립하여 무단통치를 시행하였다. 헌병과 경찰을 전국에 빈틈없이 배치하여 결사와 정치, 비정치 집회까지 금지하였다. 그리고 식민지배에 비타협적인 인사는 '불령선인'(不逞鮮人)이라 하여 검거대상이었다.[2] 조선총독부의 식민통치는 한민족의 주권을 박탈하고, 국토를 잠식하고, 경제를 수탈하기 위해 헌병과 경찰을 동원한 무력적인 억압방식이었다. 그들은 일본 자본에 의한 조선 식민지배와 경영의 기초를 구축하기 위한 토지조사, 근대적 도로 및 운수시설, 금융 화폐제도 등을 단행하였고, 다른 한편으로는 식량 및 원료의 공급지, 상품판매시장으로 재편성을 획책하였다. 이러한 조선 땅의 식민지배체제를 구축·유지하기 위한 통치방식이 바로 야만적인

1 김경태·신형식·이배용, 『한국문화사』 (서울: 이화여자대학교출판부, 1986), 316.

2 위의 책, 316. '불령선인'(不逞鮮人)이란 일제강점기에 불온하고 불량한 조선 사람이라는 뜻이다.

헌병경찰(憲兵警察)을 동원한 무단통치 체제였다.

둘째, 문화통치(1919. 3. 1이후~1931. 만주사변 발발까지)이다. 1919년 조선인들의 자주독립을 향한 3.1운동을 계기로 일제는 이른바 '문화통치'를 시행하였다. 일제는 조선인들의 거족적인 3.1운동을 통해 종래의 잔혹한 무단통치로는 한민족을 지배하기 어렵다는 판단하에 정책을 바꾸었다. 일본의 하라 타카시 내각은 3.1운동으로 인한 혼란 수습과 식민지 지배의 안정을 위하여 조선 총독 하세가와 요미치를 경질하고 해군대장 사이또오 마꼬도(齊藤實)를 새로운 총독으로 임명하였다.[3] 부임한 제3대 조선 총독 사이또오는 "조선의 문화와 관습을 존중하고, 문화적 제도의 혁신으로써 조선인을 유도하여 그 행복과 이익의 증진을 도모한다"라는 명목으로 이른바 문화정치(文化政治)를 표방하였다. 그러나 그것은 조선 민족을 회유하고 민족운동 전선을 분열·약화하는 동시에 효율적 수탈을 위한 기만정책에 불과했다. 일제는 조선총독부의 직제를 개정하여 종래 육, 해군 대장에 한하던 총독의 자격 제한을 없애고 문관(文官)을 임명할 수 있다고 했으나 부임한 적은 한 번도 없었다. 헌병 경찰제도를 폐지하고 보통 경찰제도를 채택하였으나, 종래 헌병이 그대로 경찰이 된 것은 물론 전국적인 경찰망 확충과 일본으로부터 경찰 1만 명이 증원되었다. 교육 분야에서도 교육 보급의 명목하에 보통학교 증설이 있었지만, 식민지 교육정책을 추진하는 것이었으며, 일본과의 교육차별은 여전히 심하였다.[4] 결국, 1931년 일제의 대륙 침략전쟁이 시작되기까지 계속된 식민지 문화정책은 확대된 경찰력을 바탕으로

---

3 강재언, 『한국근대사』 (서울: 한울, 1990), 159.

4 김경태·신형식·이배용, 『한국문화사』, 331-332.

조선인의 항일 민족운동을 탄압하고 경제적 수탈은 더욱 심화하였다. 일제는 한국의 민족역사 및 조선어를 교묘하게 변조·왜곡하여 민족혼을 말살하고, 반대로 한국인들에게 일본어, 일본문물 그리고 일본의 생활양식을 주입하는 기만적 민족말살정책을 수행하였다. 이 시기 일제의 식민지 동화정책은 일시동인(一視同仁), 내선일체(內鮮一體), 내선공학(內鮮共學), 일선융화(日鮮融化) 등을 강요하였다.

마지막으로, 일제는 민족말살통치(1931~1945)를 시행하였다. 이 시기는 일제가 1931년 만주침략에 이어 1937년에 중일전쟁을 도발하여 중국대륙(中國大陸)을 침략하고, 미국, 영국, 화란 등의 압력에 대항하여 태평양전쟁(1941~1945)으로 확대된 시기에 조선 땅에서 이루어진 식민지배 정책을 말한다. 이 시기에 일제가 한민족에게 강요한 정책들은 국체명징(國體明徵), 내선일체(內鮮一體), 인고단련(忍苦鍛鍊), 창씨개명(創氏改名), 신사참배(神社參拜), 동방요배(東方遙拜), 황국신민서사(皇國臣民誓詞) 등이다. 특히 신사참배는 1936년 8월 신사제도 개정에 대한 칙령이 발표되어 황민화 정책의 상징으로 행정구역별로 재정비, 신설되었다. 국민사상 통제의 일환으로 신사참배, 궁성요배, 국기게양, 황국신민서사 제창, 근로봉사의 월례행사가 강요되었다. 각 가정에 신붕(神棚) 설치, 신궁의 부적 배포가 강제로 이루어졌다.[5]

이러한 역사적 맥락에서 1933년 1월 16일 고영근이 탄생하여 성장하던 시기는 일제가 한국민들을 억압적 통치방식에서 벗어나 이른바 민족말살통치에서 황민화 정책이 구체화하던 환경이었다. 달

5 "신사참배," 『다음백과』, https://100.daum.net/encyclopedia/view/b13s2780b (2020. 1.10. 접속).

리 말하여 고영근은 일제가 조선에 총독부를 세우고 정치와 경제를 수탈하기 위한 체제를 확립하고 제2차 세계대전 막바지를 향하여 달려갔던 시기에 태어났다. 그는 일제강점기의 막바지 황민화 정책의 상황에서 정치적 억압과 차별, 경제적 수탈이 일상화된 간난신고(艱難辛苦)의 어린 시절을 지내야 했다. 특히, 내선일체, 인고단련, 창씨개명, 신사참배 등은 어린 고영근의 삶과 신앙 형성에 큰 영향을 끼쳤다.

2. 신사참배

20세기 초반 세계 제국주의 열강들의 주도권 다툼의 흐름 속에서 중국대륙을 삼키려는 야욕으로 촉발된 1931년 만주사변(1931~1932), 1937년 시작된 중일전쟁(193~1945) 그리고 1941년 하와이 진주만을 기습 공격하면서 미국에 대한 도전을 감행한 태평양전쟁(1941~1945)으로 인하여 식민지 조선에 대한 일제의 정치적 억압과 경제적 수탈은 점점 더 심화될 수밖에 없었다. 이러한 억압과 수탈에 앞서 지배자 일본과 식민지 조선이 하나의 국가라는 정신적 공감대를 이루기 위하여 '일시동인'(一視同仁: 모든 사람을 하나로 평등하게 보아 똑같이 사랑한다. 제3대 조선 총독 사이또오 마사코의 시정방침), 내선일체(內鮮一體: 내지[內, 일본]와 조선[鮮]이 한 몸이라는 뜻으로 한민족 정체성 말살 정책), 일선동조론(日鮮同祖論: 일본과 조선의 조상이 같은 뿌리라는 일본 어용사학자들의 한민족 정체성 말살의 역사 논리), 국체명징(國體明徵: 천황 중심의 국가체제를 분명히 함) 등과 같은 구호가 난무하였다. 특히, 황국신민화(皇國臣民化) 정책은 식민지 조선인들로 하여금 황국신민의 서사제창, 신사참배 등을 강요했다. 이 정책은 조선인들에게 일본제국의 신민으로서 일본 천황에 대한 충성을 강요한 것이었다. 특히, 신사참배는 조선의 기독교인들에게 큰 영향을 끼쳤다. 조선 기독교인에 대한 일제의 신사참배 강요는 신앙의 자유를 박탈당하고 신앙 양심을 유린당하는 본격적인 종교박해였다. 교회 전체가 당한 대박해였고, 전 민족이 당한 일대 수난이었다.[6]

일제강점기 마지막에 해당하는 시기, 곧 1931년부터 1945년 조국이 해방될 때까지 15년간 일본 제국주의는 억압과 수탈, 곧 종교탄압, 한글말살정책, 신사참배, 강제징병 및 징용, 일본군 위안부 등 이루 말할 수 없는 탄압을 자행하였다.[7] 당시 조선을 통치하기 위하여 파견된 제6대 조선총독은 우가키 가즈시게(宇垣一成, 1931~1936)였고, 뒤이어 파견된 제7대 총독은 미나미 지로(南次郎, 1936~1941)인데 식민지 조선을 철저하게 수탈한 인물들이다. 창씨개명, 내선일체, 지원병제도, 일 면(一面) 일 신사(一神社) 설치, 모든 행사 전에는 '황국신민서사'를 제창하게 하였고, 학교 명칭과 제도를 모두 일본식으로 변경하였다. 창씨개명의 여파는 당시 고영근에게도 끼쳐 고씨 성을 일본식 성 高山으로 개명하게 되었다. 그리고 학교에서도 일본어를 쓰지 않고 한국어를 사용하면 처벌을 받았다.[8]

신사참배는 일본의 천황(天皇)을 예배하는 프로그램으로 일제가 조선을 영구적인 식민지로 만들기 위해서 신사를 통한 일본화 작업이라 할 수 있는데 양면으로 추진하였다. 한편으로는 일본의 신사 교파

---

6 김양선, "신사참배 강요와 박해", 『한국기독교사연구』 (서울: 기독교문사, 1971), 173.

7 이성삼, 『한국감리교회사』 (서울: 기독교대한감리회 본부교육국, 1992).

8 고영근, 『죽음의 고비를 넘어서』 1권 (서울: 한국목민선교회, 1981), 27.

를 한국에 침투시켜 신도화 작업을 추진하였고, 다른 한편으로는 국가 신도를 통해 한국민을 신사화하는 것이었다.[9] 일제가 신사참배를 강요하는 과정에서 제일 우선순위는 기독교 학교였다. 신도사상, 즉 천황제 이데올로기를 식민지교육을 통하여 이식하려 기획하였기 때문이다.[10] 그러므로 신사참배 반대로 인한 실질적인 피해는 기독교 학교가 가장 많았고, 다음으로 기독교회가 많은 고난을 겪었다.

고영근의 신사참배 거부의식은 당시 신사참배를 반대했던 기독교 지도자 중 평안북도 의주에서 활동했던 이기선, 심을철 목사 등의 삶과 가르침에 영향을 받은 것이다. 한국교회는 신사참배 거부로 일제 감옥에서 순교한 신앙인들을 '순교자'(殉教者)로, 출옥한 신앙인들을 '출옥 성도'(出獄 聖徒)라 부른다. 당시 어린 고영근의 신앙 형성에 큰 영향을 끼친 인물은 바로 일제의 신사참배를 강하게 거부한 출옥성도 이기선, 심을철, 한순옥 목사, 최항기, 김린희 전도사 등인데, 이들 가운데 심을철 목사는 고영근에게 가장 큰 영향을 끼쳤다. 심을철 목사는 평북 의주에서 신사참배를 거부한 이기선 목사와 함께 활동한 출옥 성도였다. 심을철 목사는 신사참배를 성경의 가르침에 따라 우상숭배라 여기고 죽음을 각오하고 거부하여 감옥에 있다가 출옥하였다. 고영근은 심을철 목사가 인도하는 부흥회에 참석하였고, 그분에게 세례를 받았다. 고영근은 이러한 분들과 같이 순교자가 되기를 간구하면서 고난받는 것을 영광스럽게 생각하게 되었다. 기독교는 십자가의 종교이기에 고난의 십자가를 지고 주님의 뒤를 따라야 한다고 가르침을 받았다. 출옥 성도 이기선 목사와 그의

9 박용규, 『한국기독교교회사』 2 (서울: 생명의말씀사, 2011), 681.

10 위의 책, 685.

제자인 심을철 목사는 일제강점기뿐만 아니라 주일선거 실시 문제 앞에서도 담대하게 주님의 복음과 하나님의 정의를 선포하면서 행동과 청빈한 생활로 본을 보여주었다.[11] 이렇게 신사참배라는 우상숭배에 무릎을 꿇지 아니한 출옥 성도들은 해방 이후 단독선거, 특히 주일선거 실시에 대해 목숨을 걸고 순교자 신앙으로 저항하였다. 이러한 영적 흐름에서 고영근은 시대적 상황에 타협하지 않고 하나님 중심의 신앙, 성경 중심의 신앙, 순교자의 신앙을 보존하면서 자신의 신앙을 훈련하여 나갔다. 이러한 하나님 중심, 성경 중심, 순교자 신앙은 훗날 어떠한 시대적 상황에서도 강직했던 고영근의 인격과 삶 그리고 예언자적 목회활동의 특징이 되었다.

3. 6.25 전쟁

고영근의 삶과 목회사역을 논함에 있어 '6.25 전쟁'[12]을 언급하지 않을 수 없다. 6.25 전쟁은 역사적으로 한국이라는 동일한 공간 안에서 민족 간 충돌로 벌어진 비극적 전쟁이다. 그러나 그것을 단지 동족 간의 이해 충돌로만 바라볼 수는 없다. 그것은 19세기 근대화 이후 세계열강 제국주의 국가 간 이해가 얽혀 있는 제2차 세계대전이라는 맥락에서 읽어야 한다. 달리 말하여 6.25 전쟁은 제2차 세계대전 이후 패전국 일본 제국주의의 식민 치하에서 해방된 약소국가의

---

11 고영근, 『죽음의 고비를 넘어서』 1권, 45.

12 '6.25 전쟁'(1950.6.25.-1953.7.27)은 국내에서는 6.25 전쟁, 6.25사변, 6.25동란 등으로 표현되지만, 국제적 연구에서는 '한국전쟁'(Korean War)으로 표현된다. 이 글에서는 '6.25 전쟁'으로 표현하기로 한다.

불안정한 지형에 새로운 열강 미국과 소련을 양대 축으로 확장하는 자본주의와 공산주의 이데올로기의 대립과 충돌 현장이었다.[13] 일제강점기에서 해방과 함께 곧바로 이어진 6.25 전쟁은 열강 제국주의 국가들의 패권 다툼에 희생제물이 된 약소국가의 고통스러운 삶 그 자체였다. 그러나 국가적 고난과 고통 안에서도 하나님의 뜻과 시대적 사명을 깨닫는 힘이 기독교 신앙에 내재되어 있다. 공산당 소수의 야욕이 민족의 비참한 전쟁과 상처를 남겨놓았다는 고영근의 인식은 곧, "욕심이 잉태하여 죄악을 낳았고 죄악이 장성하여 전쟁으로 인한 사망을 낳았다"(약 1:15)라는 신앙적 깨달음으로 해석된다. 더 나아가 전쟁으로 인한 "피는 땅을 더럽게 하나니 피 흘림을 받은 땅은 이를 흘리게 한 자의 피가 아니면 속할 수 없느니라"(민 35:33)는 민족 구원을 위한 속죄 사상으로 새롭게 인식이 확장된다. 그리하여 고영근은 피로 더러워진 이 강토를 무엇으로 정결케 할 수 있을 것인가를 주님께 기도한다. "오~ 만민을 위하여 속죄하신 예수여, 당신의 피로 더러워진 이 땅의 죄악을 씻어 주시옵소서."[14]

목사로서, 시대의 예언자로서 고영근의 삶에 큰 영향을 끼친 첫 번째 역사적 사건은 단연 한국전쟁이다. 일제강점기하 모진 지배 속에서 찾아온 민족해방의 기쁨도 잠시, 한반도는 전쟁의 소용돌이 속에 민족의 큰 아픔으로 남아있는 한국전쟁을 경험하게 된다. 하지만 이 고난의 순간 속에서도 하나님의 은혜와 소명으로 인도하는 놀라운 섭리와 사건을 마주하게 된다. 고영근은 그 가운데 소련군의 진

---

13 김정준, "한국전쟁과 기독교," 노영상 편, 『우리 민족과 한국교회』 (서울: 총회한국교회연구원, 2018), 193-194.

14 고영근, 『죽음의 고비를 넘어서』 1권, 93.

주, 공산당의 강압, 6.25 전쟁 그리고 네 번에 걸친 포로수용소에서의 경험을 통해 하나님으로부터의 소명을 일깨우고 하나님의 공의를 선포하고 민족 구원을 위한 복음 사역으로 인도하는 하나님의 섭리를 뚜렷하게 발견하게 된다.

III. 고영근의 영적 성장: 가정과 교육

기독교 신앙의 관점에서 한 인간의 생애는 무엇보다 하나님의 예정과 섭리 가운데 주어진 사명의 길을 걸어가는 것이라 믿는다. 구약시대 예레미야는 자신에게 부여된 선지자의 슬픈 사명은 어머니의 복중에 짓기 전, 태에서 나오기 이전에 하나님으로부터 구별된 일이라 하였다(렘 1:5). 하지만 선지자의 사명을 갖고 태어난 인간이라도 그가 태어난 가정의 환경과 시대적 상황, 역사적 맥락에서 결코 독립되어 있지 않다. 오히려 하나님은 역사적 맥락, 시대적 상황에서 사명자(使命者)를 사용하시기 위하여, 부모와 가정환경을 통하여 인격의 바탕을 형성한다.

1. 출생과 성장: 말보다 생활에서 배움

고영근 목사(高永根 牧師)는 1933년 1월 18일 평안북도 의주군 고관면 중단리에서 아버지 고원익(高元益)과 어머니 김성만(金成萬)의 장남으로 태어났다. 아버지 고원익은 자수성가(自手成家)하느라 늦게 어머니 김성만과 결혼하여 34세에 첫아들 고영근을 얻었다. 그리고 네 살 아래로 둘째 아들 정근(1937년)이 태어났고, 마지막으로 여덟 살 아래 여동생 정옥(1941년)이 태어났다. 이렇게 고원익은 김성만과 함께 슬하 2남 1녀의 단란한 가정을 이루었다. 아버지 고원익은 중단리에서 6천 평 소작으로 농사하면서 조그만 주물공장의 기술자로 일하였으므로 마을에서는 중류의 생활을 하였다. 양친의 성품이 인자하고 진실하여 한 번도 부부싸움을 하거나 이웃과 다투는 일을 보지 못했다. 두 분은 당시로서는 늦게 얻은 아들인지라 많은 사랑으로 아들 고영근을 양육하였다. 그러면서도 항상 정직하고 부지런한 사람이 되어야 한다고 가르쳤다. 그러나 아들 고영근은 부모의 말로써 가르침보다는 삶과 생활에서 더 많은 감명을 받았다.[15]

2. 성장과 성품 형성: 부모님의 외유내강

고영근 목사의 삶과 목회사역을 통하여 드러나는 삶의 특징들, 곧 온유하지만 강직한 성품(外柔內剛), 부지런하고 성실한 삶(勤勉誠實), 처음과 끝이 항상 동일한 삶(初志一貫)의 모습은 무엇보다 그가 태어난 가정에서 부모님으로부터 물려받은 유전적 요인과 삶의 모습을 바라보면서 자연스럽게 습득, 형성된 것이다. 일찍이 심리학자 반두라(Albert Bandura, 1925~)는 인간이 성장하면서 형성되는 인격과 행동의 특성은 인간의 인지 및 다른 사람의 요인, 행동, 환경 영향이 서로 결정 요인으로 작용한다는 '세 요인 상호결정론'(triadic reciprocal determinism)을 가정하였다. 인간은 단순히 환경 사건에

---

15 고영근, 『죽음의 고비를 넘어서』 1권, 26.

반응하지 않고, 적극적으로 자신의 환경을 창조하고 변화시키기 위하여 행동한다. 인지 요인은 어떤 환경 사건이 지각될 것인가와 어떻게 해석되고, 조직화 되고 다루어질 것인지를 결정한다.[16] 반두라는 특히 인간의 성격과 행동의 형성에 큰 역할을 하는 모델링(modeling, 관찰학습), 즉 인간의 행동은 의도적 혹은 우연한 관찰을 통하여 자연스럽게 학습이 이루어진다는 것을 발견하였다. 달리 말하여, 한 인간의 성격과 행동 양식의 형성은 그가 태어난 가정환경과 부모의 성품과 삶의 방식이 큰 영향을 끼친다는 것이다. 이렇게 부모님의 성품을 닮은 고영근의 삶은 무엇보다 성서의 정신에 기초하여 어렵고 불우한 이들에게는 따뜻한 연민의 정을 그러나 불의한 이들에 대하여는 담대하게 정의를 선포하는 예언자적 기개를 잘 드러낸다. 필자는 이를 복음적인 외유내강이 아닐까 표현하려는 것이다.

3. 서당과 간이학교: 근면과 성실

일제는 1931년 만주침략에 이어 1937년에는 중일전쟁을 일으켜 중국대륙을 전면 침략하였다. 더 나아가 1941년에는 미국, 영국, 화란 등의 압력에 대항하여 태평양전쟁(1941~1945)으로 군국주의 전선을 확대하다 패망하게 되었다. 1931년부터 1945년까지 일제의 조선에 대한 교육은 이른바 민족말살통치(1931~1945)시기로, 특히 황민화(皇民化, 1938~1945)정책으로 식민통치 교육을 강화한다. 이 시기 일제의 교육정책은 식민지 조선인들의 정체성 말살, 식민지 예속

16 노안영·강영신, 『성격심리학』 (서울: 학지사, 2002), 406.

화, 전쟁 도구화 등을 특징으로 한다.

먼저, 문화정치기 일제의 교육정책은 제2차 조선교육령(1922, 개정)에서 찾아볼 수 있다. 그 내용은 조선인들의 격화된 항일감정을 무마하려는 유화책으로 그 기저에 깔린 동화(同化)주의와 교육적 차별은 여전하였다. 그 기만적 유화정책은 '一視同仁', '內鮮共學', '內鮮一體', '日鮮融化', '內地準據主義', '內地延長主義' 등 동화주의 교육을 더욱 본격화하였다. 그들은 내선공학, 일시동인을 내세워 일본과 동일한 수업연한으로 학제를 개편하였다. 예컨대, 보통학교 4~6년, 고등보통학교 5년, 여자고등보통학교 3~5년, 실업교육기관 3~5년, 전문학교 3년 이상, 신설한 사범학교(남자 6년, 여자 5년), 대학(예과 2년, 학부 3, 4년) 등 종래의 각급 학교 수업연한을 융통성 있게 늘려 형식상 일본 학제와 동일한 수준이었으나, 내면적으로는 조선 내에 거주하는 일본인을 위한 학제(일본어 사용)와 한국인을 위한 학제(일본어 사용하지 않는 자)를 따로 마련하여 일본인과 한국인을 차별하는 교묘한 학제를 운영하였다.[17]

다음으로, 황민화정책기의 교육으로 황국신민 육성에 목적을 두고, 3대 교육방침(國體明徵, 內鮮一體, 忍苦鍛錬)을 강요하였다. 그것은 조선인의 철저한 황국신민화, 일상생활의 일본화, 민족 말살과 경제적 수탈을 자행하려는 것이었다. 당시 학교 제도는 1938년 개정, 공포된 '제3차 조선교육령'에 따라 소학교(심상소학교) 6년, 고등소학교 8년, 중학교 5년, 고등여학교 4년, 전문학교 2년, 대학 4년, 사범학교 7년 등으로 되었다가, 1943년 '제4차 조선교육령'인 '교육에 관한 전

17 정재철·손인수, 『교육사』(서울: 교육출판사, 1985), 68.

시비상조치령'에 의해 다시 전시 교육체제로 바뀌었다. 교육의 군사체제화를 위한 '학생동원체제정비에 관한 훈령'(1944. 4), '학도동원본부의 설치'(1944. 4), '학도동원령'(1944. 10), '결전(決戰)교육조치요강'(1945. 3) 등의 각종 법령을 만들어 학교교육을 전쟁 수행의 도구로 만들었다. 1941년부터 1945년까지 태평양전쟁 하에서는 모든 학교교육이 군사교육체제로 바뀌었다. 학교에 배속된 장교에 의한 군사교육을 시행하였고, 교육은 전쟁 수행의 제물이 되었다. 이 시기에 황민화정책은 사회교육을 통하여 극에 달하였는데, 일본어 강습회, 시국좌담회, 신사참배, 정오묵도, 궁성요배, 국민복 착용, 황국신민체조, 신붕설치, 한일통혼 등을 장려하였다.[18] 이렇듯 황국식민화정책기 초기에는 주로 조선인의 일본 신민으로서 예속화에 몰두하였으나, 태평양전쟁이 본격화되면서 교육은 전쟁 수행의 도구로 전락하고 말았다.

1940년 고영근이 학령기에 이르러 접한 공식교육(formal education)은 7세에 시작한 한국의 전통 방식의 서당(書堂) 교육 그리고 9세에 시작하여 황민화정책기의 2년제 간이학교(簡易學校)와 1년간 보통학교에서 3년간의 통합 7년간의 교육이 이루어졌다. 사실, 1934년에 설치, 시작된 2년제 단기학교인 간이학교는 일본어를 구사할 수 있는 저급의 노동력을 양성하기 위한 교육기관이었다. 또한, 보통학교는 1933년까지 1개 면(面)에 1개 교(校)씩 설치하였고 내면적으로는 식민지 산업의 수요와 확장에 따라 저급 산업보조원과 피사역인을 양성하려는 목적이었다.[19] 어떻든 어린 고영근은 평안북도

---

18 정재철·손인수, 『교육사』, 72-73.

19 정재철·손인수, 『교육사』, 70.

변방에서 이루어진 일제강점기하에서 오늘날 초등학교 수준의 교육을 수행하면서도 열심히 노력하여 줄곧 1등을 하여 부모님에게 칭찬을 받으며 자신의 명민함을 드러내었다. 당대에 모두 그러했듯이 고영근은 집안의 농사일을 도우며 공부하였기에 결석을 만회하기 위하여 쉬는 시간 없이 열심히 노력하여 실력을 쌓았다.[20] 이러한 어린 시절 고영근의 근면과 성실의 삶의 태도는 일평생 복음전파와 목회사역의 초지일관하는 삶의 태도가 되었다.

IV. 고영근의 신앙적 배경: 성서에 기초한 주체적 순교신앙

한국에 개신교회가 전래된 시점은 대개 1885년 4월 5일 미국 장로교 선교사 언더우드(Horace G. Underwood)와 감리교 선교사 아펜젤러(Hery G. Appenzeller)가 인천항에 첫발을 내디딘 날을 기점으로 한다. 그러나 스왈론(W.L. Swallon) 선교사에게 전도의 자유를 보장하는 호조(護照, 여권)를 발행한 것이 1898년 6월이니, 그날까지 약 15년은 비공식적인 선교를 했던 것이다.[21] 이미 잘 알려진 것처럼 초기 미국 개신교 선교사들은 병원과 학교를 통하여 선교활동을 하였고, 국내 선교를 위하여 주류 교파인 장로교와 감리교는 선교 지역의 경계를 구분하여 선교활동을 하였다. 특히 북한 평양 선교부의 북한 지역의 선교활동 루트와 연결되어 있던 평안북도 의주, 곧 민

20 고영근, 『죽음의 고비를 넘어서』 1권, 27.

21 민경배, "한국의 기독교회," W. Walker/ 강근환 외 공역, 『세계기독교회사』 (서울: 대한기독교서회, 1988), 437.

족 자주정신의 기상이 드높은 의주에서 자랐던 고영근에게 기독교 신앙은 물론 교회와 연결되어 있던 민족독립과 자주정신을 갖게 된 것은 결코 우연한 일이 아니었다.

1. 평안남도 평양 vs. 평안북도 의주: 선교부

한국선교 초기에 평안도 지역에서 최초로 선교활동을 펼쳤던 교파는 미국 북장로회와 미국 북감리회이다. 이어 안식교, 성결교, 성공회, 구세군 등 여러 교파가 들어와 선교활동을 펼쳤으나, 평안도의 기독교 지형은 장로교와 감리교 중심으로 형성되었다.[22] 선교 초기에 서울을 중심으로 활동해오던 미국 북장로회 선교부는 북부지방의 선교를 위해 선교기지를 물색하던 중 의주와 평양을 물망에 올렸다. 의주 지역은 선교사가 들어오기 이전부터 만주지역을 통해 자생적인 신앙공동체가 형성되어 있었기에 유력하였으나 지리적으로 너무 변방에 위치한 것이 단점이었다. 반면에 평안남도 평양은 서울 다음으로 큰 도시로서 북부지방 중앙에 위치하고 있을 뿐만 아니라 교통의 요지라는 장점을 갖고 있었다. 그리하여 평양이 북한 지역의 선교기지로 결정되었는데, 마펫(S, A. Moffet) 선교사가 결정적 역할을 하였다. 그리하여 의주는 평양 선교부(station) 산하에 들어가게 되었다. 당시 평안북도의 교회와 선교활동을 관리하던 순회선교사는 휘트모어(N. C. Whitemore)였고, 평안남도 북부지역은 마펫, 동부와 서부는 베어드(W.M. Baird)였다.[23]이렇게 평양은 선교사들을

22 한국기독교역사연구소 북한교회사집필위원회, 『북한교회사』 (서울: 한국기독교역사연구소, 1999), 60.

중심으로 선교정책을 펼쳐나갔지만, 기존 조선에서 중국으로 이어지는 문물교류의 통로였던 의주는 기독교를 일찍 받아들여 1900년도에 교회가 설립된 것은 물론 애국정신과 항일사상의 자주독립 정신의 기개가 강한 지방이었다.[24]

비록 의주가 지리적으로 조선 반도의 서북쪽 변방에 자리하고 있었지만, 의주 읍에서 동쪽으로 20Km(50리)쯤 떨어진 소구지(所串地)라는 지방은 고구려 9대 왕 고국천 때에 명재상 을파소(乙巴素)가 태어난 지방이었으며, 비교적 기독교를 일찍 받아들여 동리마다 교회가 세워졌다. 고영근이 태어난 중단리도 1900년대 초에 이미 교회가 설립되었다. 의주의 정신적 기상은 일제강점기에 애국정신과 항일사상이 강력하였다.[25] 이러한 의주 지역의 정신적 기상은 어린 고영근에게도 자연스럽게 애국정신과 항일사상을 형성하도록 하였다. 아울러 평안북도 의주, 신의주 등에서 활동하던 기독교 지도자들의 실천적 신앙은 어린 고영근에게 민족 자주정신과 신앙적 관점에서 애국심을 고취시켰다.

2. 의주의 3.1 독립운동: 민족독립 신앙

평안북도 의주는 1919년 3.1 운동 당시 민족대표 33명 가운데 한 분인 유여대(劉如大, 1878~1937)가 활동하였다. 1878년 12월 10일 평북 의주군 주내면(州內面) 서호동(西湖洞)에서 태어나 서당에서 한문

23 한국기독교역사연구소 북한교회사집필위원회, 『북한교회사』, 61-62.

24 고영근, 『죽음의 고비를 넘어서』 1권, 26.

25 위의 책, 26.

을 배웠고, 만년에 이르도록 효성이 지극하여 두 번이나 효자문(孝子門)을 받았다. 1894년 청일전쟁으로 의주까지 전쟁터로 변하자 피난하였다. 이듬해 피난에서 돌아와 자기 집에 한문 서당을 차리고 교육을 시작하였다. 성리학에 조예가 깊어 유이학(劉理學)이라고까지 불렸는데, 1898년 미국 북장로회 선교사 휘트모어(N. C. Whittemore, 魏大模)를 만나 의주서교회(義州西教會)에서 세례를 받고 기독교로 개종하였다. 1899년 휘트모어, 장유관(張有寬), 김창건(金昌健) 등과 함께 의주 최초의 신교육 기관인 일신학교(日新學校)를 설립하고 한문 교사가 되어 기독교 정신에 입각한 근대 교육을 하였다. 유여대는 1907년 의주의 동교회에 참석하여 장로 예비직인 영수로 시무하다가 후에 장로가 되었다. 수년간 송장면(松長面), 수진면(水鎭面) 등지를 순회하며 기독교 전파와 야학운동에 힘을 쏟았다. 1910년 평양신학교에 입학하여 1915년 졸업하고, 목사 안수를 받은 뒤 교인 3백명의 의주 동교회 담임목사가 되었다. 1917년 9월 평북노회 총대로서 제6회 조선장로회 총회에 참석하여 안식년 휴가 중인 휘트모어 선교사 대리로 학무위원을 맡았다. 1918년 11월 평북노회에서 의산노회(義山老會)가 분립할 때, 창립총회에서 부회계로 선임되었다. 유여대는 1919년 2월 6~7일경 상하이(上海)에 있던 선우혁(鮮于赫)이 국내에 파견되어 의주 출신의 선천 천북교회 목사 양전백(梁甸伯)을 만나 독립운동을 촉구하였다. 2월 12일 의산노회 회계 일로 선천에서 열린 평북노회에 참석하여 양전백, 김병조(金秉祚), 이승훈(李昇薰), 이명룡(李明龍) 등을 만나 해외 정세와 독립선언 문제를 상의하였다. 이 자리에서 민족대표의 일원이 되는 것을 승낙하였다. 그러나 서울에서의 민족대표 모임에는 참석하지 않고 의주에서 독립만

세운동을 주도하였다. 의주 만세시위는 전국에서 가장 치열한 시위 중 하나가 되었다.[26]

당시 기독교의 선교 지형에서 북한 지역의 선교 중심지 평양과 연결되어 의주는 중국을 통하여 해외 정세를 파악하는 도시이며, 기독교권 안에서 민족의 자주독립을 위한 진취적 기상이 넘치는 신앙의 도시였다. 1930년대 당시 복음의 신앙으로 민족혼을 일깨우던 기독교 지도자들은 평양에서는 주기철, 의주에서는 이기선 목사가 눈에 띄는 활동을 하였다. 특히 의주에서 출옥 성자 이기선 목사의 활동은 심을철 목사에게 연결이 되었는데, 심을철 목사의 순교자적 신앙은 훗날 고영근에게 큰 영향을 끼쳤다.

3. 순교자의 영성: 이기선, 심을철

1919년 이후 1930년대 일제강점기 시절에 조선 기독교회와 그리스도인들에게 가장 강력한 신앙의 도전은 일본의 옛날 천황이나 무사들의 영을 섬기는 신사참배 문제였다. 일제가 강요한 신사참배는 유일하신 하나님을 섬기고 경배하는 기독교 신앙인들에게는 절대 신앙과 생존의 문제를 가르는 것이었다. 그러나 신사참배 문제에 직면하여 한국 개신교회의 주요 교파 지도자들은 현실적으로 국가적 의식, 정치문제 불개입 등의 이유를 들어 머리를 숙였다.[27] 반면에 일제가 강요한 신사참배는 우상숭배를 금지하는 기독교 신앙과 반

26 "유여대," 『다음백과』, https://100.daum.net/encyclopedia/view/205XX79100072 (2020. 1.20. 접속).

27 민경배, 『한국교회사』 (서울: 대한기독교출판사, 1986), 427-428.

대되는 것으로 인식하고, 강경하게 거부한 신앙의 지도자들이 있었으니, 그 대표적인 인물들은 주기철(朱基哲), 채정민(蔡廷敏), 이기선(李基宣), 심을철(沈乙鐵) 목사였다.[28]

평안남도 평양을 중심으로 주기철, 채정민 목사, 평안북도 의주에서는 이기선, 심을철 목사가 활동하였다. 이들 가운데 주기철 목사는 옥중 순교하였고, 채정민, 이기선, 심을철 목사는 출옥한 이후에도 보수신앙을 이어 나갔다. 당시 어린 고영근의 신앙 형성에 큰 영향을 끼친 인물은 바로 일제의 신사참배를 강하게 거부한 출옥성도 이기선, 심을철, 한순옥 목사, 최항기, 김린희 전도사 등인데, 이들 가운데 심을철 목사는 고영근에게 가장 큰 영향을 끼쳤다. 심을철 목사는 성경의 가르침에 따라 신사참배를 우상숭배라 여기고 죽음을 각오하고 거부하여 감옥에 있다가 출옥하였다.

해방 이후 고영근이 살던 평북 의주의 중단리 마을의 교회들은 서로 교대해가면서 부흥사경회를 개최하였다. 당시 부흥강사로 초청된 분들은 신사참배를 반대하고 신앙을 사수(死守)하다 출옥한 성도들이었다. 이기선(李基宣, 1878~1950) 목사, 심을철(沈乙鐵) 목사, 한순옥 목사, 최항기 전도사, 김린희(金隣熙) 전도사 등이 부흥회를 인도하였는데, 부흥회의 주제는 "주를 위해 살다가 주를 위해 죽자"라는 순교를 강조하는 내용이었다. 군국주의 일본은 패망했으나 공산당이 득세하여 북한 동포를 더욱 괴롭히고 교회를 탄압했기 때문에 순교를 각오하지 않고는 신앙을 지키기 어려운 상황이었으므로 북한 교회 지도자들은 순교를 각오하자고 외쳤던 것이다.[29]

---

28 위의 책, 440.

29 고영근, 『죽음의 고비를 넘어서』 1권, 44-45.

해방 이후 출옥한 교역자 중에 가장 지도자 되시는 분은 이기선 목사였다. 이기선 목사는 1937년 교회를 사임하고 채정민 목사 등 같은 뜻을 가진 이들을 규합하여 일제의 신사참배 강요에 맞서다 일경에 체포돼 평양 형무소에서 육군 형법 위반이라는 죄목으로 옥고를 치렀다. 1945년 8월 17일 평양 형무소에서 출옥하였고, 출옥 후에는 평양 산정현교회에서 출옥 성도들을 규합하여 기도하고 교회 재건운동에 앞장섰다. 그는 철두철미하게 신사참배를 반대하고, 신사참배 하면 안 된다고 교계를 지도하였기에 일제에 불경(不敬), 치안유지법 위반, 육군 형법 위반 등 여러 가지 죄목으로 기소되어 7년 동안 옥고를 견디고 출옥하였다. 절대 굽힐 줄 모르는 신앙의 투사요, 성경을 많이 알기로 유명하여 성경을 분해하고 조직하는데 특이한 은사가 있는 분이었다. 고영근은 그분의 독특한 분해조직법을 학습하여 성경 연구에 큰 유익을 얻었다. 실제로 고영근은 1966년『생활지침과 성경대지가』라는 저서를 처음(8월 1일) 출판한 이래로 서울의 보이스 출판사에서 여섯 차례(2판: 1967, 3판: 1968년, 4판: 1969년, 5판: 1971년, 6판: 1972년 2월 1일, 2월 15일) 출판하였다.[30]

다음으로, 고영근에게 직접적으로 영향을 많이 끼친 분은 심을철 목사이다. 이기선 목사의 제자인 심을철 목사는 일정강점기 때 5년 동안 옥고를 겪다가 해방 후 석방되었다. 심을철 목사는 옥중에서 많은 고문을 이겨낸 것도 유명하지만, 계시록 읽는 것을 싫어한 일본 형사가 성경에서 계시록을 내버리겠다고 하니, 며칠만 연기해달라고 요청하고 그동안 계시록을 모두 암송해버렸다는 이야기는 너

30 고영근,『생활지침과 성경대지가』(서울: 보이스사, 1972), 7.

무 유명하다. 그 후에 일본 형사에게 계시록을 모두 암송했으니 떼어내도 좋다고 하였다. 고등계 형사가 어디 한번 암송해 보라고 하니 계시록을 줄줄 암송하였다. 깜짝 놀란 형사는 "예라이나"(훌륭합니다)라고 하면서 탄복하였다고 한다.[31]

심을철 목사는 해방 이후 1946년 11월 3일 주일 선거를 반대하다가 소련군 사령부로 연행되어 가면서 이런 노래를 불렀다. "일본 바람 불어라. 소련 바람 불어라. 가시밭의 백합화 예수 향기 날린다. 타도 바람 불어라. 숙청 바람 불어라. 환난 중에 주의 종 주를 위해 죽으련다." 이 얼마나 비장한 각오가 담긴 노래인가? 그는 연행되어 협박과 고통을 당했으나 굴복하지 않으니 "에이, 동무는 나가시오. 예수에게 미친 자요, 소금에 절지 않은 것이 간장에 절겠소" 하면서 일단 석방시켰다가 6.25이후에 다시 체포하여 사형을 집행하여 순교를 당하였다. 심을철 목사는 순교기념 전도가를 불러 보급하면서 북한 교계에 순교를 각오하고 신앙투쟁을 해야 한다고 외쳤다.[32]

〈순교기념 전도가〉

1. 우리는 순교기념 전도회원 십자가 깃발을 높이 들고서
   삼천리와 전 세계를 활무대 삼고 순복음의 생명 진리 전파하리라.
   전하자 힘차게 전하자 만민에게 복음을 멀리 전하자.
2. 우리는 순교기념 전도회원 성경과 기도를 무기로 삼고
   원수 마귀 모든 궤계 물리치면서 용맹 있게 순복음을 전파합시다.
   이기자 굳세게 이기자 승리의 개선가를 높이 부르자.

---

31 고영근, 『죽음의 고비를 넘어서』 1권, 34.

32 위의 책, 44.

3. 우리는 순교기념 전도회원 핍박도 죽음도 무섭지 않다.
하나님의 능력으로 승리하리니 활발하게 순복음을 전파합시다.
싸우자 죽도록 충성해 하나님께 영광을 돌려보내세.

고영근의 신앙은 평북 의주에서 처음 만난 기독교회의 영적 기풍과 목회자들의 신앙관에 큰 영향을 받았다. 평안북도 의주와 신의주 지역의 영적 기풍, 곧 하나님의 말씀인 성경을 절대적으로 믿고 지키려는 순교자적 신앙과 민족을 사랑하는 목회자들의 신앙이 고영근의 신앙과 사역의 토대를 이루고 있다. 특히, 고영근은 심을철 목사에게 큰 영향을 받았다고 고백하고 있다. 고영근은 심을철 목사가 인도하는 부흥사경회에 두 차례 참석하였고, 그분에게 세례를 받았다. 고영근은 바울 사도의 순교자 영성과 같은 이기선, 심을철, 한순옥 목사, 최항기 전도사의 순교자적 영성을 이어받기를 간구하면서, 고난받는 것을 영광스럽게 생각하였다. 이분들은 기독교는 고난과 십자가의 종교이기에 고난의 십자가를 지고 주님의 뒤를 따라야 한다고 가르쳤다.[33] 이분들은 일제로부터 해방 이후에도 담대히 주님의 복음과 하나님의 정의를 선포하면서 행동과 생활로 본을 보여주었을 뿐만 아니라 청빈한 생활을 하였다. 고영근은 이러한 위대한 하나님 사자들의 지도를 받도록 섭리하신 하나님께 한없는 감사와 영광을 돌렸다. 훗날 고영근은 자신의 신앙의 자세를 확립하게 된 성경의 말씀을 다음과 같이 기록으로 남겼다.

의를 위하여 핍박을 받는 자는 복이 있나니, 천국이 저희 것임이

33 고영근, 『죽음의 고비를 넘어서』 1권, 45.

라. 나를 인하여 너희를 욕하고 핍박하고 거짓으로 너희를 거스려 악한 말을 할 때는 너희에게 복이 있나니 기뻐하고 즐거워하라. 하늘에서 너희 상이 큼이라(마 5:10-12).

또 어떤 이들은 희롱과 채찍질뿐만 아니라 결박과 옥에 갇히는 시험도 받았으며 돌로 치는 것과 톱으로 켜는 것과 칼에 죽는 것을 당하고 양과 염소의 가죽을 입고 유리하며 궁핍과 환난과 학대를 받았으니 이런 사람들은 세상이 감당치 못하도다(히 11:36-38).

오직 전과 같이 이제도 온전히 담대하여 살든지 죽든지 내 몸에서 그리스도가 존귀케 되게 하려 하나니(빌 1:20).

우리가 살아도 주를 위해 살고 죽어도 주를 위해 죽나니 그러므로 사나 죽으나 우리가 주의 것이로다(롬 14:8).

누구든지 자기 십자가를 지고 나를 좇지 않는 자도 능히 나의 제자가 되지 못하리라(눅 14:27).

이렇게 보면, 고영근의 전 생애를 통하여 나타나는 그의 인격과 신앙과 목회사역의 형태는 크게 두 가지 요소, 곧 가정에서 물려받은 부모님의 성품과 평안북도 의주지역 교회들의 영적 기풍과 목회자들의 신앙과 삶에 많은 영향을 받은 것으로 보인다. 먼저, 고영근의 삶은 무엇보다 어린 시절에 바라보았던 부모님의 삶, 곧 순수하고 정직한 부모님의 삶과 이웃을 도우며 함께 살아가는 모습에 큰 감화를 받았다. 그는 부모님 삶의 모습처럼 자기와 가정을 책임지는 근면한 삶의 방식이 온몸에 충만하게 배어있었다. 다음으로, 평안북도 의주에서 활동하던 일제강점기 출옥 성도들의 신앙과 삶이 큰 영향을 끼쳤다. 그분들은 곧 이기선, 심을철, 한순옥 목사, 최항기 전도사 등이 보여준 순교자적 영성이다. 이러한 분들을 본받아 고영근 또한 성경의 가르침을 그대로 올곧게 지켜나가는 순교자적 영성, 민족을 사랑하고 겨레의 고난과 아픔에 동참하는 실천적 영성을 구형하였다. 그것은 시대적 상황이 일제강점기이든 혹은 공산 정권 치하이든 관계치 아니하고 오직 하나님만 바라보며 성경의 말씀과 가르침을 따라 순교적 각오로써 믿음을 지켜내는 고영근의 불굴 신앙투쟁의 역사가 아닐 수 없다.

요컨대, 고영근의 생애는 한국교회의 선교 초기에 한반도 끝단이며 서북지역의 거점인 평안북도 의주(義州)에서 시작되었다. 고영근의 신앙은 미국 장로회 선교사들의 신앙, 곧 성서에 충실한 복음주의, 경건주의 신앙에 토대를 두고 있다. 그러면서도 당시 한국교회의 독특한 신앙 형태로서 일제 식민지배의 억압과 불의에 항거했던 민족 자주 독립운동, 성경에 기초한 순교자적 신앙, 나라와 겨레의 아픔에 동참하는 신앙 형태가 그 특징이라 하겠다. 일제강점기에 조선의 혼란스러운 역사적 상황에서 한국교회와 지도자들, 곧 이기선 목사, 심을철 목사 등과 같은 이들이 보여준 기개가 넘치는 담대한 순교자적 신앙은 고영근에게 영향을 끼쳐 성경에 기초한 주체적 결단의 순교자 신앙, 나라와 겨레의 아픔에 동참하는 참여적 신앙을 시종일관(始終一貫) 보여주고 있다.

V. 고영근의 소명: 6.25 전쟁과 복음 사역

일제강점기에서 민족이 해방된 다음 해 평북 의주에서 일찍이 15세의 나이에 기독교에 입문한 고영근은 2년 후 17세에 중생체험을 하고 주일성수, 온전한 십일조, 교역자를 잘 섬기는 신앙인의 삶을 살았다. 그러던 중 1950년 6.25 전쟁의 어려움 속에서도 기도와 성경연구를 통하여 더욱 신앙의 깊이를 더해 나아갔다. 그러던 중 19세에 장질부사에 걸려 죽을 위기 가운데 기도하던 중 주님으로부터 민족 구원을 위한 복음전파의 소명을 확신하게 된다. 주님으로부터 부르심을 받은 고영근의 복음전파 사명은 전쟁의 환란 속에서도 구체적으로 드러나게 된다.

1. 신생과 소명의 길
: 일본 제국주의에서 공산주의로 넘어가는 길목에서

제2차 세계대전이 연합국의 승리로 종결된 이후, 패전국 일본 제국주의가 떠난 한반도는 북한은 소련, 남한은 미국이 점령하여 사실상 지배하게 되었다. 6.25 전쟁은 한반도 민족분단의 엄청난 비극적 사건으로 세계사에 기록되어 있다. 이 비극적인 민족분단의 시련 속에서도 하나님은 한 사람 고영근을 선택하여 사명을 부여하시고 자신의 영광 받으실 뜻을 이루어 가신다.

하나님의 섭리 가운데 일본 제국주의로부터 해방 이후에 찾아온 6.25 전쟁은 북한 지역에 있었던 고영근에게 점령군으로서 소련 공산주의 이데올로기의 허구를 체험으로 밝히 깨닫는 기회가 되었다.

특히, 고영근에게 6.25 전쟁은 하나님의 생명을 전파하는 복음 사역자의 길로 인도하는 구체적인 발걸음이 되었다. 그 길은 한 인간으로서 고영근에게 삶과 죽음이 교차하는 형극(荊棘)의 길이었지만, 다른 한편으로는 하나님의 은혜 안에서 신앙과 생명을 얻고, 복음을 전파하는 목회자로서 연단을 받는 인고(忍苦)의 현장이었다. 이 시기 고영근의 삶은 1950년 6월 발생한 6.25 전쟁 바로 직전 북한에서의 삶과 전쟁-인민군 탈출과 귀순-포로수용소-남한군대 자원입대 등에 이르는 삶의 내용이 중심을 이룬다. 구체적인 사건은 다음과 같다: ① 북한에서 인민군 입대(1951.6.14), ② 인민군대 탈출하여 월남 귀순(1951. 10. 22), ③ 부산 포로수용소, ④ 거제도 85수용소/74 수용소, ⑤ 논산 제1 포로수용소, ⑥ 휴전협정 조인(1953. 7. 27), ⑦ 비무장지대 포로교환 장소(경기도 장탄군 우남촌) 천막촌 집결: 포로들의 세 가지 길 선택(1953. 10. 초순), ⑧ 남한의 국군 자원입대(1954. 1. 23), ⑨ 군 생활과 복음 사역(1954-1956): 포항 수용연대 입대-대전 교육총본부에서 제대, ⑩ 군 제대 이후 민간생활: 검정고시 및 야간 신학교 수료 등이다. 이러한 고영근 삶의 과정은 일제강점기 군국주의의 잔학성, 해방 이후 소련과 북한 공산주의자들의 이데올로기와 현실과 괴리, 남한의 자유민주주의 삶을 경험하게 된다. 특히, 공산주의 인민군대에서 탈출하여 남한에 귀순한 이후 네 번에 걸친 포로수용소의 경험은 고영근에게 공산주의와 기독교의 사상적 가치와 삶의 의미를 분명하게 인식하는 기회가 되었다.

고영근의 젊은 시절 동안 이루어진 일련의 삶의 궤적은 "일제강점기(기독교 입문과 성령체험) — 해방 — 공산주의 소련군의 북한 점령 — 북한 공산주의 치하의 인민군대(산중 피난 생활 중에 깊은 기도 생활과 성경 연구, 주님으로부터 두 차례 사명의 음성을 들음) — 월남을 위한 인민군 입대와 전쟁터 — 인민군 탈출과 포로수용소 생활 — 남한 국군의 자원입대 — 군대에서 복음 사역과 제대 그리고 야간 신학교 입학" 등이다. 여기 고영근의 삶에 향방을 결정짓는 기독교 입문과 사명자의 길은 두 가지 독특한 신앙적 사건에서 그 단서를 발견하게 된다.

먼저, 기독교 세계로의 입문이다. 고영근은 일제강점기인 1946년 4월 평안북도 의주에서 박창록 전도사가 운영하는 야학에 관심을 갖고 동네 친구 김례현, 김례용의 권유로 중단교회에 등록을 하게 된다. 그러던 중 1948년 4월 30일 노동교회 최항기 전도사가 강사로 인도하는 신앙부흥회에서 자신의 죄를 회개하고 성령의 불세례를 체험한다. 이후 고영근의 삶은 진정한 신앙인으로 변화되어 3대 신앙실천으로 주일성수, 온전한 십일조, 교역자를 잘 섬기게 된다.[34] 이것은 바로 고영근의 신생(新生) 체험에 기인한 것이다.

다음으로, 하나님이 부르신 사명의 길이다. 1950년 발발한 6.25 전쟁으로 북한에서 생활하던 고영근은 인민군대 동원령에 따라 강제로 인민군에 끌려가야만 하는 처지가 되었다. 그는 일찍이 북한에 진주한 소련군, 기독교 신앙과 대척점에 서 있는 북한 공산당의 전쟁에 동의할 수 없어 깊은 산에 피신하여 6개월간 피난살이를 하였다. 이 6개월간의 산중 피난 생활을 통하여 매일 기도와 약 15시간 정도의 깊은 성경 연구를 하게 되었다.[35] 이 시기에 고영근의 성경 연구는 대지, 중지, 소지로 구분하여 장별 분해하는 이기선 목사와 심을철 목사로 이어지는 독특한 성경분해조직법을 활용한 것이었

34 고영근, 『죽음의 고비를 넘어서』 1권, 34-40.

35 위의 책, 81.

다.[36] 이후 가족의 안위를 염려하여 인민군에 자수하여 인민재판을 받고 다행히 목숨을 부지할 수 있었지만, 억울한 노역생활을 하게 되었다. 이러한 고난 중에 1951년 4월 3일에는 장질부사에 걸려 죽을 지경에 이르렀으나, 기도 중에 병 고침을 받았으니 참으로 하나님의 은혜가 아닐 수 없다. 고영근은 약 2개월 동안 건강회복에 힘쓰면서 얍복강의 야곱처럼 간절히 기도하게 되었다: "하나님이여, 나는 주의 은혜로 살아난 몸이오니 한평생 복음 전파하기가 소원입니다. 주님께서 내 생명을 지켜주시며 나의 가는 앞길에 형통함을 주옵소서." 그러던 중 고영근은 하나님의 분명한 음성으로 두 차례 약속을 받는 체험을 하게 된다.[37] 첫 번째는 "내 복음을 전파하기 위하여 네 생명을 보존하겠노라." 두 번째는 "네 민족을 구원키 위하여 내가 너와 함께 하겠노라." 이러한 하나님으로부터의 생명 보존과 민족 구원을 위한 복음 사명의 약속을 받은 고영근은 이후 복음 사역자로서의 확신 있는 삶을 살아가게 된다.

2. 정치 이데올로기 vs. 기독교의 '생명'

고영근이 삶에서 경험한 공산주의의 실상은 무엇인가? 그것은 무엇보다 북한을 점령한 공산주의 소련군과 북한 공산주의 인민군대 허구의 경험에서 비롯된 것이다. 그것은 기독교의 복음에 기초한 새로운 영적 생명의 소생과 새로운 삶의 방식과는 너무 대조적이었다. 고영근이 북한에서 경험한 공산주의자들의 정치 이데올로기의 허구

---

36 위의 책, 44.

37 위의 책, 87.

는 적어도 두 가지 사건에 기인한다.

첫째는 북한에 진주한 공산주의 소련군의 만행이다. 1945년 9월 9일 조선총독부는 연합군의 항복문서에 서명했고, 일제의 한국 지배는 종지부를 찍었다. 실제로 8월 15일 이후 남한에서는 미군정이 점령하였다. 1945년 8월 20일 미군보다 한 달 앞서 상륙한 소련군은 38선 이북을 점령하였다. 그 반면 미국은 9월 8일 남한을 점령했다. 사정이 있어서 늦게 진주하려면 상해(당시 중경) 임시정부로 하여금 속히 귀국하게 하여 치안을 담당하게 했어야 함에도 패전한 일본군으로 하여금 한국의 치안을 담당하게 하여 많은 혼란을 야기했고 3년간이나 군정을 한답시고 혼란을 조장시켰다. 소련군의 횡포, 미군의 무능한 정책은 분단을 영구화하는 범죄를 자행하였다.[38] 소련은 제25군 사령관 치스챠코프 대장의 지도하에 김일성을 앞세워 정치, 경제적 기반을 확대해 나갔다.[39] 당시 소련군은 북한 땅에 진주하자마자 약탈을 일삼기 시작하였다. 그들은 북한 여성들을 겁탈하여 강간하고 한 여자를 몇 사람이 교대해서 윤간을 일삼았다. 그래서 북한 여성들은 소련군이 무서워서 노인, 꼽추, 절름발이 모습을 하고 다니기도 했다. 또한, 소련군은 북한 동포의 재산을 늑탈하였다. 주민들의 소를 마음대로 잡아먹고, 상점에 가서 돈을 내지 않고 물건을 약탈하는 것이 비일비재하였다. 그 횡포에 분개하여 항거하면 총으로 쏘아 죽였다. 고영근은 소련군이 저지른 만행을 다음과 같이 회고하면서 평가하였다.[40]

---

38 고영근, 『죽음의 고비를 넘어서』 1권, 48.

39 장병욱, 『6.25 공산 남침과 교회』 (서울: 한국교육공사, 1983), 15; 이중근 편저, 『6.25 전쟁 1129일』 (서울: 우정문고, 2014), 11-12.

[소련군은] 그들 국기에 그려져 있는 대로 붉은색은 사람을 죽여 흘러나온 피로 물들였고, 망치는 노동자를 의미했다고는 하나 사실은 파괴를 의미하며 낫은 농민을 의미했다고는 하나, 사실은 겁탈(따와이)을 의미함을 그들의 행동으로 증명하고 있습니다.

요컨대 고영근이 경험한 소련군의 만행은 그들이 주장하는 바 무산계급의 억압을 해방하고 평등한 사회를 건설한다는 공산주의 이데올로기가 '허위'라는 것을 여실히 드러내고 있음을 간파한 것이었다.

둘째는 소련군을 등에 업은 북한 공산주의자 인민군대(의용군)의 기만을 경험한 것이다. 소련군이 점령한 이후 중국에서 활동하던 의용군이 북한에 모여들기 시작했다. 그들은 군복을 입고 북한의 동리마다 파견되어 공산주의를 선전하고, 애국가를 고쳐서 "하느님이 보우하사 우리나라 만세"를 "인민들이 협력하여 우리나라 만세"로 부르기를 강요하였다. 해방 직후 고영근이 다니던 교회는 300명이 모이다가 공산당이 "하나님이 어디 있느냐? 우리 인민의 힘으로 지상낙원을 건설해야 한다"고 주장함으로 많은 사람이 겁에 질려 50명 교인으로 떨어지고 말았다. 같은 마을 100세대 가운데 8세대만 공산당에 가입하고 92세대는 공산주의에 반대하거나 냉담했다. 그런데 지극히 적은 수의 사람들이 공산당에 가입하였지만, 이들은 소련군과 의용군을 배경으로 기고만장 횡포를 부리기 시작하였다. 이들은 상부에서 시키는 대로 끔찍한 일들을 서슴지 않고 행하였다. 1946년 3월 1일 주일 의주에서는 공산당이 주최하는 3.1절 기념행사에 참석

40 위의 책, 47.

하지 않고 예배를 드리던 동부교회를 습격하여 교회당 건물과 비품을 모조리 파괴하고 목사님(김하원)과 교인들을 구타하는 난동을 부리기도 하였다.[41] 이처럼 고영근이 의주에서 경험한 북한 공산주의자들의 행동은 하나님이 없는 무신론자들이며, 인간의 기본적 상식에도 못 미치는 횡포와 패악의 모습이었다.

한편, 1946년 2월 8일 북한에 소위 북조선 임시인민위원회, 즉 공산당 정부를 세우고 3월 5일에는 토지개혁을 실시하였다. 북한의 모든 임야와 농토는 국가의 소유가 되고 국가에서 분배하는 관리권만 갖게 된 것이다. 그런데 고영근이 보기에, 지주(地主)의 토지를 몰수하여 소작인(小作人)에게 분배하는 것은 그런대로 일리가 있다 할지라도, 자작인(自作人)의 것을 몰수하여 자작인에게 분배하고 자기네들이 지주행세를 하는 것은 참으로 웃기는 일이며, 또 지주의 것을 무상몰수하여 지주에게 무상 분배를 하고 공산당들이 지주행세를 하는 것은 도둑놈의 행위가 아닐 수 없다고 회고하였다.[42] 고영근이 경험한 북한 공산주의자들의 행위는 민중의 자유와 권리를 빼앗고 정의와 진실을 짓밟는 것이었다. 더 나아가 북한 농민의 현실은 일제강점기 시절보다 더 가혹한 탄압을 받는 농노(農奴)로 전락한 것이었다.

결국, 고영근이 경험한 북한은 자유가 있다면 김일성 찬양과 지지할 자유만 있는 것이었다. 고영근은 이러한 공산당들의 만행을 기독교 신앙의 시각에서 다음과 같이 평가하였다[43]: "하나님께서 제일

---

41 고영근, 『죽음의 고비를 넘어서』 1권, 47-49.

42 위의 책, 52.

43 위의 책, 58.

미워하시는 것이 폭력과 거짓인데 공산당은 하나님께서 제일 미워하는 일만 하고 있으니 참으로 안타까운 일입니다."

고영근이 경험한 공산주의는 정치 이데올로기를 앞세워 생명이 존중되지 못하고 오히려 생명을 목적에 따른 수단이나 조건으로 전락시키는 집단이었다. 이 생각은 한국전쟁 과정에서 더 강렬하고 확고해지기 시작했다. 이에 성서에 기초한 하나님의 진리와 자유 그리고 생명과 대립하는 공산주의는 복음으로 극복해야 할 대상으로 받아들이게 된다. 기독교 신앙인으로서 고영근이 경험한 북한 공산주의자들의 허위는 기독교의 세계, 곧 하나님의 주권과 능력, 예수 그리스도의 십자가 구속으로 인하여 인간을 구원하시고, 새로운 생명과 자유를 주시는 기독교 복음과는 너무나 차원이 다른 세계였다. 하나님은 섭리 가운데 복음과 성령으로 신생(新生)한 고영근에게 다가올 복음 사역, 곧 죽음을 넘어 복음으로 생명을 전하는 사역자의 길로 인도하시는 길목에 들어서게 하였다.

3. 복음의 사역: 죽음을 넘어 복음으로 생명을

본 항의 내용은 고영근의 나이 19세(1951. 10. 22)에 인민군대에서 탈출을 감행하여 남한의 군대에 귀순한 사건으로부터 25세(1957)에 야간 신학교를 졸업하고 전북 임실군 강진교회에 부임하여 민간인 교회에서 첫 목회를 시작하기 이전까지의 내용을 다룬다.

일찍이 복음을 접하고 기도와 말씀으로 훈련된 고영근은 19세에 이르러 간난신고 죽음을 마주한 삶의 현장에서 생명의 복음을 전파하는 현장으로 인도하는 하나님의 손길을 보았다. 고영근의 복음 사역은 『죽음의 고비를 넘어서』(1권)에서 표현한 대로 제6부 "비참한 전쟁터에서"—제7부 "죽음의 고비를 넘어서"—제2편 "복음 선교의 현장"으로 이어지는 역사의 현장인 동시에 고영근의 삶을 인도하시는 하나님 섭리의 현장이었다. 고영근의 삶의 현장에서 "죽음을 넘어 복음으로 생명을" 전하는 복음 사역은 점진적으로 그 모습이 드러난다. 고영근의 복음 사역은 6.25 전쟁을 통하여 포로수용소 생활(부산 포로수용소 — 거제도 포로수용 — 논산 포로수용소), 남한의 군대 자원입대와 복음 사역 등으로 전개되었다. 사실 고영근에게 6.25 전쟁은 북한에 거주하던 이들의 다수가 그렇듯이 신앙과 자유를 찾기 위하여 인민군대에 입대한 이후 남한으로 탈출을 감행하면서 시작되었다. 이는 참으로 삶과 죽음의 사선을 넘나드는 각오가 아니고서는 감행할 수 없는 일이었다. 필자는 세 가지 사건(인민군대 탈출, 포로수용소 생활, 남한군대에서 복음 사역)을 중심으로 살펴보려고 한다.

첫째, 고영근이 인민군대에서 탈출하여 남한군대에 월남 귀순한 사건이다. 전쟁 중에 인민군대에서 탈출한다는 것은 참으로 생명을 걸고 자유를 찾아 떠나는 모험의 길이었다. 그것은 마치 하나님의 약속을 믿고 고향 본토 친척 집을 떠났던 아브라함의 신앙 여정과 같은 모험의 길이었다(창 12:1-4). 고영근의 나이 19세에 어머니와 간절히 기도한 이후에 월남할 목적으로 1951년 6월 14일 인민군대에 입대하였다. 그 후 4개월이 지난 그해 10월 22일경 강원도 양구와 인제 사이에 있는 1300고지에서 달 밝은 새벽에 탈출을 감행하였다. 사실 고영근은 인민군대에 입대한 이후에도 하루속히 월남할 수 있기를 매일 기도드렸다:

하나님, 전능하신 주여! 이스라엘 민족을 애굽에서 이끌어내사 홍해를 육지같이 건너게 하시고 가나안 땅을 정복하게 하신 주의 능력을 믿고 의지하옵니다. 나로 하여금 지뢰가 매설된 저 위험한 곳을 대로같이 걸어갈 수 있게 하시고 무사히 월남케 하시면 주님 앞에 충성을 다 하겠나이다.[44]

하지만 일차 탈출에 실패한 고영근은 광고 삐라를 보고 이남에 가면 건빵과 이밥을 먹을 수 있다는 바보스러운 말을 통하여 위기는 모면하였으나, 방공호에 갇히게 되었다. 갇힌 방공호에서 간절히 기도한 이후 틈을 타서 다시 탈출을 감행하였다. 인민군 진지에서 다시 탈출하여 전선의 철조망 밑을 기어 넘어서 국군에 귀순하니 그곳은 바로 국군 3사단 18연대였다. 훗날 고영근은 월남에 성공한 것은 추호도 내 힘이 아니었고 다만 전능하신 하나님의 은혜였기에 의리있는 사람이라면 애절하게 충성을 맹세했던 주님을 저버리고 배은망덕할 수 없는 일이라고 고백하였다. 나로 사선을 넘게 하신 주님의 은혜를 기억하고 십자가를 달게 지고 고난을 이기도록 새 힘을 얻어야 한다고 증거하였다.[45]

둘째, 포로수용소에서 기독교 사역자들과 새로운 만남의 사건이다. 비록 인민군대에서 월남에 성공하여 남한의 국군에 귀순하였지만, 고영근을 기다리고 있는 것은 포로수용소의 힘든 생활이었다. 그러나 그 속에서도 고영근의 삶에 복음 사역이 펼쳐지도록 믿음의 사람들을 만나게 하시는 하나님의 손길을 발견할 수 있게 한다. 앞에서

44 고영근, 『죽음의 고비를 넘어서』 1권, 110.

45 위의 책, 112-116.

도 언급하였듯이 고영근의 포로수용소 생활은 네 차례, 곧 부산 포로수용소, 거제도 85포로 수용소, 거제도 74포로 수용소, 논산 제1 수용소 등에서 이루어졌다.[46] 당시 남한에는 미 군정의 지휘 아래 포로수용소가 운영되었는데, 포로수용소 안에서도 공산주의를 선택한 포로들과 공산주의를 거부하고 자유민주주의를 선택한 반공주의 포로들의 대립과 갈등이 격화되고 있었다.

심지어 1952년 5월 7일에는 거제도 76 포로수용소에서 인민군 총좌 이학구가 폭동을 지휘하였는데, "나는 인민군 장군인데 76 포로수용소 책임자는 소령이니 미군 최고책임자 육군 준장 돗드를 데려오라"고 하였다. 돗드 준장이 정문에 도착해서 대화하려고 할 때, 공산 포로들이 돗드 준장을 수용소 안으로 끌고 들어가 포로를 만드는 어처구니없는 사건이 일어났다. 결국, 미국 정부가 무력으로 개입하여 돗드 장군을 빼냈다.[47] 고영근은 이러한 사건을 바라보면서 미군

---

46 1950년 6.25 전쟁이 발발한 이후 가장 먼저 만들어진 포로수용소는 7월 8일 대전형무소 내에 설치된 '대전 포로수용소'이다. 그 후 국군의 전세가 불리해지자 '대전 포로수용소'를 7월 14일 대구로 이동하여 '제100 포로수용소'(현재 효성초등학교 자리)를 설치하였다. 그러나 한국군 지휘부는 전세의 변동에 따라 8월 1일 부산 영도에 있는 포로수용소(당시 해동중학교)를 설치하여 '포로수용소 본소'로, 대구의 수용소는 '포로 집결소'로 운영하였다. 7월 18일 부산 미군기지 헌병대에서 500명 규모의 포로수용소를 완성했고, 이후 1만5,000명 규모로 확대하였다. 그러나 포로가 증가하자 7월 30일 미군 제8군 사령부는 5만 명 수용 규모의 새로운 수용소를 동래 [거제리 임시 포로수용소]에 건설하기로 결정하고, 8월 5일부터 15일까지 이전을 완료하였다. 그리고 8월 12일에는 한국군이 관리하던 부산 영도 수용소를 폐쇄하고, 부산 거제리 포로수용소에 통합되었다. 1951년 2월 말 거제도 포로수용소 건설이 마무리되면서 부산 거제리 포로수용소에 있던 포로들을 이송하기 시작하여 5만여 명이 옮겨졌다. "부산 포로수용소," 부산역사문화대전", http://busan.grandculture.net/Contents?local=busan&dataType=01&contents_id=GC04204324 (2020.1.25.) 접속; 한국학중앙연구원, 『향토문화전자대전』 참조.

47 고영근, 『죽음의 고비를 넘어서』 1권, 130.

이 기만의 명수 공산주의에 대한 이해가 너무 부족하다는 사실에 답답함을 느꼈다. 조만식 선생님의 미국을 믿지 말라고 한 말씀대로 미국을 믿을 수가 없었다. 그들이 너무나 어리석고 신의가 없는 것을 보았기 때문이다. 그러나 소련의 세력을 견제하려면 미국이 필요하니, 힘없는 우리 민족이 안타까울 따름이었다.[48] 하지만 이러한 험악하고 안타까운 상황이 펼쳐지는 포로수용소 생활 중에도 하나님은 고영근을 통하여 복음 사역을 통한 민족 구원의 사명을 이루도록 믿음의 사람들을 만나게 하셨다.

고영근의 네 번에 걸친 포로수용소에서의 삶은 다음과 같다. 첫 번째는 부산 포로수용소에서의 생활이다. 1951년 10월 월남하여 국군에 귀순한 고영근이 수용된 곳은 부산 포로수용소였다. 여기서 고영근이 월남 귀순한 사실이 공산주의 포로들에게 알려지면서 첫날 밤 죽을 고비를 넘기게 되었다. 하루하루 초조히 지내던 중 미국 선교사 한 분과 이병규 전도사(이후 창광교회 목사)가 포로수용소에 들어와 전도하면서 전하는 설교를 듣게 되었다. 이분들에게 자신의 믿음을 고백하니 신구약 성경을 선물로 받았다. 그날부터 성경을 읽고 기도하는 것이 유일한 즐거움이요 일과가 되었다.[49] 남한 포로수용소에서도 기도하는 것과 성경 읽기를 감격 속에 다시 시작하게 된 것이다.

두 번째는 거제도 85 포로수용소에서의 생활이다. 1951년 12월 고영근은 부산 포로수용소에서 2개월이 지난 후 거제도 85 포로수용소로 이송되었다. 85 포로수용소는 원래 공산당이 집권하던 포로수용소였는데, 반공청년 17명을 잔인하게 죽여 암매장한 사건이 미군에

48 고영근, 『죽음의 고비를 넘어서』 1권, 130.

49 위의 책, 118-120.

게 적발되어 300명 공산당 간부를 이동하여 반공포로수용소가 되었다. 하지만 공산당원 하나가 반공을 가장하여 활동하다가 마지막에는 정체를 드러내어 많은 반공청년이 살해당하는 일이 있었다. 다행스럽게 목숨을 건진 고영근은 74 포로수용소로 이동하게 되었지만, 이 사건은 공산주의자들의 기만적 행태를 확인하는 계기가 되었다. 반공이라는 구호를 많이 부르는 게 반공주의자가 아니라는 것이다. 진정한 반공주의자는 빈부격차, 부정부패, 독재가 없이 민중을 사랑하고 가르치고 동고동락하는 자세를 갖는 것이라고 역설한다.[50] 한편 고영근은 거제도 85 포로수용소에 입소하던 첫날 환영사가 끝난 후 모자에 십자가를 달고 나타난 박영춘 장로, 박대윤 목사를 만나게 되었고, 예수를 믿으라는 소리에 손을 드니 신자 중대에 배치를 받게 되었다. 어느 날 포로수용소 교회에서 호출하여 경창연 전도사를 만나게 되었고, 신자 중대에서 성경통신과 공부(장로회총회교육부 발행)를 하라는 권면을 받게 되었다. 고영근은 통신과 성경 문제집을 살펴보고, 너무 쉽다고 이야기를 하다가, 자신이 공부한 사도행전 1장부터 28장까지의 대소지를 설명하였다. 깜짝 놀란 박 장로와 경 전도사의 배려로 대대본부에 있으면서 성서 연구에 전념할 수 있었다.[51]

세 번째로 거제도 74 포로수용소에서의 사건이다. 거제도 85 포로수용소에서 큰 위기를 겪은 이후 고영근은 74 포로수용소로 이동하게 되었다. 그곳에서도 그는 더욱더 성경 연구와 기도 생활에 전심하였다. 간신히 종이와 펜을 구하여 마태복음부터 요한계시록까

50 고영근, 『죽음의 고비를 넘어서』 1권, 126-127.

51 위의 책, 123-124.

지 사전이나 옥편도 없이 순한문 넉자(四字)로 大旨, 中旨, 小旨를 세밀하게 분해하여 공부하였는데, 보는 사람들은 매우 신기하게 여겼고, 그 소문이 퍼졌다. 당시 은혜가 충만했던 고영근은 때마침 청년 헌신예배가 있어 청년회장에게 설교하게 해달라고 부탁하여 3일을 금식한 후에 1,000명(신자 500명, 불신자 500명)이 모인 자리에서 "예수님의 속죄 구원"이라는 제목으로 한 시간쯤 설교하였다. 그러자 여기저기 감격하여 눈물이 쏟아지고, 그날 300여 명이 손을 들고 결신(決信)하게 되었다. 그때부터 각 중대에서 설교해 달라는 요청이 쇄도하였다. 진실로 약한 자를 들어 강한 자를 부끄럽게 하시는 주님의 섭리가 이루어지기 시작하였다.[52] 드디어 때가 차매 하나님께서는 준비하고 훈련된 하나님의 사람, 고영근을 본격적인 복음 사역자의 길을 가도록 문을 열어 주시기 시작한 것이다.

마지막으로, 논산의 제1 포로수용소에서의 생활이다. 이제 공산주의를 지지하는 자들은 거제도 포로수용소에 수용하고, 반공포로들은 논산, 광주, 영천, 마산 등으로 분산 수용하게 되었다. 1952년 6월경 고영근은 논산 제1 포로수용소에 수용되었다. 논산 포로수용소는 각 대대 500명씩 수용되었는데, 고영근은 기독교 대대인 4대대에 수용되었다. 고영근은 소대원으로 있으면서 이 천막 저 천막 다니면서 열심히 전도하고, 금식기도를 자주 하고, 여전히 성경공부를 열심히 하였다. 마침 소대장 자리가 비게 되었는데, 나이가 제일 어린 고영근이 선출되었다. 그리하여 그 소대는 100% 신자가 되고 사랑이 넘치는 생활로 흠모의 대상이 되었다. 해가 바뀌어 1953년에는

52 고영근, 『죽음의 고비를 넘어서』 1권, 127-128.

휴전회담이 진행되어 5월에는 거의 조인 단계에 이르렀고, 공산군 측 요구 조건에 따라 반공포로 36,000명을 강제 송환하려고 하였다. 이에 반대하여 대한민국 대통령 이승만 박사는 유엔군 포로를 1953년 6월 18일 0시를 기해 직권으로 석방시켰다. 그러나 이 시점에 고영근은 논산 제1 포로수용소에서 석방이 좌절되었다. 그리고 석방에 실패한 반공포로들은 논산 수용소에 집결되고 수용소 행정조직은 개편되었다. 이때 고영근은 교회 직원으로 임명되어 박영춘 장로를 교회 대표로 모시고 실제 목회 일을 전담하게 되었다. 매일 각 소대를 심방도 하고, 예배 인도, 개인 상담, 개인전도, 주일 밤, 삼일 밤 예배 설교도 자주 하고, 대대 신자화를 위하여 충성을 다하였다. 1953년 7월부터 1954년 1월 20일까지 약 7개월 동안 포로수용소에 갇힌 영혼과 육신을 위하여 그리고 자유와 구원을 얻도록 온갖 힘을 다하여 복음 사역에 매진하였다.[53] 하나님께서는 고영근에게 논산 제1 포로수용소를 통하여 함께 갇힌 자 되어, 얽매인 자들을 복음으로 자유케 하는 복음 사역자의 모습을 갖추도록 인도하신 것이리라. 이제 고영근은 21세 나이의 청년에 이르게 된 때였다.

셋째, 남한에서 국군의 자원입대와 본격적인 복음 사역의 길이다. 비록 짧은 기간이었으나 논산 제1 포로수용소에서 복음 사역자의 길을 걷던 고영근은 1953년 7월 27일 휴전협정이 조인되고 난 이후, 1953년 10월 초순 논산 포로수용소를 떠나 비무장지대 포로교환을 위하여 설치된 천막촌(경기도 장단군 우남촌)에서 4개월간 머물게 되었다. 결국, 1954년 1월 20일 반공포로들과 함께 자유를 선택하여

53 고영근, 『죽음의 고비를 넘어서』 1권, 133-134.

포로에서 풀려나게 되었다.[54] 그리고 며칠 후 1954년 1월 23일 남한 군대에 자진하여 입대하였다. 1954년 1월 23일 포항수용대를 출발하여 제주도에 있는 육군제일훈련소에서 훈련을 마쳤다. 93일째 훈련이 끝날 무렵 이유경 군목의 특별 요청으로 군종 하사관 직책을 맡아 근무하면서 전도강연 겸 정신교육을 하게 되었다.[55]

1955년 제주도 육군훈련소가 해산함에 따라 논산 제2 육군훈련소 경비대대에 배속되었으나, 제주도훈련소 시절 6연대장인 송광보 대령을 만나 다시 군종부에 배속하게 되었다. 1956년 2월 20일에는 고영근이 소속된 논산 교육총본부가 대전으로 이동하여 이상신 군목, 김승태 하사(후에 목민교회 장로가 됨)와 함께 복음 사역을 하다 대전에서 군대를 제대하게 되었다.[56]

1956년 10월 22일 고영근은 남한의 군대에 자원입대한 이후 2년 9개월 만에 제대하였다. 그러나 제대할 때에 400원 현금과 작업복 한 벌 받아서 나온 고영근을 환영해 줄 곳은 없었고 그날부터 호구지책이 문제였다. 그러니 우선 대전에서 한두 번 출석하던 괴정리교회 목사님을 찾아가 인사하고 교회 수리하는 일을 도우면서 한 3일을 목사님과 침식을 같이 하였다. 이후 괴정리교회 이남수 집사를 통하여 충북 옥천의 과수원 일꾼으로 소개를 받았다. 그곳에서 주인 할머니에게 인사를 하고 초막을 짓고 십자가를 세운 후 새벽과 밤마다 하나님께 제단을 쌓았다. 그곳에서 여전도사님의 소개로 부흥회를 성황리에 인도하였다. 부흥회를 인도하고 나서 과수원 주인 할머니

54 고영근, 『죽음의 고비를 넘어서』 1권, 133-137.

55 위의 책, 144-145.

56 위의 책, 152-153.

는 자신의 아들 김재환 장로(성우보육원 원장)에게 칭찬하며 소개하였다. 그리하여 고영근은 성우보육원에서 160명 고아를 돌보는 일에 직원으로 취직을 하게 되었다. 그가 하는 일은 아침과 저녁에 예배인도, 고아들 생활지도, 시설관리 등이었다. 여기서도 성실하고 부지런하게, 남을 속이지 않는 정직한 생활로 인정을 받았다. 이곳 성우보육원에서 고영근은 검정고시를 거쳐 장로교 계통의 야간 신학교에서 공부하고 졸업하게 되었다.[57] 그리고 1958년 4월에는 성우보육원을 떠나 전라북도 임실군 강진교회(갈담리교회)에 부임하여 첫 목회를 시작하게 되었다. 이제 남한에서 군대에서의 사역이 아니라 본격적인 민간인 목회를 시작하게 되었으니, 고영근의 나이 26세에 이르게 되었다.

고영근은 6.25 전쟁을 통하여 "월남-포로수용소 생활-국군 자원입대"라는 고난과 연단의 삶의 과정에서도 믿음을 잃지 않고, 성실, 근면 그리고 정직이라는 삶의 자세로 시종일관 주님을 향한 기도와 성경공부, 신학수업을 통하여 주님의 사명자로서 충성스럽게 순종하며 그 길을 걸어갔다. 주님은 그러한 사명자 고영근을 외면하지 않으시고, 주님의 사명을 감당하도록 신실하게 동행하여 주셨다.

VI. 나가는 말

우리가 신앙의 관점에서 한 사람의 생애, 특히 목회자의 생애와

---

57 위의 책, 154-159.

사역을 하나님의 은혜와 섭리(grace and providence)라는 관점에서 살펴보면서 그 신학적 의미를 성찰하는 일은 결코 쉬운 일은 아니다. 더구나 필자는 본 글에서 고영근 목사의 전 생애 중에서 탄생과 성장기, 곧 어린 시절에서부터 청년기를 거쳐 성인 초기에 이르는 26년 동안의 생애와 신앙 그리고 본격적인 목회자로서 복음 사역의 길에 들어서는 시기를 다루었다. 고영근의 생애 초기의 중요성은 무엇보다 그의 전 생애에 걸쳐 나타나는 그의 인격과 신앙 그리고 목회자로서 복음 사역의 성격을 이해하는 데 도움을 주기 때문이다. 사람은 인격과 신앙이 홀로 형성되지 않는다. 또한, 복음 사역도 결코 홀로 수행되지는 않는다. 한 사람의 역사적 상황, 곧 시대적 맥락, 가정의 환경, 교육, 인간관계, 사회생활 등을 통하여 그 모습을 드러낸다. 물론 이러한 환경적 요소들이 한 인간의 전부를 설명하는 것은 아니지만, 적어도 기본적인 요소와 틀을 이해하려는 데 큰 도움을 준다. 우리나라의 역사적 상황, 곧 일제강점기, 해방, 6.25 전쟁, 정치 격변기, 전후 경제개발 및 민주화 시대 등으로 이어지는 격동의 시대에 하나님을 만난 사람 고영근의 생애 초기의 모습을 스케치해 보았다. 과연 하나님을 만나 한 시대의 복음 사역자로, 아니 시대를 깨우치는 예언자 고영근의 모습은 무엇인가? 그는 환난 가운데에 성실하고 근면하며, 신실하고 충성을 다하는 시종일관 꿋꿋한 믿음의 사람 그것이 전부였다. 필자가 살펴본 고영근의 생애 초기(1-26세)에 드러난 그의 삶과 복음 사역은 마치 주님께서 세상의 마지막 때에 비록 가난하고 궁핍했지만, 실상은 부요한 자라고 칭찬했던 서머나 교회에 약속하신 말씀을 기억나게 한다.

8. 서머나 교회의 사자에게 편지하라 처음이며 마지막이요 죽었다 가 살아나신 이가 이르시되 9. 내가 네 환난과 궁핍을 알거니와 실상은 네가 부요한 자니라 자칭 유대인이라 하는 자들의 비방도 알거니와 실상은 유대인이 아니요 사탄의 회당이라. 10. 너는 장차 받을 고난을 두려워하지 말라 볼지어다 마귀가 장차 너희 가운데에서 몇 사람을 옥에 던져 시험을 받게 하리니 너희가 십 일 동안 환난을 받으리라 네가 죽도록 충성하라 그리하면 내가 생명의 관을 네게 주리라. 11. 귀 있는 자는 성령이 교회들에게 하시는 말씀을 들을지어다 이기는 자는 둘째 사망의 해를 받지 아니하리라(계 2:8-11).

참고문헌

강재언. 『한국근대사』. 서울: 한울, 1990.

고영근. 『생활지침과 성경대지가』. 서울: 보이스사, 1972.

_____. 『죽음의 고비를 넘어서』 1권. 서울: 한국목민선교회, 1981.

고영근 목민연구소. 『민중을 위하여1』. 서울: 도서출판 새롬, 2015.

김경태 · 신형식 · 이배용. 『한국문화사』. 서울: 이화여자대학교출판부, 1986.

김양선. "신사참배 강요와 박해." 『한국기독교사연구』. 서울: 기독교신문사, 1971.

김정준. "한국전쟁과 기독교." 노영상 편. 『우리 민족과 한국교회』. 서울: 총회교육연구원, 2018.

노안영 · 강영신. 『성격심리학』. 서울: 학지사, 2002.

민경배. 『한국교회사』. 서울: 대한기독교출판사, 1986.

_____. "한국의 기독교회." Walker, W./ 강근환 외 공역. 『세계기독교회사』. 서울: 대한기독교서회, 1988.

박용규. 『한국기독교교회사』 2. 서울: 생명의말씀사, 2011.

이성삼. 『한국감리교회사』. 서울: 기독교대한감리회 본부교육국, 1992.

이중근 편저. 『6.25 전쟁 1129일』. 서울: 우정문고, 2014.

장병욱. 『6.25 공산 남침과 교회』. 서울: 한국교육공사, 1983.

정재철 · 손인수. 『교육사』. 서울: 교육출판사, 1985.

한국기독교역사연구소 북한교회사집필위원회. 『북한교회사』. 서울: 한국기독교역사연구소, 1999.

"부산포로수용소." 『부산역사문화대전』. http://busan.grandculture.net/Contents?local=busan&dataType=01&contents_id=GC04204324. 2020. 1. 25. 접속.

"유여대." 『다음백과』. https://100.daum.net/encyclopedia/view/205XX79100072. 2020. 1. 20. 접속.

제주도 도내 교육자 장병 친목 연합음악예배(1955년 10월 28일, **제주도 제일훈련소 강병대교회**)
한국 최대의 군인교회 폐소 직전 이준상 준장의 특별지시로 제주도 전 교역자 찬양대가 모여 친목하는 기념예배를 드렸다. 200명 성가 합창은 아마 제주도 탄생 이래 처음일 것이다. 제주도 내에 주의 복음 빛나 불쌍한 30만 영혼을 구원하시라(1950년대 고영근 사진첩 1면).

강병대교회에서 강병대교회는 한국전쟁에 관련된 사적지로서 2008년 10월 1일 등록문화재 409호로 지정된 교회로서 공병대에 의해 건립되었다. 맞은편에는 옛 해병대 훈련소(등록문화재 410호)가 남아있다. '폐허의 땅을 그대로 두고 아직도 방탕인가? 아직도 술잔이냐? 일시일초가 바쁜데도 아직도 핑계이며 아직 내일이냐. 이제라도 늦지 않을 터이니 일어나 기도하고 삼천만의 방패가 되리로다.' (1955. 4. 26. 금식기도 중)

모슬포훈련소
제주도 모슬포는 예로부터 군사적으로 중요한 지역으로서 조선시대에는 수군방호소, 중수 전소가 설치되었던 곳이다. 1910년~1945년 까지 일본군이 훈련소를 건설하여 사용하였고, 대구에서 창설된 25교육연대가 1951년 1월 21일 남제주군 대정읍에 있던 오무라 병영 터에 이전, 제주 3, 5훈련소를 통합하면서 군사훈련을 하여 전선에 투입하려는 목적을 갖는 훈련소가 되었다. 고영근은 1954년 1월 23일 제주도 모슬포로 이송되어 4월 26일 군종하사관으로 근무하기 시작하여 1955년 11월 해산될 때까지 모슬포훈련소와 강병대교회에서 근무하였다(트럭 모서리가 고영근 목사)

학생부흥회를 마치고(1955. 10. 20. **제주 중부교회**) 제주 군 생활 중 20여 일 휴가를 받았다. 제주도 전역을 돌아보기로 마음먹고 제주 7개 교회(제주중앙감리교회, 도두감리교회. 성안교회, 서부교회, 광양교회, 세화리교회, 대정교회)를 순회하였고 그 중 광양교회 유년부, 도두감리교회, 중부교회에서 4회 학생부흥회를 하였다.

성우보육원은 그의 삶에서 가장 사랑을 아낌없이 베풀었던 곳이었다. 군 생활을 마치고 대전에 정착하게 된 고영근은 그의 성실함에 매료된 성우보육원 원장 어머니 권사님의 추천으로 성우보육원에서 1년 4개월여 생활을 하게 된다. 전쟁 고아들과 함께 지내면서 낮에는 아이들을 돌보고 밤에는 통신으로 신학 공부를 계속할 수 있었다. 그의 사진첩에 정성스레 배열된 사진에 붙인 편지들에는 아이들에 대한 사랑이 진하게 묻어난다.

상무대 교회에서 매일 새벽기도회, 저녁에는 성경 공부를 7개월간 인도하다가 제대하였다. 앞줄 왼편에서 여섯 번째(1956. 7. 24. 상무대교회에서)

제2장

고영근의 목민목회
(1958~1968)

| 고성휘 |

갈담리, 백운지역 선교 사역에 기반한 고영근의 목민목회*
(1958~1968)

Ⅰ. 들어가는 말

1970년대에서 1980년대에 이르기까지 독재정권에 대한 한국기독교의 예언자적 저항운동의 중심에 서 있던 목사 고영근(1933~2009)의 중심사역은 총 26회의 연행기록에서도 알 수 있듯이 하나님 정의의 선포로 인식되어 왔다. 하지만 잘 알려지지 않은 그의 초기 사역, 즉 1958년부터 시작된 임실 강진교회 지역선교 사역부터 1960년대

* 이 글은 고성휘의 "교회교육에 있어서 교육적 주체의 중요성과 스캐폴딩의 사례연구 - Vygotsky의 사회발달과 Lacan의 주체형성이론을 중심으로", 「기독교교육논총」 48집 (2016), 43-77; "협력적 관계가 교회와 마을공동체에 미치는 영향 연구", 「기독교교육논총」 54집 (2018), 331-376; "1960년대 한국기독교의 부흥운동 고찰: 목사 고영근의 사례를 중심으로", 「한국복음주의역사신학회, 한국교회사학회 공동학회 자료집」 (2019. 3), 96-115; "백운교회 지역선교 사역을 통한 고영근의 목민목회 연구", 「한국기독교와 역사」 51집 (2019), 267-306 등 네 편의 논문을 요약 및 재구성한 글이다.

대전 백운교회의 지역선교 사역, 북아현교회 지역사역[1]은 현재 마을 공동체와 함께하는 하나님의 선교활동에 있어서 모범적인 사례를 제시해 준다. 사회적 애도로서의 돌봄 사역, 시혜적 차원을 넘어선 정책적 차원의 돌봄 사역, 공동체 삶의 특성에 기반한 돌봄 사역 모두가 현재 지역선교의 전망을 논하는 데 있어 사람 중심, 가치 중심적 관점들의 중요성을 제시하고 있다.

고영근의 50년 사역에서 드러나는 핵심적인 키워드는 '목민'이다. '목민'이란 용어를 사용하기 시작한 것은 70년대 중반(1974~1975년)이지만 목민목회의 기초는 60년대 지역 목회를 통해 다져졌다. 고영근의 목민목회는 개인(주체)에 대한 존중을 기반으로 한다. 1950년대 권력이 강요했던 '국민으로서의 주체 되기'[2], 1960년대 박정희 정

1 북아현 사역은 갈담리 교육사역, 백운지역 선교 사역에서 한발 더 나아가 포괄적인 선교 사역의 길을 열었다. 개교회 중심의 사역이 아닌 마을과 지역 그리고 전국을 포괄하는 교회의 사역이 어떻게 전개되어야 하는지 표본을 보여주고 있다. 한 마을, 한 지역에서 성장하는 교회의 사역이 단지 소속되어 있는 지역에 국한되어 있는 사역이 아니라 교회라 한다면 교회 안의 목양목회뿐 아니라 사회 전반에 걸친 사역에 교회가 그 역할을 감당해야 할 필요성에 입각하여 그의 사역은 확장되어 가고 있었다. 예를 들면, 개교회 중심의 목회활동은 교회 설교, 각 위원회 교육, 심방을 넘어 지역사회 실무자위원회, 교양강좌회, 구치소 전도 후원, 공군사관학교 자매결연과 후원 등의 일들이 교회 내 목회와 함께 추진되었다. 서대문 지구 청소년 월동대책, 극빈자 구제, 지역신문발행을 통한 지역선교활동을 확대하였다. 이촌향도의 영향으로 북아현 지역 역시 많은 이주민들이 모여 살고 있었기 때문에 인구밀도가 높았으며 다양한 직종에 종사하는 교인들이 상당수였다. 한 지역에 각기 다른 지방에서 온 이주민들에게 필요한 각종 정보를 공유하는 지역신문을 발행하는 일은 교회가 지역사회에 기여할 수 있는 가장 적극적인 선교활동이었다. 북아현은 대부분의 서울지역이 그러하듯이 1960년대 말부터 70년대 초 빈민촌을 철거하고 아파트를 건축하여 중산층의 대거 유입이 된 지역이었다. 하지만 북아현 사역을 모두 다루기엔 그 시기가 너무 짧았고 지면상 서술하기에 무리가 있어 북아현 사역은 논외로 한다.

2 전쟁 전후 국민은 '국민'-'비국민' 사이의 양자택일을 해야 하는 '거민'에 불과했다. 정태헌, "긴급조치 9호 시기 학생운동의 역사적 위상과 의의", 「국제고려학회 서울지회 논

권이 강요하였던 '근대화로 동원되는 주체 되기'[3], 1972년 유신헌법이 강요하였던 '순응적 주체 되기'[4], 1975년 긴급조치 9호가 강요하였던 '자기 검열적 주체 되기'[5], 1980년대 신군부가 강요하였던 '향락적 주체 되기'[6], 1990년대 자본주의의 '파편화된 주체 되기'[7] 등 '권력이 호명하는 주체 되기의 강요'에 대해 그는 하나님의 형상대로 창조된 인간의 존엄성과 일맥상통하는 하나님 주권에 대한 월권행위로 보았다.

언어로 표현된 개인주의의 소중함[8], 개인이 누려야 할 자유와 평등은 하나님으로부터 나온 인간의 권리임을 표명하였기에 그는 1970~1990년대의 권력이 인권에 가하는 폭력에 강력한 저항을 할 수

문집」 5호 (2005), 180.

3 박정희 정권은 국민에게 군대식 총력동원체제를 요구하였고 일사불란한 편제의 정치 운영을 하였다. 조희연, 『동원된 근대화: 박정희 개발동원체제의 정치 사회적 이중성』 (서울: 후마니타스, 2010), 17.

4 박정희 정권은 국민교육헌장을 통해 국가가 필요로 하는 사람을 배출해내는 교육을 강조하는데 이는 유신체제에 순응하는 사람들을 양성하기 위한 의도였다. 최광승, "유신체제기 박정희 정권의 애국적 국민 생산 프로젝트," 「한국학연구」 33호 (2014.6), 239.

5 긴급조치 시대는 자기검열, 즉 언제 어디서건 '나'의 언행이 도청되고 '나'의 행동이 감시될 수 있다는 불안을 내면화하도록 조장되었다. 최애영, "김성종의 제5열—유신체제하의 자기검열과 그 균열의 한 징후—," 「대중서사연구」 23호 (2010.6), 139.

6 전두환 정권은 향락산업이 번창하는 것을 방임함으로써 향유의 문을 열어젖히고 시민들의 탈정치화를 유도했다. 주은우, "금지의 명령에서 향유의 명령으로," 「한국 사회학」 48호 5권 (2014), 73.

7 '생존의 벼랑 끝'이라는 위기 담론은 '살기 위해' 자신을 '관리', '경영'해야 하는 자유를 부여받게 하였고 그 책임까지 떠안게 되었다. 김옥선, "거대한 국가의 절멸된 공동체그리고 홀로 선 개인들," 「한국문학논총」 77호 (2017.12), 328.

8 "개인주의는 이기주의의 승화요 극복이요 주체원리입니다.… 하나의 개인들이 강력한 자아의식을 가지고 저 다운 보람과 존재를 드러내는 개인이 되어야 합니다." 고영근, 『민족의 나아갈 길』 (서울: 일맥사, 1982), 41.

밖에 없었다. 그는 개인을 희생시키는 전체주의적 사고를 질타하고, 자각, 자율, 자치, 자주하는 개인을 지향하였다.[9] 1958년 갈담리 사역에서는 '나 한 사람의 존재의 가치'를, 1960년대 동원된 주체에 대한 저항으로서 '자립하는 주체 되기'[10]를, 순응적, 자기 검열적 주체에 대한 저항으로서 인간이 인간에게 복종을 강요할 수 없음과[11] 자기 권리를 스스로 지켜야 함을 강조하였다. 3S에 흔들리지 않는 주체 되기와 파편화된 개인에서 개인주의의 소중함과 아울러 하나 된 움직임의 힘을 강조[12]하였던 그의 전반적인 논의 안에서 1960년대 백운교회의 사역은 그의 신념을 구체적으로 형성한 시기라 할 수 있다.

따라서 본 연구는 하나님의 창조질서에 입각한 자립적 개인주의를 표방했던 고영근의 목회관을 토대로 권력을 향한 저항의식이 지역 목회에서 어떠한 방식으로 형성되었는지 그리고 민중을 찾아가 그들의 형편과 처지를 파악하는 돌봄의 목민목회가 50년대 후반 갈담리 강진, 1960년대 백운지역 선교사례에서 어떻게 형성, 발전되었

---

9 고영근, 『민족의 나아갈 길』, 43.

10 "교회혁신방안 ① 교역자의 목회자세 ② 교인의 신앙자립운동… "[「성경구절」 (5, 1967), 49]. 자필기록문 일련번호 51. 특수업무, 시간배당, 활동무대(목회, 대외, 문서), 기독교 사회침투방안, 교역자의 자세, 목회보고서 보낼 곳, 교회혁신방안" 등의 내용이 수록되어 있다.

11 "인간은 누구나 나면서부터 조물주 하나님께로부터 자유와 권리를 부여받았기 때문에…" 「고영근 상고이유서」 (1978, 3); "하나님께서 당신이 전능한 존재임에도 우리에게 자유를 주어 권리를 줬는데 하물며 오늘날 사람이 사람의 권리를 짓밟는 것은 하나님을 거스르는 일입니다." 고영근 목민연구소, 『긴급조치구속사료집: 목사 고영근의 시대를 향한 외침 1』 (서울: 새롬, 2012), 325, 광주고법재판녹취록 중.

12 "선이 악을 이기는 것이 원리지만 구조악 앞에 개인의 선이 아무 힘이 되지 못합니다. 구조악에는 구조선인 집단선이 작용해야 그 구조악을 깨뜨리고 정의가 승리할 수 있는 것입니다." 고영근, 『우리 민족의 나아갈 길 1』 (서울: 한국목민선교회, 1984), 40.

는지 살펴보는 것을 목적으로 한다.

II. 고영근의 목회관

1. 척박한 현실 위에 선 애통함의 목회관

고영근의 목회관은 1958년 갈담리 첫 사역을 시작으로 백운 사역으로 축적되었다. 그의 사역 전반에 걸쳐 보이는 확고한 믿음과 민중에 대한 사랑의 시선은 갈담리를 거쳐 백운 사역에서 형성된 것이다. 그의 초기 목회관을 살펴볼 수 있는 가장 핵심적인 사료는 자필 기도문 「영음애도」(1954~1960)이다. 포로수용소 생활을 마치고 곧바로 입대한 이후부터 백운교회 시무를 시작한 직후까지 총 77편의 기도문이 있는데 민중의 처지에 대한 애통함이 자리 잡고 있다.

고영근은 인민군에 자진 입대하여 1951년 10월 22일에 월남에 성공하였지만 이내 거제도 포로수용소로 수감 되었다.[13] 이후 85수용소를 거쳐서 74수용소로 수감 되면서 신자 중대에 배치받게 된다.[14]

---

13 그의 회고록에 의하면 월남한 귀순병이나 포로나 똑같이 대우하고, 심지어 피난민까지도 포로수용소에 수용되기도 하였는데 고영근 역시 국군으로부터 미군에게 포로로 인계되어 부산포로수용소에서 포로생활을 시작하게 되었다고 한다. 고영근, 『죽음의 고비를 넘어서』 1권(서울:한국목민선교회, 1989), 118.

14 이 시기에 만난 기독교인들은 포로 석방 이후 '기독신우회'를 결성하게 된다. 고영근도 역시 '기독신우회' 회원이었다. 강인철은 『한국의 개신교와 반공주의』에서 기독신우회를 언급하였는데 그에 따르면 1970년대 초까지 이 단체에서만 무려 150여 명의 목사가 배출되었고 대표적인 인물로 안창근, 계안식, 전택수, 고영근 목사와 김석태 사관 등을 꼽았다. 그는 반공포로 출신의 교역자들 혹은 기독교 신우회 회원들이 한국 개신

1954년 1월 20일 석방된 그는 제주도에서 군인 생활을 하게 된다. 인민군에서 포로로, 포로에서 한국 군인으로의 복잡한 경로를 거쳐 한국전쟁을 관통하면서 그의 신앙과 현실 인식은 민족의 역사적 고통과 그 안에서의 민중의 아픔으로 귀착된다. 그의 초반부 여정은 생각지도 못한 고난의 연속이었다. 인민군에 자진 입대해서 월남하였으나 반공포로가 되어 거제도 포로수용소에서 생사의 갈림길에 서기도 했다. 또 포로해방 이후 곧바로 가게 된 군대는 그를 제주도 모슬포와 강병대교회로 이끌었다. 이러한 여정 속에서 그는 제주지역의 항일투쟁과 4.3 제주항쟁 그리고 한국전쟁을 견뎌낸 민중의 척박한 삶을 보게 되었다.[15]

제대 후 1년 4개월여 동안 전쟁고아[16]를 돌보는 일을 하다가 일곱여 차례의 민간인 학살사건으로 몸살을 앓고 있던 전북 임실군 강진면 강진교회를 첫 사역지로 섬기게 된다. 그의 발길은 한반도의 가

교 교회 안에서 가장 강경한 '반공적' 세력 중 하나를 형성하였으리라 추정하였다(강인철, 『한국의 개신교와 반공주의』, (서울: 중심, 2007, 519). '기독신우회'에 대한 강인철의 평가는 강경한 반공세력에 있었으나 1960~70년에 지역 목회에 헌신한 이들에 대한 평가는 부진하다. 긴급조치 구속 이후 '기독신우회'와 '한국부흥사협의회'의 관계가 소원해지기는 하였으나 1990년대 들어서 변화된 관계를 볼 수 있다(이만신 목사의 경우가 대표적이 사례이다). 반공이라는 거대담론적 평가가 오히려 왜곡된 역사해석을 낳을 수 있음을 다시 생각해 볼 일이다.

15 군 휴가를 받아도 갈 곳이 없었던 그는 모슬포교회를 시작으로 중앙교회, 중부교회, 광양교회, 세화리교회, 대정교회 등지를 골고루 지나면서 제주지역의 일제강점기와 한국전쟁의 상처들을 경험하게 된다. 고영근 자필기록문, 「군인생활」, 1955, 55.

16 전쟁 후 고아 문제는 특히 심각했다. 아동복지 시설의 수와 수용아동의 수가 증가했는데, 1953년 휴전 당시에 기독교계 고아원이나 영아원이 440여 개에 이르렀고 수용인원은 54,000여 명이었다. 김흥수, 『한국전쟁과 기복신앙 확산 연구』 (한국기독교역사연구소, 1999), 93. 고영근은 성우보육원에서 전쟁고아들을 만났고 한참 뒤인 1960년 대전 백운교회 사역으로 다시 고아들과 만나게 된다. 백운교회가 위치한 서대전은 군부대와 아동복지시설, 각종 학원시설들이 급격히 그 수가 늘어났던 지역이다.

장 척박한 곳에서 머물렀다. 그가 가지고 있는 특이한 경험에서 출발하는 반공의식이 왜 월남 목회자들과 다른 성격을 갖는지 그리고 반공의식을 갖고 있었던 당대의 목사들과 다른 반정부활동으로 선교의 방향을 바꾸는지, 이 모든 출발점은 한국현대사를 관통하는 그의 척박함 속에 있다. 그리고 그 안에서 목도하게 된 민중의 삶에 대한 애통함과 사랑이 그가 민족적 소명의식을 갖게 되는 동력이 되었다.

> 오~ 멸망이 임박한 시대여. 의인은 일어나 외칠지어다. 신앙자는 일어나 기도할지어다. 망하여 가는 나라를 앞에 두고 아직도 돈벌이인가? 폐허의 땅을 두고 아직도 방탕인가? 아직도 술잔이냐? 일시 일초가 바쁜데 아직도 핑계이며 아직도 내일이냐 오~ 나는 왜 이때까지 정신 차리지 못하였던고. 이제라도 늦지 않을 터이니 일어나 기도하고 삼천리의 방패가 되리로다(1955. 4. 26). [17]

> 오~ 공의로우신 주여 범죄한 이 나라를 진노하시든 6.25를 눈물로 맞이하나이다.… **삼천리 방방곡곡이 중한 상처를 당하였고 사천만 내 동포가 사망의 골짜기에서 슬피 헤매나이다. 도시마다 불타서 재가 되었고 동포의 재산은 타고 또 타버렸나이다. 사랑하는 어머니의 자식들이 산골짜기에 쓰러지니 장사하여 줄자가 없고 들짐승과 새들이 시체를 먹나이다.** 하나님 주신 동산에서 기쁨으로 살던 내 동포들이 이제는 근심과 한숨으로 사나이다. 하나님이 이 땅에서 얼굴을 가리우시니 은혜 대신에 무서운 재앙만 임하나이다. 오 주여. 누구에게

---

17 "나라를 위하여 기도할 자 누구인가". 「영음애도」 11번째 기도문.

이와 같은 애로를 호소하오리이까. **소망도 없이 절망 중에서 사망의 노선에서 헤매는 가련한 동포를 보시옵소서.**… 오 자비로우신 주여. 진노하시는 중에 긍휼을 기억하사 민족의 죄를 용서하시고 내리시는 재앙을 거두어 주옵소서. 힘없는 종, 주의 이름으로 비나이다(1955. 6. 25).[18]

저와 같이 외로운 군인 추워서 오들오들 떠는 불쌍한 군인들 얼마나 많습니까. 모두가 국가, 민족의 통일 때문입니다. 주여. 언제나 이 땅에 통일이 이루어지렵니까.… **삼천만 내 겨레의 신음 소리를 들으소서**(1955. 11. 12).[19]

주여. 사도 바울의 목회와 이기선 목사님[20]같이 이 몸이 파열, 희생될 때까지 충성을 아끼지 않게 하옵소서. **양 떼가 굶으면 나도 같이 굶고 양 떼가 울면 나도 같이 울면서**… (1958. 5. 날짜 미상).[21]

진실로 흉년은 무섭습니다. 사랑 없고 인심 나쁜 이 땅에 흉년을 주시면 더 무참한 죄악이 일어나리이다. 지금도 굶주리고 헐벗고 배고파 우는데 더 흉년을 주시면 어찌하오리까. 한 편에서는 배고파 우는데 한편에서는 양식을 썩혀서 술을 만들고 있습니다. 자기

---

18 "6.25를 맞이하여",「영음애도」16번째 기도문.

19 "보초를 서면서",「영음애도」25번째 기도문.

20 고영근은 신의주 제6교회에서 출옥성도인 이기선·심을철 목사에게 세례를 받고 신앙 훈련을 받았다.

21 "성업을 시작하면서",「영음애도」55번째 기도문. 이 기도문에는 날짜는 적혀있지 않으나 그의 첫 사역 출발점이 4월 말임을 생각할 때 5월 즈음으로 추측된다.

동포에 대한 동정이란 찾아보기 힘든 이 시대에서… **범죄는 부자가 하고 수난은 양민이 당하나이다**….[22]

그러나 1950년대 초반 그의 민족적 소명의식은 처참한 상태의 생존투쟁 중인 민중에 시선이 머문다. 그가 본 민중은 전쟁으로 피폐화된 지역에서 생존의 위협을 받고 있었고 기억과 현실 사이에서 무기력에 시달리고 있었다. 이러한 상황이 그로 하여금 다양한 방안으로 마을공동체를 이끄는 사역을 감당하게 하였다. 갈담리 강진교회를 둘러싼 갈담리, 수동, 부흥리 등지의 민중에게 자긍심을 일깨우고 다수가 누리는 횡포에서 출발한 지배 이데올로기를 극복하고 자립적 생활 확보를 위해 야학, 강좌, 공동노동 등 민중의 자립적 생활기반을 마련하기 위한 노력을 하였다. 1950년대에 있어서 동포(민중)는 '사랑하는 어머니의 자식들'인 "양 떼"이며 민족의 죄로 말미암아 직접적으로 피해를 받는 "양민"이다. 1970년대에 본격화되는 '민중'의 개념과 역사적인 차이점을 보인다. 그의 50년 사역에 기초하고 있는 반공의식은 양민(민중)을 사랑하고 그들의 피폐한 삶에 대한 안타까움이 내재되어 있으며 본질적으로 반(反)폭력에 기인한다. 따라서 그가 바라보는 현실에서 그 어떠한 폭력도 용인할 수 없었다. 이러한 의식은 60년대, 70년대의 현실 인식에 큰 영향을 주었는데 물리적 폭력만이 불의가 아니라 구조적 폭력이 더 큰 불의임을 지적한다. 5대 구조악, 즉 정치, 경제, 사회, 문화, 종교의 구조적인 악을 이기고 구조 복음화를 해야 함을 주장하게 된다. 설교할 때마

---

22 1958.6.7. 8시(금식기도 9) 회문산 산상기도 중에서. 「영음애도」

다 반공과 구조악을 빼놓지 않았던 그는 78년 광주고등법원에서 "십여 년 전에 박정희 정권의 불의함을 목격했으나 저항하지 못했고 민중을 이끌지 못했음"을 반성하면서 그가 박정희 정권의 불의함을 말할 때는 "이미 박정희의 독수가 민중의 목덜미를 움켜잡은 후여서 민족과 역사 앞에 죄를 지었다"라고 통탄을 금치 못하였다.

2. 민중을 향한 '목민목회'

고영근의 목민목회는 1975년 기독공보와 크리스찬신문 1면 하단 광고에 실린 제안문 '목민운동을 전개합시다'를 시작으로 구체화 되었다.[23]

> 오늘 우리 한국교회의 90년간의 목회는 누구를 위한 목회였는가를 반성할진대 **국민 전체를 위한 목민적** 목회라기보다 신자만을 위한 목회에 치우친 감이 없지 아니합니다. 우리는 국민 전체를 위한 목민을 소홀히 한 고로 사나운 이리떼들이 국민의 심령을 삼키고 있으며 하나님의 교회까지 침투하게 되었으니 이는 우리 교회가 목민하지 않고 근시안적인 전도에만 치중하여 행한 원인임을 깨닫고 우리는 즉시 목민하는 자세로써 원천적인 복음화 운동에 힘써야 할 것입니다. 첫째, **민중의 심령상태를 파악합시다**. 둘째, **민중 속에 깊이 찾아갑시다**. 셋째, **민중을 사랑합시다**. 넷째, 민중을 지도해야 할 것입니다. 다섯째, 복음을 전파합시다. 사랑과 교육으로 복음전

---

23 「크리스찬신문」 1975.11.29. 1면.

파의 기초를 확립하고….'

그의 목민은 목양·목회의 차원에서 한발 더 나아간 민족·민중적 차원으로 선교의 의미를 확장한 것으로 보인다. 그는 75년에 처음으로 목민목회를 제안하였지만, 갈담리, 백운교회 선교 사역의 경험이 누적된 결과물이라 말할 수 있다. 고영근의 1973년 자필 기록문을 보면, 목민사역으로 ① 파악 ② 찾음 ③ 사랑 ④ 교육 ⑤ 전화 ⑥ 치리 ⑦ 역사 등으로 기록하고 있는바, 민중의 처지를 파악하고 세세히 찾아가 살펴보며 사랑으로 감싸고 그들이 자립적인 삶을 살 수 있도록 교육에 집중하는 것이 목민목회임을 밝히고 있다. 고영근은 백운의 경험을 기초로 목민목회를 제안하게 된 것으로 보인다.[24] 그의 주요 저서가 백운 사역 기간에 정초된 것을 보면 그에게 있어서 백운 사역이 얼마나 확고한 기초를 마련해주는 사역이었는지를 알 수 있다. 1963년 성경 연구법을 기초로 한 『신앙생활지침서』(1966), 『성경대지가』(1967), 『마태복음 설교자료집』(1973), 1967년의 주보교류운동을 기초로 한 『한국교회혁신과 사회정화방안』(1968), 『목회계획』(1972), 『한국교회의 나아갈 길』(1972) 등은 모두 백운 사역에서 출발한 문제의식과 경험으로부터 나온 저서들이다. 그의 '목민목회'는 '하나님의 선교' 개념을 실천적으로 접근하고 실현한 사례로서 오늘날 한국교회가 추구해야 할 방향성을 찾는 데 실마리를 제공한다.

24 물론 북아현교회의 지역선교사례도 있지만 시무 기간이 너무 짧아 축적된 경험의 결과물을 토대로 목민운동을 언급하기 위한 가장 유용한 기초는 백운교회 사역이라 여겨진다. 두 교회의 차이점이란 지리적 특성에 있고 본질적 성격은 동일하기 때문에 백운교회 10년의 지역선교사례는 그의 목민목회의 기초가 되었다 할 수 있겠다.

3. '목'과 '민'의 관계적 평등성

고영근의 '목민'에서 드러나는 '민중'은 1970년대에 등장한 민중신학의 '민중'과는 다소 차이가 있다. 그가 맨 처음 '민중'이란 용어를 사용하기 시작한 때는 1968년 『한국교회혁신과 사회정화방안』의 총론에서 부익부 빈익빈의 사회구조에 시달리는 민중을 언급하면서부터인데 여기서 그는 민족과 민중을 따로 구분하였다. '죄악과 외침(外侵)의 위협 하에 신음'하는 민족과 '부자에게 착취당하는 빈자'로서 민중을 구분하여 사용하였다. 그리고 민족의 운명과 민중의 요구를 모두 들어야 하는 한국교회의 사명을 언급한다.

> '실로 우리 민족은 무서운 범죄와 외침의 위협하에 신음하고 있으니 누가 이 민족을 구원하랴? 오늘 기독교는 내 민족과 인류의 영과 육을 구원할 중대한 의무가 있거늘 시대적 사명을 외면하고 일부 교회들은 벽돌 종탑만 높이 올려 자기 아성을 쌓는… '[25]

> '옛날 느헤미야는 성곽을 재건하던 중에 부자에게 착취당하는 빈자의 호소를 들을 때 지체하지 않고 성곽 쌓는 일보다 빈익빈 부익부의 모순을 과감히 타파하고 공존공영의 사회를 이룩하고… 민중들이 대안을 내어놓으라는 말에 그는 서슴지 않고 공존공영을 제안하였다….'[26]

---

25 고영근, 『한국교회혁신과 사회정화방안』 (초안판, 1968), 5.

26 위의 책, 12.

1970년대에 정립된 민중신학의 '민중' 역시 억압당하는 사람, 가난한 사람, 소외당한 사람, 업신여김을 당하는 사람 등을 동의어로 사용한다.[27] 경제적으로 부유하지 못하고 정치적으로 권력을 가지지 못한 피압박자이고 편견에 의해 무시당한다는 특징을 갖는 것을 민중[28]으로 보았을 때 고영근이 언급한 민중과 민중신학의 민중은 유사하다. 그러나 고영근이 언급한 시기의 민중은 전국 부흥회를 다니며 살펴본 1960년대 민중이며 그들은 대부분 농어업에 종사하는 계층으로서 일반적인 서민 대중을 의미하며 저항 주체의 핵심을 의미하지는 않는다. 1960년대의 주요생산계층은 농어업에 종사하는 사람이었으나 1960년대 말 이촌향도의 집중적 현상은 1970년대 중반 민중의 주요계층구성과 그 성격을 바꾸어 놓았다. 1960년대 노동력구성의 변화양상을 보면, 농림어업에 종사하는 사람들이 대다수였던 60년대에 비해 70년대는 생산직 노동자의 비율이 증가하는 것을 볼 수 있다. 이촌향도의 가속화는 60년대 후반에 들어서 점점 확대되어 갔고 1970년대를 넘어서서는 생산직 노동자가 민중의 주요 계층으로 등장한다.

1960년대 노동력구성의 변화

년도	총수	전문기술직 행정관리직	사무직	판매직	서비스직	농림어업	생산, 운수, 단순직
1963	100	3.2	3.5	10.0	5.4	62.9	15.0
1965	100	2.8	4.0	11.9	6.5	58.5	16.3
1970	100	4.7	5.9	12.4	6.5	50.3	20.3

자료: 경제기획원 조사통계국, 『경제활동인구연보』, 각년도[29]

27 현영학, "민중·고난의 종·희망," 한국신학연구소 편, 『1980년대 한국 민중신학의 전개』 (서울: 한국신학연구소, 1990), 13.

28 서남동, 『민중신학의 탐구』 (서울: 한길사, 1983), 258.

한국 사회의 계급구조 변화(1960-80)를 보면, 1960년 8.9%였던 노동자계급이 1975년에는 19.9%로 급성장함을 볼 수 있다. 1960년대의 민중에 대한 개념은 저항 중심의 핵심은 아닐지라도 역사를 추동하는 힘이며 주체임을 분명히 하고 있다.

한국 사회 계급구조의 변화(1960~1980)

계급구분	1960	1970	1975	1980	1990	1995
중상계급	0.9	1.3	1.2	1.8	1.9	3.6
신중간계급	6.6	14.2	15.7	17.7	26.1	25.5
구중간계급	13.0	14.8	14.5	20.8	19.6	22.2
근로계급	8.9	16.9	19.9	22.6	31.3	27.7
도시하층계급	9.6	8.0	7.5	5.9	4.2	8.2
독립자영농	40.0	28.0	28.2	23.2	13.0	12.1
농촌하층계급	24.0	16.7	12.9	8.1	4.9	0.6
합계	100	100	100	100	100	100

자료: 홍두승(1983: 1992); 홍두승/김병조/조동기(1999)에서 종합[30]

하지만 1970년 무렵부터 민중이라는 용어는 학생운동, 기독교운동, 노동자, 농민운동과 같은 사회운동의 중심개념으로 자리 잡기 시작했다. 민중담론은 문학과 신학의 영역에서 풍성하게 자라나 다른 운동론에도 영향을 미쳤는데 이때 민중담론의 핵심 역시 민중이 역사의 주체라는 명제였다. 이는 민중이 항상 역사의 주인 역할을 성공적으로 해왔다는 의미가 아니라 '민중이 역사의 올바른 주인 역할을 못 하는 시대에도 엄연히 역사의 주체로서 활약했음'[31]을 말하

29 박준식, "1960년대의 사회환경과 사회복지정책", 정신문화연구원 엮음, 『1960년대의 정치사회변동』 (서울: 백산서당, 1999), 167에서 재인용.

30 유팔무, "한국에서의 계급양극화와 중산층 개념", 유팔무·김원동·박경숙, 『중산층의 몰락과 계급양극화』 (서울: 소화, 2005), 115의 표에서 재인용.

고 있다. 현실 세계에서 민중은 여전히 억압받고 착취 받는 자이며 소외된 자로서 이 잘못된 세상의 질서에 저항할 역사적 사명을 가진 자이기도 했다.[32] 그래서 서남동은 '자신이 주체로서 행동해야 하는 역사적 소명을 깨달은 자'로서 이러한 자각 없이 그저 복종하기만 하는 백성과는 구분되어야 마땅한 존재를 민중이라 하였다. 이러한 민중담론에서 원래의 민중은 역사의 주인임에도 자신의 그러한 존재 가치를 깨닫지 못하고 권력에 의해 부당하게 조종당하고 있음을 자각하지 못하는 '잠자는 대중'의 상태로 그려졌다. 그리하여 무의식 상태의 민중은 잠에서 깨어나 자의식을 가지고 지배 집단을 비판할 줄 알며 기존의 질서를 바꾸기 위해 행동에 나서는 '능동적 민중'으로 거듭나야 한다고 주창하였다. '민중을 올바로 이끌어야 할 사명'을 지닌 지식인은 민중에게 이러한 변화가 일어나도록 돕고 방향을 제시하는 존재로 상징되었다.

1968년에 고영근이 언급한 민중은 자각한 자들이 아니라 일반적으로 착취당하고 소외되고 가난하여 자신의 삶조차 영위하기 어려운 일반 대중을 의미한다. 고영근이 집중하는 민중과 민중신학이 집중하는 민중[33]은 또 다른 측면에서 차이점이 드러난다. 이른바 집단과 개별자와의 차이점이다. 고영근은 구조적 모순에 시달리는 집단으로서

---

31 백낙청, "민족문학과 민중문학", 『민족문학과 세계문학』 2 (서울: 창비, 1985), 336-354.

32 빈민지역운동사 발간위원회 엮음, 『마을공동체 운동의 원형을 찾아서: 1970-1990년대 민중의 마을 만들기』 (파주: 한울엠플러스, 2017), 33.

33 "민중은 '자기초월'을 할 능력을 가지고 있다는 사실입니다. 집단으로서의 민중이 자기초월을 할 수 있고 자기초월을 해서 민중이 일으키는 사건이 예수사건입니다." 안병무, 『민중신학을 말한다』 (서울: 한길사, 1993), 33-34.

'민중' 안의 개별적인 '민', 즉 개인의 저항적 주체성에 더 집중하였다. 민중을 억압당하는 사람, 가난한 사람, 소외당하는 사회적 약자 안에서도 그들을 균질적인 존재로 보지 않고 잃어버린 양 한 마리와 같이 개인을 따로 보았다. 그는 '민'을 소수자로 보고 '나 한사람의 존재 가치', '적은 무리에게 주는 주님의 은사'에서 드러나는 것과 같은 한 사람의 존재와 변두리에서 소외당하는 소수에 집중하였다. 그리고 역사의 주체로 서 있는 민중보다 변두리에 있는 '민'을 우선적으로 보았다. 소수와 다수의 싸움에서 지고만 있는 '민'인 소수와 함께 하는 '목'의 개념으로 그의 '목민'이 형성되었고 따라서 그의 사역의 핵심목표는 자립하는 개인으로서 '민'의 성장에 있다.[34]

이러한 '민'의 개념 위에 '목'의 사명을 생각하는 그는 교역자와 평신도 간의 관계적 평등성을 지향하였다.[35] 그의 사역에서 드러나는 탈권위적 요소는 갈담리에서는 팀티칭의 방법으로, 백운에서는 예배 편성, 제직회의 등에서 보인다. 백운교회에서는 70명의 새벽예배 인도자를 지원받아 배치하고 공동기도와 공동의 예배를 드림으로

---

34 자립하는 개인으로서의 고영근의 '민'과 자기 운명 결정의 주체로 성장해 가는 민중신학의 '민'(서남동, "두 이야기의 합류", 『민중신학의 탐구』, 66) 사이의 차이점은 존재한다. 고영근의 자립적 '민'에게는 '민'이 회개를 통해 회복해야 하는 전제를 통해 하나님께로 돌아가는 개인이 종착점이다. 민중신학의 '민'의 전제는 역사의 주체가 되는 자각에 있으며 이로써 자기 존재를 쟁취해가며 자유인으로 해방되는 것이 종착점이다(서광선, 『한국 기독교 정치신학의 전개』 (서울: 이화여자대학교 출판부, 1996), 83). 또한 고영근은 민중을 하나님의 어린 양으로, 민중신학은 민중을 역사적 사건에 현현한 메시아로서 바라본다.

35 "또 하나 강조하고 싶은 것은 교회 내의 계층성 제거입니다. 사제중심, 목사 중심 체제가 '기능'으로서의 구별을 넘어 권위화 되었는데 날이 갈수록 심화됩니다. 교회가 하느님의 백성의 집단이라면 평등공동체여야 합니다. 목사는 사제의 후예가 아닙니다. 그는 기능상 가르치는 자일 뿐입니다." 안병무, 『민중신학을 말한다』, 222.

강단을 독점하지 않고 평신도에게 참여 기회를 주며 공동사역으로 함께 움직이는 공동체임을 강조하였다. 1962년부터 1968년까지 그의 자필 기록문에서 매달 제직 회의록과 교회 구성원들의 명단이 각 활동에서 배치되고, 각 부서에서 활동하는 교인들의 이동양상이 회의를 거친 논의 끝에 수시로 변동되고 있음을 볼 수 있다. 협력 관계에 있어서 가장 중요한 부분은 모든 구성원이 설계도를 함께 공유하는 일인데 그의 사역에서 제직회는 설계도 공유의 장이었다. 계획의 중심에 목사가 있고 나머지 교인들이 따라가는 형태의 목회방식을 거부하고 자발성에 입각한 예전 참여, 지역사회선교 참여를 이끌어 내었다.

그의 특이한 '목'의 개념은 역할과 관계를 분할하여 인식했다는 것과 '목'의 사회적 역할의 중요성을 강조, 확산했다는 데 있다. 백운 사역 전 과정을 담은 그의 기록문과 『한국교회혁신과 사회정화방안』의 교역자 반성에서 자기중심적 목회자의 자세를 비판하고[36] 자립적 평신도[37]와 관계의 평등성을 지향했지만 '목'의 역할에 있어서는

36 "(2) 교회기업화 ① 자기중심으로 가르치며 -자기제일주의로 ② 자기중심으로 심방하며 -특수가정 중심해 ③ 자기중심으로 치리하며 -소왕국을 이루고 ④ 자기중심으로 전도하고 -救靈본위 아니고 ⑤ 자기중심으로 봉사하고 -자기의를 위하여 ⑥ 자기중심으로 건축하고 -전도구제 안하고 ⑦ 자기중심으로 활동하고 -이권 있는 데서만 ⑧ 자기중심으로 축재하고 -지나치는 저축과 ⑨ 자기중심으로 사수하며 -불신임을 받아도 ⑩ 자기중심으로 교인쟁취 -목회예의 어겨도…." 고영근, 『한국교회혁신과 사회정화방안』 38.

37 "첫째로 자립신앙(① 심방불요 -고귀신앙 ② 자진상담 -제반문제 ③ 독립전진 -창의신앙)이다. 오래 믿은 신자들이 아직까지도 기독교의 초보적인 회개 · 확신 · 세례 · 안수 · 부활 · 심판 · 심방에 대하여 신경 쓰지 말고 대장부같이 강하고 담대하여 자기 의무를 찾아 충성을 다하고 평신도 운동을 전개하여 시대복음화를 위하여 전진해 나가는 장성한 신앙을 가져야 하겠다." 고영근, 『한국교회혁신과 사회정화방안』, 69.

분명하게 위치 짓는다.

성역의 자세

첫째, 우리는 제사장이다.

둘째, 교역자는 왕이다. 속속들이 찾아가서 사랑을 베푼 예수님같이 지역사회에서 행하여 그들이 지역사회의 기관장보다 더 목사를 높여주고 왕적 권세를 가지고 목회해야 한다.

셋째, 교역자는 선지자다. 우리는 왜 선지자의 사명을 못다 하였는가. 첫째로 무관심하였다. 극도의 개교회주의로 전락된 우리 교계는 주님의 영광과 교계 전체의 각성 문제는 아랑곳없이 내 교회 하나 잘되면 된다는 좁은 사고방식 때문이었다. 사회 일은 정치인에게 맡겨놓고 우리는 저 천당만 향해가는 길이니 구차하게 사회문제에까지 신경 쓸 것 없다는 식이다. 옛날 선지자들의 부르짖음을 자세히 들으라. 사회문제에 대하여 무관심하였던가를. 성경을 어떻게 보고 해석하기에 교회 울타리 안에 들어앉아 있는 것이 정통 신앙이라 하는가?[38]

38 고영근, 『한국교회혁신과 사회정화방안』, 46-47.

III. 목민목회의 기초를 이룬 지역선교 사역

1. 갈담리 강진교회

고영근은 성우보육원에서 근무하며 야간신학교에 입학하여 신학을 공부하였다. 1년 과정을 수료한 후에도 자신의 임무라 생각하고 성우보육원에서 전쟁고아들을 살피는 일을 계속하였다. 갈담리 목회를 하기 전의 삶은 그의 목회자적 품성을 만들어 가는 기간이었다. 그의 책임감과 성실성은 제주 군 생활이나 성우보육원 교사를 할 때도 공통으로 드러난다.

> 성우에서 생활하면서도 4시 반이면 여지없이 일어나서 새벽에 기도 꼭 하고 과수원에 있을 때는 과수원에 땅굴을 파고 눈이 오나 비가 오나 새벽에 꼭 기도를 하더라구요. 지금 생각하면 놀라운 게 그렇게 기도하는 분은 요즘은 신비주의로 흐르고 신의 은사를 받았으니 안수기도를 하니…. 그러는데 그때 고영근 선생은 그렇게 기도 많이 하고 성경 많이 보면서도 그런 신에 대한 얘기는 일절 안 하고 아주 겸손하게 생활하셨고….[39]

성우보육원에서 드러난 그의 품성은 무엇보다 사람에 대한 사랑

---

39 염종하 장로는 고영근이 성우보육원에서 있을 때 함께 지냈고 이후 성우보육원에 남아서 고영근이 대전 백운교회에서 시무하는 것을 지켜보았다. 성우보육원은 대전 백운교회 인근에 위치하고 있었다. 갈담리교회 사임 이후 대전 백운교회를 가게 된 것은 성우보육원에서 충실하게 일한 경력과 연관이 없지 않다(추모영상 「목사 고영근의 이야기」를 위한 인터뷰 중에서, 염종하 장로, 2010. 10).

갈담교회 헌당식 기념(주후 1950. 5. 3)

과 헌신이었다. 아이들을 살뜰히 보살피며 한 아이 한 아이를 사랑하는 마음을 갖고 기도하였다.[40] 그가 남긴 사진첩 글들이 말해주듯 사람을 대하는 그의 태도는 사랑으로 일관되어 있다. 성우보육원에서 어떠한 연결고리로 첫 사역지인 전북 임실군 강진면 갈담리교회[41]로 가게 되었는지는 밝혀진 바 없으나 그의 회고에 의하면 강진교회에서 교역자로 시무해 달라는 요청을 받았다는 것으로만 알려져 있다.

갈담리교회는 1922년 12월 미국 남장로회 소속 윈(Winn Samuel

40 사무실 옆에서 귀여운 김태성이를 안고…
나의 사랑하는 소녀 윤희, 명자, 영조, 고아원 막둥이 영조야 잘 있느냐…
더욱 사랑하는 육환이와 김철호…
숙자, 경자, 문자야. 열심히 공부하여라. 너희들은 아첨하는 자가 되지 말고 활발한 대한의 어머니가 되어라….

41 정식명칭은 '강진교회'이다. 하지만 갈담리에 소재해 있어서 고영근은 '갈담리교회'로 통칭하였다. 하지만 고영근의 사임 이후 강진교회는 분열되어 예장 통합의 '강진교회'와 예장 합동의 '갈담리교회'로 나뉘게 된다. 이 글 중의 인터뷰이인 서정이 집사와 박정권 집사는 고영근이 시무할 때 함께 활동한 분들인데 서 집사는 '갈담리교회'로, 박 집사는 '강진교회'로 소속되어 각자의 교회를 섬기고 있다.

Dwight: 위인사) 선교사가 김석조 장로를 파송하여 개척한 교회라고 기록되어 있다.[42] 1934년 5월, 갈담리 산 300번지를 매입하여 성도들의 헌금으로 8칸 목조건물 한 채를 건축하였다. 일제강점기 황국신민화 정책에 의해 신사참배를 강요당하자 이를 거부한 원 선교사는 1939년 9월 미국으로 추방당하였고 교회는 폐쇄당했다. 1941년 교회의 종을 약탈당하고 교회가 창고로 사용되면서 교인들은 뿔뿔이 흩어졌다. 해방 이후, 1949년 9월 일제강점기 때 철거당한 교회를 다시 8칸으로 재건하고 1950년 5월 헌당식을 하였으나 한국전쟁으로 인해 다시 예배가 중단되기에 이른다.

한국전쟁에 직면하자 장년 25명 정도의 성도로 줄어들고 건물은 기울어져 무너질 위기에 있었으며 교회 주위에는 잡초가 우거지는 등 황폐한 교회가 되어버렸다. 한국전쟁은 한반도 마을 곳곳을 피폐하게 만들었다. 갈담리교회 역시 이러한 역사적 상황에서 예외는 아니었으며 설상가상으로 교회 내부의 윤리적 문제들까지 발생하면서 교회는 자기 생존능력을 잃어버렸다. 특히 갈담리 지역 자체에 만연한 무기력함은 전쟁이 마을공동체를 어떻게 와해시켰는지를 알 수 있게 한다. 고영근이 갈담리로 첫발을 들였던 때는 학살사건이 발생한 지 7년 후인 1958년인데도 갈담리 주민들은 무기력함에 술과 놀음으로 하루하루의 삶을 연명하고 있었다.

갈담리는 소설 남부군의 공간적 배경이 되는 곳이다. 좌측으로는 빨치산의 전북도당 유격사령부가 있었던 회문산에 수차례의 민간인 학살사건이 있었다. 1949년 12월에서 1950년 3월 사이에 좌익운동가

---

42 「대한예수교장로회 강진교회 교회연혁」 2(미발행 문서, 강진교회 내부에서 보관해 온 연혁).

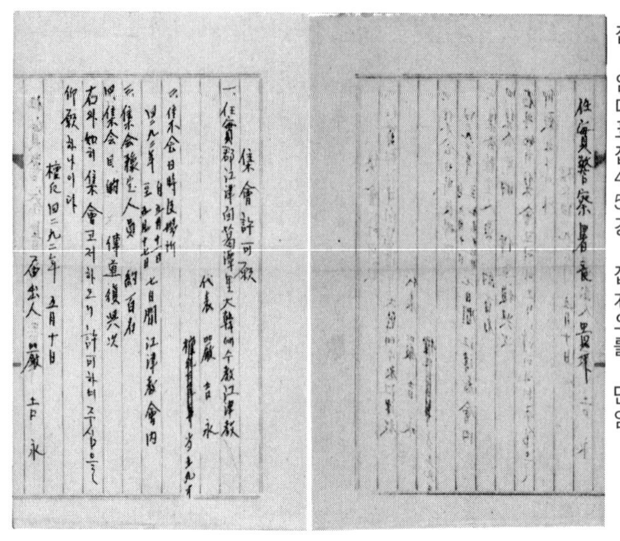

집회허가서의 내용

임실군 강진면 갈담리 대한예수교 강진교 대표 엄길영(장로)
집회 일시 및 장소: 4292년 5월 11일 - 5월 17일 7일간 강진교회 내

집회 목적: 전도 부흥차
右와 如히 집회코저 하오니 허가하여 주시기를 仰願하나이다.

단기 4292년 5월 10일
임실경찰서장 귀하

집회허가서

들 학살사건, 1950년 보도연맹과 요시찰인 학살사건, 1950년 9월 인민군의 우익인사 학살사건 등 4~6차례에 걸친 학살사건이 있었던 지역이다. 또 우측으로는 부흥광산 폐금광 대규모 민간인 학살사건이 있었던 지역이다.[43] 공식적인 기록은 피학살자 수가 370여 명이

---

43 임실지역에서 발생한 민간인 학살사건은 총 7차례나 있었다.

구분	사건발생일	장소	피학살자수	가해조직	비고
전쟁 전	1948. 2. 26	성수지서	7	경찰	287명 연행
전쟁 전	1948. 12		40	임실경찰서	
보도연맹	1950. 7. 20	말티재, 모래재		임실경찰서	
인공	1950. 9. 27	방공호		임실내무서	
토벌	1950. 10~51. 4	옥정리 배소고지	410	11사단	
토벌	1951. 3.14~16	강진면 부흥리 폐금광	370	임실경찰서	11사단 지휘
토벌	1951. 5. 1	여시골		8사단	

그중, 갈담리와 가장 가까운 부흥리 폐금광 사건은 갈담리 지역주민과 밀접한 연관이 있으며 가장 큰 피해를 입은 사건이었다. 당시 청웅면 남산리(강진면 부흥리) 폐금광에 피난하던 700여 명의 주민이 희생당했다. 1951년 3월 14~16일 임실경찰서와 국군

라 밝히고 있지만, 유가족들의 주장으로는 700여 명이라고 밝히고 있다. 폐금광 학살사건 과정에서 군경은 한 마을의 주민들을 피해자와 가해자로 대립하게 만들었다.[44] 한 마을에서 가해자와 피해자가 공존하는 상황에서 가족들의 억울한 죽음을 가슴 속에 묻어야 했던 마을 주민들에게 삶은 살아내야만 하는 고통의 세월이었다.[45] 갈담

11사단 13연대 2대대 7중대는 청웅면 남산리(강진면 부흥리) 폐금광에 피신해 있던 주민 박완 등을 폐금광 안팎에서 질식사 또는 총살했으며, 국군 11사단은 현장 생존자 50여 명을 연행하여 10여 일 후 강진면 회진리에서 총살하였다. 임실읍이 수복되고 1951년 2월 9일 군경에 의한 회문산 토벌 작전이 진행되면서 청웅면, 강진면, 덕치면 등에서 남산리의 폐금광으로 피신하기 시작했다. 폐금광은 청웅면 남산리 방향과 강진면 부흥리 방향으로 난 큰 입구 2개를 포함하여 모두 32개의 입구가 있었고, 내부에는 마치 벌집처럼 많은 작은 굴들이 퍼져 있었다. 피난민들은 가족끼리 모여 마을에서 가져온 식량으로 끼니를 해결하며 군경의 토벌 작전을 피했다. 당시 토벌과정에서 연행된 부역 주민 가족들은 청웅국민학교에 수용되어 있었는데, 경찰은 동굴 안에 숨어든 이들의 가족을 동원하여 함께 양쪽의 굴 입구에서 3월 14일부터 3일간 마른 고춧대와 솔잎을 직접 태우게 했다. 그러자 연기를 견디지 못한 사람들이 밖으로 뛰쳐나왔고 이들은 무차별 총격을 받았다. 불이 꺼지고 연기가 가라앉자 경찰은 직접 내부에 들어가 질식사한 사람들은 버려두고 숨이 붙어있는 50여 명의 사람을 밖으로 끌어내어 함께 작전했던 11사단 군인들에게 인계하였다. 당시 작전에 참가했던 국군은 폐금광에서 살아남은 주민들을 자신들이 주둔하고 있던 강진면 갈담리로 끌고 와 10여 일에 걸쳐 조사한 후, 강진면 회진리 장동마을과 덕치면 회문리 망월마을의 경계 부근인 속칭 멧골이라는 곳에서 총살하였다. 금정굴인권평화재단, "임실지역사건종합",http://www.gjpeace.or.kr/index.php?mid=honam&page=2&document_srl=1421.

44 주민들은 시커먼 연기가 동굴 천장을 타고 한없이 빨려 들어가는 모습을 지켜봤다. 어떤 이는 발을 동동 구르고, 또 어떤 이는 오열했다. 주민들은 울먹이며 가족의 이름을 불러댔다. 총부리를 겨눈 군인들은 이들에게 솔잎을 태우라고 지시했다. 우익 청년단도 함께 이를 거들었다. 안에 가족이 있는 것을 알면서도 어쩔 수 없이 불을 지폈다. 그저 내 가족이 저 안에 없기만을 바랄 뿐이었다. 정찬대,『꽃 같던 청춘, 회문산 능선따라 흩뿌려지다』(파주:한울, 2017), 254-255.

45 한국청년단 대원이었던 한 씨는 "군경 지시로 좌익 청년들을 색출하고 빨치산이 끌려오면 심문하기도 했다"라고 털어놨다. 이어 "젊은 사람 대다수가 (우익청년단에) 가입했다. 이념을 알고 그런 것은 아니고, 그저 살기 위해 가입할 수밖에 없었다"고 말했

리가 7번의 빈번한 학살사건의 중심에 있었기 때문에 요시찰 지역이었던 것으로 보인다. 마을 사람들의 모임에는 집회 허가가 필요로 한 것으로 추정된다. 1959년 갈담리교회의 부흥집회 역시 집회 허가를 받아야 했다.[46]

갈담리는 논농사 중심의 지역이기는 하였으나 나무를 팔아서 생활을 유지하는 경우가 많았고 경제적으로 궁핍한 지역이었다. 약 300여 가구 중 30대 이하의 어린이와 청년들이 비율이 전체 주민의 73% 정도를 차지하고 있었고[47] 청년들은 대부분 초등졸업 이후에 교육을 받지 못하였다. 장년층은 삶의 의욕을 잃고 술과 놀음으로 시간을 보냈다. 그는 우선 금식기도로 첫 목회를 시작하였다.[48]

다. 그는 자신의 친척이 동굴 안에 있는 것을 알면서도 아무소리 못하고 불을 지폈다. 우익청년단임에도 불구하고 군인들에게 바로 총살될 수 있었기 때문이다. "내가 뭔 힘이 있가니, 시키니깐 그냥 한 거제. 어디 친척이라고 얘기할 수 있어야지. 그래봤자 쫄짜인데…." 고개를 떨군 그는 한참 동안 말을 잇지 못했다. 정찬대, 위의 책, 256.

46 집회 및 시위에 관한 법률의 연혁을 보면, 1910년 8월 〈집회취체령〉에 의거, 일제에 의하여 집회를 규제당하였다가, 광복 후인 1948년 4월 폐지되었다. 그 뒤 4.19혁명 직후인 1960년 7월에는 법률 제554호로 집회와 시위의 신고제를 실시하였고, 1961년 9월에는 〈집회에 관한 임시조치법〉이 제정되어 당시의 군사혁명위원회포고와 국가재건최고회의포고 중 집회 · 시위에 관한 사항을 법령화하였다(한국민족문화대백과사전). 위의 1959년은 이승만 정권의 말기였기 때문에 통제와 검열이 심화되었던 측면이 있었지만 구체적으로 1959년에 집회신고를 하였다는 기록은 없다. 임실군 강진면 갈담리라는 작은 마을에 이르기까지 집회허가서를 내고 임실군 경찰들이 예의 주시하였다는 것은 아마도 이 지역이 요시찰 지역이었기 때문인 것으로 추측된다.

47 『전북통계연보』, 1963~1981, 12-13.

48 그는 회문산에 올라가 금식기도를 자주 하였다. 회문산은 민간인학살 사건이 빈번하게 있던 지역이라서 귀신이 출몰하는 산으로 유명하였다. 그 산에는 사람 죽은 귀신이 많아서 백주에도 귀신이 행패를 부린다는 소문이 오고 가는 험악한 산인데 그 산에 고영근 전도사가 기도한다고 올라가면 하산할 때까지 마음을 졸이면서 교인들도 역시 교대로 산 아래에서 함께 기도하였다 한다. 마을 사람들은 전도사가 홀로 회문산에 올라가 며칠 동안 밤낮을 안 가리고 금식기도를 하고 내려오는 것을 보고 '하늘에

그의 현실 인식은 민중의 수난에 있고 배고픈 아이의 울음에 기반해 있었다. 그의 기도 핵심은 마을 주민들의 영적 치유와 생존에 대한 간구였다. 애통하는 마음과 양들을 사랑하는 목자의 마음으로 갈담리 사역을 열고 그의 믿음이 변하지 않도록 수시로 기도의 끈을 조였으며 마을 주민들의 생존과 영적 치유를 위한 방안을 위해 고민하였다.[49] 그의 갈담리 사역은 마을공동체와 철저하게 결합한 영적 돌봄사역이었음을 그의 기록과 당시 교인들의 진술로 알 수 있다.

그리고 어떻게 부지런하시던가 막 새벽기도 탁 마치면 빽 돌아서 탁~~혼자 오셨자녀? 착~~전도를 하셔. 한 번 어떤 집이든 들어가면 기어코 끌어내셔. 그리고 그 양반 바른 말씀을 하시자녀? 그때도 바른 말씀을 잘 하셨어. 전도하고 집집마다 봉사하시고… 모를 손으로 심었으니 모도 심고 어려운 할머니들 도와주시고… 그랬었지.[50]

아버지는 5시에 나가서 밤 10시에 들어오시고… 파출소 가서 순경들이 화투를 하는 걸 책상을 두드리면서 본이 되어야 하는데 이렇

서 낸 사람이다'라는 생각을 하기 시작하면서 한편으로는 두려워하고 다른 한편으로는 존경하는 마음을 갖게 되었다 한다. 그가 금식기도를 마치고 돌아올 때까지 교인들은 마음을 졸이며 함께 기도하기 시작하면서 기도로 한마음이 된 공동체가 되었다(한완수 사모 인터뷰 중에서…).

49 그의 자필기도문인 「영음애도」는 총 79편으로 제주, 광주 군인 생활(1954~1956년) 37편, 대전성우보육원 생활(1957~1958.4.8) 17편, 갈담리 강진교회 생활(1958.4~1959.11초) 24편으로 구성되어 있다. 갈담리 강진교회 기도문중 회문산상에서의 기도문이 21편이다.

50 강진교회 박정권 집사의 인터뷰 중에서 1. 2015.7.2. 오후 2시. 『민중을 위하여 2』, 19.

게 하면 되냐 하면서 야단치고… 파출소 소장도 아버지를 어려워 하고 면장도 어려워하고 갑자기 학교를 찾아가면 교사들도 화투를 치고 있더래. 그래서 아버지한테 기관 기관마다 돌아가면서 혼나는 거야. 그렇게 하고 사랑방에 사람들 많이 모이면 새끼줄도 같이 꼬고 복음 전도하고… 갑자기 들이닥치는 고 전도사 땜에 다들 깜짝깜짝 놀랐지….[51]

고영근은 마을을 정화하고 순회하며 술과 놀음에 찌든 마을 사람들을 때로는 다그치고 때로는 독려하며 마을을 돌아보기 시작하였다. 마을에 가장 시급한 문제를 우선적으로 해결하는 것이 그의 사역의 출발임을 염두에 두고 교육의 문제를 해결하기 위해 우선 1958년에 야학[52]을 열었고 1959년에 성경구락부[53]를 열었다. 그 당시 초등

---

51 한완수 사모의 인터뷰 중에서 3. 『민중을 위하여 2』, 19.

52 고영근 자필기록문, 「설교집 4, 강진광야」, 1959.4, 32(위의 책, 188). 1958년에 야학을 시작하였던 것으로 보이는데 설교요약문의 광고란은 1959년부터 기재되어 있어서 야학이 시작된 구체적인 날짜를 알 수가 없다. 하지만 1959년 야학은 이미 긴시간동안 진행되어 온 것으로 보인다. 따라서 그의 회고록에 의존하여 갈담리교회 초반부에 행했던 우선적인 사역이 야학임을 추측할 수 있다. 고영근, 『죽음의 고비를 넘어서』 1권 (서울:로고스, 1981), 163.

53 고영근 자필기록문, 「설교집 4, 강진광야」, 1959. 4, 26. 위의 책, 185. 그가 갈담리 사역에서 제일 많은 노력을 기울인 것은 목양교육이었다. 성경구락부는 전 교인을 대상으로 한 것이었으나 교회 내 청년들과 지역 내 청년들이 함께 중심이 되어 운영되었다. 성경구락부는 야학과 함께 교회 내 청년뿐 아니라 지역 청년들의 지적 욕구를 해소시켜 주는 모임으로서 역할을 담당하였다. "성경 찾기 읽자나. 그러다가 틀리자녀? 그러면 딴 사람이 채서 읽고… 그게 그렇게 재밌지 그냥. 그때는 재미가 있더라구. 그리고 웬간한 사람은 재미가 없다 해. 한글을 잘 못 읽으니까. 그런데 잘 읽는 사람들이 틀린 것 찾아가며 읽는 거를 좋아했지… 신앙이 없어도 가서 재밌으니까 또 가고 또 가고… 그러다보면 신앙도 갖게 되고…." 박정권 집사 인터뷰 중에서, 『민중을 위하여 2』, 24.

학교 졸업자의 비율이 낮고 문맹률도 높았으니 교육을 받고자 하는 청소년들의 열망을 해결하는 것이 제일 시급한 일임을 인식하였다.

> 첨에 나는 공부가 하고 싶어서… 강진교회 바로 뒷집이 친정집이에유. 그 뒷집에가 장로님이었어요. 교회 가면 한글은 안 잊어버리겠지. 국민학교 13살 먹어서. 5학년 때 6.25사변 나서 인민군 노래 부르다가 한 학기 넘어가 버리고 또 군인들이 쳐들어와 갖구 한 학기 넘어가 버리고 졸업이라고 한 것이. 졸업앨범도 없어요.[54] 그때는 교회에서 무언가 가르쳐 준다고 하니까 찾아갔어. 뭔가 배우고 싶어서. 아버지는 안 가르쳐 주시고 교회에도 못 가게 하셨지. 그래서 가르쳐주지도 않으면서 왜 교회도 못 가게 하냐고 하면서 강진교회를 열심히 다녔지.[55]

54 갈담리교회 서정이 집사 인터뷰 중에서 1, 『민중을 위하여 2』, 21.
55 강진교회 박정권 집사, 갈담리교회 서정이 집사 집단 인터뷰 중에서, 위의 책, 21.

그리고 그는 교회 내 그리고 마을의 청소년들이 소장하고 있는 서적을 최대한 동원하여 도서 빌려 읽기 운동[56]을 하였다. 서적 구입과 등사기 구입[57] 등으로 도서 읽기가 활성화되면서 마을 청소년들을 배움의 동기는 더욱 확대되어 갈담리뿐만 아니라 청운, 강진, 덕진, 운암 등의 마을 청소년들이 하나둘씩 모이기 시작하여 본격적인 마을 살리기 운동이 전개되었다. 피폐했던 마을에 생동감이 일게 되면서 사람들은 교회를 신뢰하게 되었고 교회에서 하는 행사에 자신들의 자녀들을 서둘러 보내는 일이 빈번해졌다. 툭하면 교회에 술을 먹고 들어와 행패를 부리던 노인들이 허리 굽혀 인사를 했고 집 안 구석에 숨어 있던 마을 내 청년들은 배움을 위해 모이기를 힘썼다.

> 그땐 술 먹은 사람들, 교회 밑에 술 먹은 사람이 살고 있었고. 고함지르고. 화투판, 도박 많았었지. 술 먹고 소리 질러 쌌고… 너무나 힘들었지. 동네에선 모두 술이나 놀음하지 교회는 시끄럽지… 동네가 흉흉했어. 먹을 건 없고 사람들은 많고. … 먹는 것 때문에 고생했던 시절이지. 글을 모르는 사람들… 자존심이 있어 가지구… 처음엔 말을 못하고… 그래서 야학으로 시작했던가… 우리가 서로 몰라도 모르는 사람끼리 모여서 시작했지… 집집마다 가지고 있는 책이란 책은 다 모아서 교회로 가져왔지. 돌려보기를 시작한 거야….[58]

---

56 고영근 자필기록문, 「목회현황」, 1958. 5, 6~10.

57 고영근 자필기록문, 「설교집 4, 강진광야」, 1959. 4, 44.

58 강진교회 박정권 집사 인터뷰 중에서 1. 『민중을 위하여 2』, 21

그는 마을공동체를 살리는 일과 갈담리 교회 사역을 하나로 묶어 공동의 활동을 해 나갔다. 마을 어른들에게는 술과 놀음을 멀리하고 근면을 가르쳤고, '나 한 사람의 존재의 가치'[59]가 얼마나 소중한지, '소수에게 내리시는 하나님의 은총'을 강조하면서 쇠약해진 교인들의 심령을 위로하고 주체의식을 심어주기에 힘을 썼다. 하나님은 다수보다 질과 중심을 보시며 소수를 축복하시는 하나님의 약속을 기억하게 하였다. 그는,

1. **인생들이 생각하는 다수자 요구**: 소수와 다수의 싸움(다수 가결제), 다수가 정의인줄 안다, 다수가 힘인 줄만 안다.
2. **소수에게 축복하는 역사**: 하나님은 다수보다 질과 중심을 보시기 때문에, 구원의 길은 소수라 하기에, 다윗 인생을 통하여 엘리야를 통하여 적은 무리에게 격려하신 예수님.
3. **소수를 축복하시는 약속**: 2~3인이라도 주님의 이름으로 集하는 곳에 주 계신다, 생명길로 가는 자가 적다고 하셨다, 小를 택해 多를 이루고 의인을 보호하시며 貧과 弱을 택하신 주님. 소수는 더욱 용기를 내어라. 다수를 따름은 육신에 속한 것이다. 신앙에는 고독이 없으며 참되게 사는 자가 구원을 받는다[60]

라는 설교를 통해 한국전쟁 이후 빈번한 학살을 경험하면서 흉흉해진 사회 분위기에 위축되어 있던 주민들, 한마을 안에 가해자와 피해자가 공존하는 상황에서 어느 누구 하나 자신 있게 삶을 주인 되

---

59 고영근 자필기록문, 「설교집 1」 1958. 4. 20 설교문, 18.
60 "적은 무리에게 주는 주님의 은사", 「설교집 5」 1959. 9. 20 설교문, 45.

게 살아가지 못하는 마을에 그는 '나 한 사람'의 존재의 가치를, 작은 자를 택해 큰일을 이루시는 하나님의 약속, 가난한 사람과 약한 사람을 택하시는 하나님을 바라보고 더욱 용기를 내라고 강조하면서 갈담리뿐 아니라 수동, 성수, 주천 등 인근 마을을 돌아다니면서 피폐해진 심령을 영적으로 돌보는 사역에 최선을 다하였다. 무기력해진 주민들에게 무기력과 싸우는 자가 곧 자기 자신임을 설득하고 자기 자신이 하나님을 볼 수 있으며 이 어두운 삶의 자리에서 일어설 수 있음을 존재의 가치로 역설하였다. 그의 메시지는 지배 이데올로기 아래에서 좌절한 민중들에게 새로운 인식의 전환을 가져온다. 갈담리 마을 주민을 향한 그의 설교는 그들에게 영적으로 힘이 되어 주었고 자신감을 되찾고 자기 정체성을 세우는 일의 소중함을 일깨웠다.

고영근은 주체됨의 의식을 일깨우는 여러 가지 방법을 설교와 교육으로만 국한시키지 않았다. 오히려 자기의 자기됨은 실천에 있음을 강조하면서 교회 청년들과 마을 헌신사역을 시작하였다. 산이 많은 지역이기 때문에 청년들과 할 수 있는 사업으로 나무하기를 시작하였고 마을 내 단절된 세대 간 관계 회복에 힘썼다. 마을 주민들을 위한 농민강연, 직업광고, 각종 강습회를 개최하고 미군에게 지원받을 수 있는 구호물자를 교회가 적극적으로 나서서 신청하고 마을 곳곳에 벽돌 작업을 하는 등 마을 주민들이 삶을 영위할 수 있도록 교회가 할 수 있는 최선의 노력을 다하면서 이러한 실천적인 신앙생활로 인해 나 한 사람 한 사람의 가치를 일깨웠다.

그땐 우리가 청년이었거든. 그때 연합회가 있었거든. 청운, 강진,

덕진, 운암 그케 쫙 있어. 그때 우리 청년들이 많이 있었고… 클럽! 클럽이 너무 좋았어. 그 클럽이 들어와서 정말 좋았어. 나두 우리 클럽이 있어서 맘 맞고 그러니까 일을 많이 했지. 위아래까지 다 합치니까 참 많았지… 그때 부흥회 할 때는 각 처에서 엄청 많이 와. 여기는 중앙이고, 교회도 크고, 강진면에서는 여기서가 중앙이지. 임실군 안에서 몇 개 면 안에서 중심이라구.[61]

그는 교회 내 소그룹 활동을 권장하여 소년회, 청년회, 청년반사회, 부인전도회 등 크고 작은 소모임의 활성화를 통해 교육과 교회 조직 활동을 늘려나갔다. 평신도의 자립을 우선순위에 두었던 그는 절기 행사, 각종 애경사, 하기학교, 어린이 하기학교, 수양회, 봉사회 등 교회 안팎의 행사들을 활성화된 소모임을 통해 수행해 갔다. 이로써 1959년 하반기가 되면서 200여 명을 넘어서는 10배의 확장을 볼 수 있었다. 마을과 연계한 교회공동체의 활동들은 교회공동체의 양적 발전을 이끌었다.

고영근의 갈담리 사역 중 특징적인 두 번째 일은 사회적 애도의 돌봄 사역을 공동체적 움직임을 통해 이뤘다는 것이다.

민간인 학살사건의 피해지역이었던 갈담리에 남편을 잃은 귀신들린 과부의 문제가 강진교회 교인들을 고민하게 만들었다. 한국전쟁 중 민간인학살 사건으로 인해 남편을 잃은 그녀는 남편이 자신의 몸속에 있다고 두려워하며 때로는 남편의 목소리까지 내며 고통스러워했다. 지역주민들은 입을 모아 귀신들렸다고 말하였고, 때문에 그녀는 마을공동체에서 분리된 공간으로 소외되었다. 증상은 날이 가면 갈수록 더 심해졌고 이를 보다 못한 강진교회의 교인들의 합심기도를 통해 병은 고쳐졌다. 병을 고치는 과정에서 한 달여 기간을 사모와 교인들이 그 여인과 함께 지내면서 돌보아 주었고 밤과 낮을 교대로 벗 삼아 주며 여인의 고충을 들어주게 된다. 그녀는 남편을 잃은 충격과 슬픔을 충분히 슬퍼하지 못하였다. 그녀 역시 2차 피해를 입을까 두려워서 입을 다물어야만 했다. 애도할 수 없는 억압적

61 박정권 집사의 인터뷰 중에서 1.『민중을 위하여 2』 24.

상황이 그녀로 하여금 남편이라는 사랑의 대상과 자신을 동일시하는 퇴행현상을 갖게 하였다. 대상의 상실을 인정하고 그 대상으로부터 한 발짝 떨어진 자신을 발견하기까지 충분한 애도의 과정을 밟아야 했지만, 사회적 상황이 그녀를 그렇게 놔두지 않았기 때문이었다.

결국, 그녀는 대상을 자기 자신의 내부로 끌어들여 대상 상실을 자아 상실로 바꿔버렸다. 이러할 때 그녀에게 대상은 상실되지 않았다. 자신이 곧 대상이기 때문이다. 남편이 곧 자신이기 때문에 잃은 것은 남편이라는 사랑의 대상이 아니라 자기 자신이었다.[62] 이러한 퇴행은 가혹한 자기 질책, 잔혹한 자기멸시의 가학증으로 나타나며 주변 사람들로부터 배제되는 삶을 살아감을 감수하게 된다. 가학증세가 심해질수록 마을에서는 내쫓김을 당하게 되는 결과를 초래한다. 하지만 교회공동체에서 그녀를 받아주고 한 달여 기간을 함께 울고 기도하며 슬픔을 나누었을 때 비로소 그녀는 삶의 욕망을 되찾을 수 있었다.

종교적으로 보았을 때 그녀의 치유는 귀신을 쫓는 축귀의 역사로서 이해될 수 있지만, 정신분석적으로 보았을 때 그녀는 비로소 리비도 투여를 철수할 기회를 얻게 되었다고 이해할 수 있다. 곧이어 리비도 투여의 대상으로부터 분리되어 자신으로 향하는 욕망을 바라보게 되었다. 심리적인 애도의 과정을 교회공동체 안에서 충분히 밟아 나간 것이다. 죽음의 대상과 자신을 동일시하는 환자에게 중요한 것은 애도의 과정과 자신의 입으로 대상에 대한 사랑을 말로 표현함으로써 리비도 철수를 하게끔 하는 것이다. 자신이 애도의 대상

62 임진수,『애도와 멜랑콜리』(경기: 파워북, 2013), 51.

이 아닌 주체임을 깨닫게 하고 그 깨달음을 위해 교회공동체가 충분히 인내로써 기다려 주는 일을 경험한 특수한 사건이었다. 또한, 사회적 애도의 가능성이 교회공동체에 살아 숨 쉬고 있음을 보여주는 모범적 사례이다.

*** 축귀(설교집 4. 1959. 엄집사님 이적 광고, 18쪽)**

설교 제목: 간절한 기도에 최후 응답

① 야곱의 승리 ② 불의한 재판장과 과부의 비유 ③ 과부의 애원-원수 갚아달라고 애원함, -그 원수를 갚아줌, 기도로 승리, 죄를 회개하고 신의(神意)대로

우리나라 역사에서 드러나는 애도의 부재 현상은 죽음을 회피하고 혐오하며 죽은 자를 보낸 유가족의 슬픔에 공감하지 못하는 공동체를 만든다. '애도'야말로 우리 사회의 병을 치유하고 공동체를 보존하기 위해 가장 절실하게 요청되는 작업이다. 애도는 사랑하는 사람을 상실했을 때의 정신적 충격과 심리적 반응 그리고 진행 과정의 총체를 말한다.

애도가 사랑하는 사람의 상실과 그 상실에 대한 심리적 태도 그리고 그것을 소화해내는 심리적 과정 전체를 가리킨다면, 사람들에게 그러한 애도를 할 수 있는 여건을 마련해주는 것은 중요한 문제이다. 애도 작업이 없으면 사랑하는 감정의 에너지를 올곧이 투여하고 그 에너지를 이제는 자신에게 투여할 수 있도록 자신을 슬픔으로부터 놓아주는 과정, 즉 리비도를 철수할 기회조차 주어지지 않음으로 인해 유가족들은 정신적 치료를 요하는 단계까지 이르기 때문이

다. 트라우마는 슬픔을 당하고 상실을 경험한 사람들에게만 새겨지고 나타나는 것이 아니라 이를 지켜본 많은 사람에게 동일한 경험은 아닐지라도 자신의 경험과 연결되어 나타난다. 공동체를 이루어 살아온 사람들이라면 이 트라우마에서 벗어나지 못한다.

따라서 애도에는 개인적 애도를 넘어서는 사회적 애도의 과정이 꼭 필요하다. 이것이 실현되지 않으면 집단적인 억압의 경험으로 공동체 구성원 전체가 일그러지고 왜곡된 삶을 살아가기 때문이다.[63] 사회적 애도의 공동체적 움직임은 자신의 욕망을 찾도록 발판을 제공해 주는 것이다. 갈담리 공동체는 사회적 애도를 통해 사회적으로 가장 소외당할 수밖에 없던 여인을 껴안았다. 이러한 경험은 오늘날의 한국교회가 가장 깊숙이 고민하고 이어나가야 할 경험이다.

2. 백운교회

고영근 전도사는 갈담리교회에서 사임되고 난 후[64] 여러 과정을 거쳐 괴정리교회로 청빙되었다. 괴정리교회[65]는 1953년 조그만 주막

---

63 고성휘, "세월호 담론투쟁과 주체의 전이현상 연구", 성공회대학교 신학박사 학위논문 (2018), 219~220.

64 갈담리교회의 괄목할만한 성과에 사심이 생긴 임실지역 담당 목회자의 일방적인 해임 광고로 인해 전도사였던 그는 갈담리를 떠나야 했다. 그가 떠난 후 강진교회는 통합, 합동 갈등에 휘말렸고 곧 두 개의 교회로 분리된다. 분리한 과정에 교인들의 참담한 분리과정이 있었다(갈담리교회 서○○ 집사 회고 중).

65 서대전교회(서대전교회는 대전 중앙성결교회의 지교회로 1947년에 설립)는 1952년 3월 1일 백운성결교회의 전신인 괴정리교회를 지교회로 설립하였다. 충남 대덕군 유천면 괴정리 269번지 서편 11세대가 살고 있는 곳에서부터 출발한 괴정리교회는 '웅그터'에 있는 술집 주막을 7만 2천 환에 매입하여 초가지붕을 헐고 깡통 함석으로 개조, 예배를 드리기 시작하였고 1954년 1월 10일 괴정리성결교회의 제1회 사무총회를

을 개수하여 교회로 사용하였다. 1958년 전임자가 168.8평을 구입하였고 1960년 4월 30일 고영근 전도사가 부임하면서 5월에 건축을 시작하여 7월 4일 입당예배를 드렸다. 교회 명칭은 '백운교회'로 변경하였다.[66] 백운교회 명칭변경에 대한 이유는 백운교회 50년사에서도, 고영근의 자필 기록문에도 기록되어 있지는 않지만, 괴정리가 일제강점기에 지동, 하응리, 응기리, 백운리 일부를 병합한 지역으로서 백운리에 자리 잡고 있었기 때문으로 추측된다. 백운지역은 서대전시에 위치한 지역으로서 현재는 도심부에 위치하지만 1960년대에는 외곽지역이었다.[67] 고영근은 백운에 첫발을 내디디며 교회건축을 마치고 교회조직을 정비하고 난 후 백운교회 주변 지역의 현황을 조사하였다. 아래의 사진은 그의 시선으로 본 지역조사현황을 적은 것이다. 백운 주변의 4개 리, 즉 내동 · 괴정리 · 탄방리 · 둔산리의

개최하였다. 그러나 교세가 빈약하여 교역자가 자주 바뀌었는데 신보현 전도사, 조종관 전도사, 이학봉 전도사의 뒤를 이어 고영근 전도사가 교회를 담임하게 된다(1960년 4월 30일~1969년 4월 23일). 백운교회 50년사 편찬위원회, 『백운교회 50년사』(대전: 과학문화사, 2004), 74~79.

66 백운교회 50년사 편찬위원회, 『백운교회 50년사』, 87.

67 대전시 인구는 1949년 126,704명이었던 것이 1966년에는 314,991명으로 증가하였는데(조연상, "대전인구변화", 「대전문화」 제14호 [2005], 332) 이는 대전이 교통의 요충지이며 상업활동의 용이해서 피난민들이 정착하였기 때문이며 또한 행정구역의 확장으로 인구증가의 폭이 커지게 되었다. 백운교회 주변의 괴정리·둔산리·탄방리 등도 1963년 행정구역의 확장으로 대전시에 편입되었다. 1967년에 작성된 대전시 행정구역도를 보면, 대전 서북부 외곽지역으로 공군통신학교가 있는 탄방·괴정·내동이 하천을 경계로 대전시 도심과 분리되어 있음을 볼 수 있다(대전광역시사편찬위원회, 『대전의 지도』 [대전광역시, 2002], 89). 1963년 대전시 인구밀도 조사에 따르면 삼성동·문창동·인동 및 동쪽에 있는 소제동·신안동·신흥동이 높은 인구밀도를 보이고 있다(대전광역시사편찬위원회, 『대전 100년사 3권』 [대전광역시, 2002]). 따라서 백운교회가 위치하고 있던 괴정·탄방 등지는 도심에 비해 상대적으로 생활·문화·경제수준이 낙후된 지역이었다고 볼 수 있다.

里名	戶數	世帶數	男	女	人口	農	軍	商	勞	公	里長	老人	貧	과부	病者	상의
內洞		70			420	52	0.		15	2	[illegible]	9				
槐亭 1.		120			610	47	20	2		7	박환기	8	5	9		
槐亭 2	117	117			6.00	42	81	9			박제국	10名	30戶	13.		
炭坊 1.		142			1090	80	15	2			[illegible]		50			
炭坊 2		95			560	4	40	20		5	[illegible]	4	20			
屯山		270			1500	70	[illegible]	15			[illegible]					
計		814			4820		[illegible]									

내동 · 괴정리 · 탄방리 · 둔산리의 현황

현황이다.[68]

지역을 돌아보며 어느 마을에 무엇이 필요한지를 꼼꼼하게 정리한 그의 자필 기록문에는 대전지역의 세대수, 직업, 노모와 빈자, 과부와 병자가 있는지가 적혀있다. 사역의 출발이 돌봄에 있다는 것과 가난한 자와 아픈 자, 과부와 노인들을 우선적으로 돌봐야 하는 것이 교회가 할 **약자 우선의 선교방식**임을 보여주고 있다. 그의 조사에 따르면 괴정2리와 탄방2리, 둔산리에 군 관련 세대가 논농사 세대보다 많으며 특히 탄방2리는 농업세대의 10배에 해당하는 군인 세대의 분포를 보여주는데 특히 농업 세대의 분포가 제일 많은 탄방1리에 가난한 세대 수가 제일 많음을 볼 때 타지역에서 유입된 사람들에 비해 토착 지역민의 생활이 더욱 척박했음을 알 수 있다. 이는 백운교회 공동체 구성원 중 군인 세대를 제외한 대다수 구성원이 척박한 생활을 하고 있었음을 방증한다.

미국 남장로교의 대전 스테이션[69]이 조성된 한남대학교 인근 지

---

68 「목회기 2」 (1965), 16~17.

역이나 대덕군 회덕면[70] 등은 교육이나 문화의 혜택이 상대적으로 컸으나 백운교회가 있는 서쪽 외곽지역인 괴정·탄방·둔산은 군부대 시설이 집중되어 있어 일반 주민들에 대한 문화·교육·복지 혜택이 상대적으로 낙후된 지역이었다. 또한, 괴정·탄방 서쪽으로는 대전교도소 등 사회적으로 소외된 자들의 시설이 배치되어 있다.

고영근의 지역조사에 따른 세대수별 직종 분포를 보면 농업 종사 세대수 48.1%, 군인세대수 40.1%, 상업 7.8%, 노동자 2.4%, 공무원 1.5%로 나타난다. 내동을 제외한 괴정, 탄방, 둔산리에 군부대가 포진되어 있으며 교육에 종사하는 세대는 거의 없다. 이 중 백운교회가 위치한 괴정리는 군인세대수가 가장 많다. 목회자의 입장에서 군인세대수가 40%가 넘는 비율을 차지하고 있는 것을 감안해야 했으나 고영근은 토착 지역민들의 척박한 삶에 더 집중하였다.[71] 그의 자필 기록문에 빈번하게 등장하는 교인들 대부분이 토착 지역민들이

---

69 대전 스테이션은 복음선교사보다 교육선교사의 인력배치 비중이 컸고, 이 때문에 처음부터 교육 중심 선교기지라는 특성으로 출발하였다. 송현강, 『미국 남장로교의 한국선교』(서울: 한국기독교역사연구소, 2018), 249.

70 송현강에 따르면 1920~30년대 대전북부의 회덕과 유성과 진잠은 개화의 흐름과는 별 관련이 없던 곳이었는데 대전을 이루는 회덕(구도심), 대전면, 공주목이었던 유천면, 유성 지역은 개신교 수용 태도에 있어서도 각기 다른 양상을 갖고 있다. 대전리지역은 개신교의 수용태도가 비교적 활발한 반면, 회덕지역은 저항적인 양상을, 유천과 유성은 대전성결교회의 지회가 설치되었고 외부인의 전도와 그 지역의 토착세력에 의해 복음이 수용되는 전형적인 모습을 띠고 있다. 송현강, "대전, 충남지역의 개신교 신앙수용양상", 「한국기독교와 역사」 19호 (2003년 8월), 193.

71 그의 자필기록문에 기록된 1964년 월정헌금 작정자 현황을 보면, 무응답 26세대, 응답 37세대 총 63세대를 기록하였다. 응답한 37세대 중 100원 이하가 31세대, 150원 이상이 6세대이다. 평균 90원 정도의 약정을 하였다. 1964년 물가가 연탄 50장 385원, 돼지고기 반 근 30원, 빨래비누 1장 20원이었으며 공무원의 월급이 3,000원이었음을 비교할 때, 백운교회 주변, 특히 군인부대 옆에 사는 마을 주민들이 매우 척박한 삶을 살았음을 확인할 수 있다.

었으며 특히 백운 주변 지역의 청년들에 대한 면밀한 조사가 밑바탕이 되어 있었다.[72] 그들과 함께 한 활동들은 청년들의 진로·취업 등 실질적인 생활문제 해결에 적극 나서고 있음을 보여준다.

이 지역조사에 의한 그의 목회 방향은 **소외된 사람들의 구제와 그들의 자립**에 있었다. 그가 주창한 '목민목회'는 교회 안의 신자를 위한 목회를 넘어서 교회와 마을의 경계를 허물고 지역민들을 동등하게 돌보는 목회를 뜻하는데 이러한 구체적인 근거가 바로 백운지역

백운지역 교도소 재소자 입소 현황

구분							
학력	무학력	小在학	小중단	소졸업	중재학	중중단	중졸업
	354	16	136	916	12	89	348
	고재학	고중단	고졸업	대재학	대중단	대졸업	
	24	47	261	17	40	43	
원인	利慾	射倖心	원한	가정관계	우발	중독	기타
	365	23	182	26	60	0	494
연령	14세 이하	14~19세	20~29세	30~39세	40~49세	50~59세	60세 이상
	42	194	769	588	361	112	54
직업	노무	자유	종업	농업	기타	학생	
	100	125	68	125	682	48	

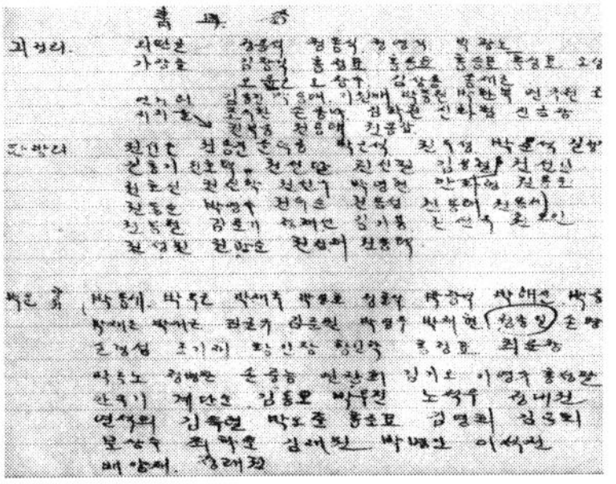

72 「목회기 2」, 20. 청년회(자필 기록문 일련번호 48. 1966, 67년 교회직원회 회의기록과 교회제직 일정 등이 기록되어 있다).

에서 실현된 사례에서 나타난다. 그는 또한 백운지역 근방의 고아원과 교도소를 방문하면서 수용된 사람들 한 사람 한 사람의 처지에 관심을 가졌다. 재소자들이 어떠한 처지에 있는지를 구체적으로 분석하고 그 문제를 **파악**하고 어떤 방식으로 이끌 수 있는지를 고민하였다.[73]

대전시는 전쟁으로 인해 보육원과 전쟁부랑아시설·양로원·맹아원·재활원 등의 시설이 급증하였다. 고영근은 교회와 직접적인 연관은 없어도 전쟁의 상흔이 아직 가시지 않은 지역적 특성을 인식하고 그가 기반한 지역의 민중을 찾아가는 일에 전념하였다. 삼관구, 공군가교, 806부대, 육군통신학교, 병참학교 등 군부대 설교가 빈번하게 있는 것은 백운교회 지리적 특성과 깊이 연관되어 있으며 특히 그의 군 생활을 군종으로 마친 경험으로 군부대 설교에 애착이 많았으리라 추측된다. 그에게 있어 군부대는 황금어장[74]이라기보다 한국전쟁의 틈바구니에서 추위와 공포에 떨던 젊은이들을 감싸 안는 문제였고 지역 사역자로서 지역 사역의 절반을 차지하는 지역민들에 대한 돌봄의 일환이었다.

'찾음'(찾아감)의 사역은 대중을 동원이나 교화의 대상으로 보았던 당시 1960년대의 집회적 특성과는 전혀 다른 방식을 가진다. 지역민을 대상으로 보지 않고 자립적인 주체로 보는 목민목회의 수평적 방식은 찾아감의 사역에서 볼 수 있다. 그의 찾아감은 민중을 대

73 1968년 고영근 수첩.

74 강인철은 군종제도를 황금어장의 신화로 표현하면서 군종의 도구주의가 종교적 특권을 낳고 정치적 이익을 보게 하는 수단으로 쓰였다고 비판하면서 미국 모방에 의한 압축성장과 무성찰성을 한국 군종의 두 가지 특징으로 구분한다. 강인철, 『종교와 군대』 (서울: 현실문화연구, 2017), 225.

상화하고 객체화하지 않고 그들을 주체로 삼았기 때문에 불러내어 동원하는 방식이 아니라 일일이 찾아감의 방식이며 **교회로 불러들임이 아니라 교회 밖으로 찾아 나서는 것**이다.

고영근의 찾음(찾아감) 사역지

1. 설교[75]		2. 방문	
삼관구	5. 22 베다니	3. 23 양로원	5. 12 CCC회관 방문
공군가교	5. 17 보육대학	4. 13 교도소	5. 22 강경보육원
806부대[76]	6. 2 806	4. 13 지방법원	5. 19 806부대
유성양재학교	6. 2 서대전 유치장	야간신학교	5. 27 성우보육원
삼관구	6. 19 베다니 선교	성서 전문학교	6. 23 도립병원 이성래
대전경찰서	6. 27 훈련학교	2. 15 대성고교	6. 25 도립병원 이성래
서대전 경찰서	6. 30 훈련학교	4. 13 맹아원	7. 25 재활원 방문
중부장로교회	7. 7 신안교회	3. 24 806	11. 27 대성고등학교
삼관구	7. 4 남대전	2. 63 병원방문	11. 27 대전 문화원
5. 17 양재학교	7. 15 양재학원	5. 11 YMCA 방문	12. 22 806 통신학교
	8. 18 육군통신학교	제일교회 복음운동본부	초소방문위로
			12. 19 보육대학 졸업예배 참석

그의 시선은 1960년대 박정희의 개발동원 체제에 대한 반발로 이어진다.[77] 1967년 김형욱 정보부장에게 진정서를 보내 국민을 동원 대상으로 보지 말고 산업화, 전시행정에 동원되는 국민 되기를 거부

75 「목회기 2」, 3~4.

76 1947년 창설. 1951년 교육총본부가 이동하면서 1960년 대전 둔산동으로 이동, 1968년 교육총본부에서 2군으로 예속되었다.

77 조희연, 『동원된 근대화: 박정희 개발동원체제의 정치사회적 이중성』, 17.

하고 농업에 종사하는 토착 주민들의 삶을 보장하는 정책을 입안하기를 촉구한다. 국민을 훈육의 대상으로 보고 동원하여 교육하는 방식에서는 기독교도 예외가 아니었다. 특히 특수목회를 중심으로 하는 당시 부흥사들의 학원 동원 집회나 군부대 동원 집회는 수많은 결신자 수를 기록하고 있다. 하지만 이들 동원 집회는 '강사와 대중'의 만남의 측면이 강한 반면, 그의 찾아감의 방식은 '방문자와 지역민'의 수평적 만남의 측면이 강하다.

또한, 그의「영음기록」에 의하면 교회가 각 지역의 주민들을 세세하게 보살피는 사업을 진행하였음을 볼 수 있는데 예를 들면, 가정탐방 연 2회, 달력배부(열차 시간표), 과목소독 연 3회, 상갓집 부조 100원씩 하도록 원칙을 세웠다. 지역 위생 측면에서는 각 가정의 진열장에 치료 도구를 마련, 병원 안내, 보건소 안내지를 비치하게 하고 각 가정의 화장실 청소 및 소독을 정기적으로 하였다. 교육의 측면에서는 문맹자 · 국졸 · 중졸 · 고졸업자들에게 각각 직장 알선을 해주고, 농업지도, 정농조합, 과목지도, 생산지도와 각 교양강좌를 개최하는 등 지역주민들의 복지에 힘을 썼다.[78] 지역주민들이 무엇이 필요한지 궁금해하고 그들의 요구를 들어주는 활동의 방식이 '찾아감'에 있다는 것은 교회와 마을의 경계가 이미 사라졌다는 것을 의미하며, 가장 낮은 곳에서 하나님의 선교 사역을 출발한다는 상향식 사역 방식의 유의미성을 포함하고 있을 뿐 아니라 하나님의 선교는 개별자의 존중에서부터 출발해야 함을 시사한다.

백운 목회의 방식은 또 다른 측면에서 의미가 있다. 백운교회는

78「영음기록」(20세기 광야 무명씨, 주의 영광 위해, 1966), 34(자필기록문 일련번호 49. 각 지역 초청인사명단, 구역원 명단, 설교초안, 신약성서 대지가 등이 기록되어 있다).

안병무가 말했던 소위 '밑바닥 교회'이다. 기존체제 신학이 들어가지 않았으며 교권이 침투하지 않은 영역에서 자급자족하는 속에서 자라나는 공동체[79]가 바로 백운신앙공동체였다. 독립적인 신앙공동체였기 때문에 그들의 지역선교활동이 자유로웠고 확장성이 담보되었다. 고영근은 자립적 신앙공동체에 대한 자신의 견해를 확고하게 주장하였다.

> 해방 이후 오늘까지의 기독교는 하나님의 법대로 민중을 지도하며 예수님의 사랑으로 민족을 봉사하여 민족 복음화의 최호상기였건만 생명 없는 교리와 신학 논쟁만을 일삼았고 구호물자와 교권 투쟁으로 추태를 부려 사랑의 계명을 깨어놓고 짓밟으며 사랑과 봉사의 복음 종교를 야비한 이권 종교로 변질시켜 놓았다. 그러고도 "하나님이 우리와 함께 계실 것이니 무엇이 두려우랴"하고 태평성대를 예언하고 있지 아니한가(렘 29장). "독사의 자식들아. 누가 임박한 하나님의 진노를 피하라고 하더냐. 그러므로 회개에 합당한 열매를 맺고 속으로 아브라함이 우리 조상이라 생각하지 말라"라고 외치는 세례요한의 책망을 한국교회는 들어야 할 것이다.[80]

그가 교인이나 지역민이나 모두에게 동등한 관심을 가졌음은 그의 기록에서 찾아볼 수 있다. 주일학교 학생부터 성인에 이르기까지 그가 만난 사람들의 연령, 거주지, 가족관계를 상세히 기록하고 그들에게 필요한 것이 무엇인지 고민하였다. 1958년부터 1971년에 이

79 안병무, 『민중신학을 말한다』 (서울: 한길사, 1993), 207.

80 고영근, 『한국교회혁신과 사회정화방안』, 5-6.

르기까지 갈담리·백운·북아현 사역에서 지속적으로 행했던 일은 마을 주민들의 집마다 찾아가 재래식 화장실 청소와 소독을 해주는 일이었다. 집주인조차 꺼리는 화장실 청소와 소독을 지역주민을 위한 기본 사업으로 삼고 지속적으로 수행했다는 것은 그의 목회관이 사랑에 근거해 있음을 보여준다. 이는 지역주민을 위한 돌봄 목회가 시혜적 차원이나 교세 확장을 위한 목회활동의 일환이 아니라 사랑에 근거해야 함을 시사한다.

그분은 전력투구하는 분이였어요. 머리를 써서 이렇게 저렇게 움직이는 것이 아니라 그 마음속에 사랑이 가득 있어서 전력투구하며 목회를 하신 분입니다. 한번은 군인이 찾아와서 "목사님. 결혼 주례 부탁드립니다." "그래요? 그럼 호직등본을 떼 오시오" 하고 일일이 확인하고 주례를 해주셨어요. 젊은 나이셨는데 어찌 그런 생각을 하셨는지 몰라요. 그때 당시 백운교회는 군부대로 둘러싸여 있고 군인 가정이 한 번에 왔다 떠나기를 반복했던 지역이었거든요. 교인들을 사랑하는 마음이 어버이 같았어요.[81]

그때는 한참 어려웠을 때였지요. 1960년대. 집집마다 끼니를 때우는 일이 큰일이었는데 고 목사님이 집집마다 심방을 다니며 쌀통을 확인하는 거예요. 쌀통이 비었으면 제일 먼저 가슴 아파하며 본인은 얻어먹을지언정 빈 쌀통을 채워주셨어요. 심지어는 쌀통을 부여잡고 기도를 하였는데 이를 부끄럽게 여겼던 마을 사람들이

81 백운교회 이정덕 장로 인터뷰 중에서 (2014. 12. 2. 오후 8시).

처음에는 고 목사님이 믿지도 않는 자기 집에 방문해서 기도해 주시는 걸 민망하다고 창피해했지만, 목사님이 워낙 진실로 대하시니 감동하여 목사님을 아버지처럼 섬기게 되었고요. … 두고두고 감사하다고 생각했죠. 쌀통 잡고 기도해 주시는 분은 고 목사님밖에 없을 겁니다….[82]

고영근은 교육에 있어 많은 관심과 열정을 쏟았는데 성경 연구법 교재를 만들어 평신도 교육의 난이도별 설계를 통해 구체화하고 다방면의 교양강좌를 중심으로 한 연령별 일반교육을 체계화하여 신앙교육과 일반 사회교육의 통합적 접근을 시도하였다. 우선 성경 연구법「마가복음」을 발행하였다. 성경 연구법의 개관, 성경 문제를 초등 50, 중등 33, 고등 25개 문항을 제시하고 그에 발전적인 해답 일부분만 제시, 마가복음을 분해 · 해석하고 있다.[83] 마가복음을 누구나 쉽게 접근할 수 있도록 내용 파악뿐 아니라 이를 해석하는 여러 가지 시선들이 있음을 보여주고 있다. 즉, 독자의 해석에 더 많은 무게 중심을 두고 있었으며 즉자적, 단답형, 하향식의 교육이 아닌 학습자 중심의 자기 주도적 학습을 할 수 있도록 체계를 잡았다.[84]

---

82 백운교회 오록임 권사 인터뷰 중에서 (2014. 12. 2. 오후 7시).

83 그의 사료묶음 중 성경 연구법은 신약성서 전반을 거의 모두 다루고 있었던 것으로 보인다. 현재 남아있는 것은 마가복음과 에베소서 2권뿐이다.고영근은 이 노래집을 통해 성경을 개관할 수 있도록 교육적 장치들을 해 놓았다. 실제로 그의 부흥사경회시 성경노래집을 다 같이 부르는 순서를 가져 성경에 대한 선이해를 높이고 부흥사경회를 시작하였다.

84 초등과 문제 50문항은 대부분이 마가복음 각 장의 내용에 해당하는 단답형 질문들이다. 이 문제들은 각 장의 핵심내용을 잘 파악할 수 있도록 유도하고 있고 16장을 마치면 전체를 개관할 수 있도록 안내하고 있다. 중등과 문제 33항은 서술형 질문들로서

〈성경 연구법 10대 원칙〉

① 성신 받기 위해 기도할 것, ② 성경을 두세 빈 정독할 것, ③ 성경의 배경을 숙달할 것, ④ 대·소지를 분해할 것, ⑤ 완전히 내용을 파악할 것, ⑥ 역사적으로 해석할 것(고등과 문제해답을 참고하라), ⑦ 교훈적으로 해석할 것(고등과 문제해답 참고하라), ⑧ 예언적으로 해석할 것(고등과 문제해답을 참고할 것), ⑨ 각 방면으로 조직할 것 (조직신학), ⑩ 기도하면서 다시 정독할 것.[85]

고영근의「성경 연구법」은 1965년에 들어서면서 백운교회뿐 아니라 다른 지역에까지 적극 활용된 것으로 보인다.[86] 그는 성경 연구법 책자 인쇄 비용을 기부받아 대전뿐 아니라 타지역까지 배포하여 평신도 신앙교육 체계화를 시도하였다. 그의 성서연구법은『성경대지가』로,『설교자료집』으로 영역을 확대하며 전국 목회의 기반을 다지게 된다.

전체 개관을 전제로 한 문항으로 배치되어 있는데 예를 들어 17번, 19번, 20번 문항에 대한 일람표 작성은 제목 · 원인 · 경과 · 결과 · 때 · 장소 · 성경 등의 항목을 나눠서 제시하고 있어 학습자로 하여금 세밀하게 성경을 연구할 수 있도록 안내하고 있다. 고등과 문제 25문항은 마가복음의 재해석의 문제들을 다루고 있다. 예를 들면 20, 21, 22번 문항은 역사적 해석(과거), 교훈적 해석(현재), 예언적 해석(미래)로 나누어 제시하고 있어 마가복음뿐 아니라 성경 전체를 학습자가 스스로 이해하고 조직할 수 있도록 체계를 세웠다.

85「성경 연구법(마가복음)(표지: 들음, 읽음, 연구, 암송, 묵상)」(1963). 3~4.

86 그의 기록에 의하면 대전지방으로는 북대전 · 중앙 · 문지 · 동면 · 남대전 · 유성 · 영천 · 유천 · 은행교회와 지방회를 위시한 평신도 15명의 명단과 타지방으로 주내 · 광승 · 고잔교회를 위시한 26명의 명단이 성경 연구법 기증자 명단으로 기록되어 있다.「목회 1」(1963), 68-69. 자필기록문 일련번호 38. 1963~1964년 교회제직 명단, 제직회의록, 외교활동, 월별활동, 직원명부, 주교학생 명단, 월정헌금 작정내역 등이 기록되어 있음.

백운교회에 처음 시무한 1960년은 교회건축을, 1961~1962년에는 교회 내부조직 강화를, 1963년부터는 교회교육을 중심으로 목회의 목표를 정한 그는 기본적인 성경 교육을 통해 평신도 신앙 교육을 강화[87]하고 1964년부터는 평신도 자립운동에 입각한 일반 교육으로 지역공동체와 하나가 되는 교육 체계를 만드는 일에 몰두하였다.[88] 그의 이러한 노력에 백운교회 평신도 교육은 큰 성과를 얻은 것으로 보인다.[89]

교회 제직들은 공동사역의 사명감을 가지고 교회, 지역선교를 해나가기 위해서 고영근과 아울러 다양한 내용의 강좌를 실시하였다. 우선 평신도들에게 자기 생각을 말하게 하고, 경험을 공유하게 하며, 타인의 말을 청취하는 습관을 가르쳤다. 학생부는 신앙강좌, 성경낭독, 시사, 과학, 에티켓, 농업, 사상, 종교, 성경, 상식강좌 등 학습 능력을 향상하기 위한 교육을 하였고, 청년회는 대전대학 견학, 농민학교 견학, 산업기관 견학 등 진로와 취업을 주목적으로 한 교육내용을 편재하였다. 백운교회가 갈담리 강진교회의 청소년, 청년사역을 중심으로 했던 것과는 달리 청장년을 중심으로 한 활동을 전개했다는 것을 확증하는 부분은 남전도회의 강좌배치에 있다. 신앙

---

87 그의 자필기록문에 의하면 1963년 3월 6일 성경 연구법 초안을 작성[「비망록」, 1963, 150]. 자필기록문 일련번호 35. 1963년 설교 첫 번째 묶음. 같은 해 10월 11일부터 종교부 주관으로 성경 연구회를 시작하기로 63년 10월 제직회에서 결의되었다[「목회 1」(1963), 10].

88 1964년 6월 제직회; 강좌회(부인회, 청년회), 11월 제직회; 청년회 독서반 설치, 강좌회(부인회, 봉사부).

89 고영근 전도사는 이러한 부서를 둠으로써 신도들이 교회를 교역자와 함께 사역하는 사명을 지니고 있음을 일깨워 주며, 교회에 대한 보다 깊은 애정을 고취시키고자 하였다. 『백운교회 50년사』, 83.

강좌, 과학, 시사, 산업, 종교, 성경강좌가 매달 정기적으로 배치되어 있으며 특히 각 부락 단위의 좌담, 강좌를 개최하는 사업을 남전도회의 주 사업으로 하고 있다.[90]

남전도회, 여전도회와 청년회는 대전지역 내에서 활발한 활동을 전개해갔다. 1963년 교회 행정조직은 종교부·시설부·전도부·봉사부·후생부 등 5개 부서로 시작하였으나 1964년 이후로는 재무·서무·종교·전도·시설·봉사·후생부의 7개 부서로 확장되었고[91] 부인·남선교·청년부·학생부·주교부·성가부의 조직을 확대, 강화하였다. 부인회에서는 성경 읽기, 암송회, 자녀교육 간증회, 성경 적용 토론회, 전도 미담을 공유하였고,[92] 도서 운동을 통해 교육수준을 높이려 하였다.[93]

전쟁을 통과한 실향민들이 대전 지역공동체로 유입되는 상황, 더군다나 특히 백운교회 주변은 전쟁으로 인해 토착 지역민보다 더 많은 수의 군부대가 밀집되어 있는 상황에서 고영근은 수동적으로 동원되고 무조건적으로 받아들여지는 신앙과 삶을 만드는 정치적 구조의 허구를 바로 보라 하였다. 오히려 그 안에서 내가 내 삶을 만들어 가는 주체로서 떳떳하게 바로 서 있기를 바라는 목회자의 열정 앞에 백운신앙공동체의 평신도들은 과감히 응답하였고 교회 밖으로 향하는 사역에 동참하였다. 한편으로는 마을을 되살리는 소독사업을 매달 주관하여 움직였고, 자신들을 독려하는 교양강좌를 열어 스스로를 교육하는 데 게으르지 않았다. 또한, 흩어진 구성원들을 모

---

90 「목회기 2」, 60.

91 백운교회, 『백운교회 50년사(1952~2002)』, 83.

92 「영음기록」, 33.

93 「목회기 2」, 43.

으는 데 힘썼고 그들의 삶의 윤택함을 위해 스스로 음악 연주를 하는 일, 봉사하는 일들을 마다하지 않았다. 그 안에서 그들은 자신들이 이 모든 사역의 주체임을 깨닫고 있었다.

> 오록임 권사: 사모님은 성진이 업고서 새벽기도, 구역예배 다 인도하시고….
>
> 한완수 사모: 그러게요. 지금도 생생하네요. 전 목사님과 공동사역을 했다고 늘 생각했어요. 그래서 성진이를 업고도 열심히 새벽예배 인도하고 구역예배를 인도했죠.
>
> 오록임 권사: 맞아요. 사모님 말씀에 엄청난 힘이 있어서 많은 은혜를 받았어요.
>
> 한완수 사모: 제가 말한 것이 은혜라기보다 함께 공동사역 한 그 시절이 하나님이 우리를 축복해주셨던 때가 아니었을까….[94]

> 그때 우리는 많은 일을 했습니다. 어디든 가서 연주할 수 있도록 성가대를 조성하였고 군부대라든지 여기저기 안 간 곳이 없어요. 내가 가진 모든 재능을 발휘해서 사람들을 모으고 전도했고 그리고… 정말 열심히 즐겁게 일을 했습니다. 지금도 생각나요…. 우리 모두 어떤 때는 마을을 돌아다니며 변소 소독을 했고 어떤 때는 과실수 심어준 집에 가서 소독도 해주었지요. 청년들이 수고 참 많이 했어요. 그때가 언젠가… 참 오래되었네.[95]

---

94 한완수, 오록님 권사의 인터뷰 중에서 (2014.12.2. 6시, 자택).

95 백운교회 최용환 원로장로의 인터뷰 중에서 (2014.12.2. 오후 5시, 백운교회 사무실).

그들의 대화는 백운지역 선교 사역을 목회자와의 공동사역으로 인식하였음을 보여준다. 그들은 서로를 칭찬하고 그들의 지역선교 사역에 자부심을 가졌다.[96] 각 부서 활동을 기초로 하여 교인들 각자의 활동을 마을의 한 단위에서 더 큰 지역으로 확산하였다. 이사로 인해 멀리 교회를 떠난 교인들까지 특별강좌에 초대하고 지역 장년들을 독려하였다. 다음은 남전도회 교양강좌를 위한 홍보물 전문이다.

> 임마누엘 성은 중에 은혜와 평강이 형제에게 임하시기를 주의 이름으로 축원합니다…. 형제여. 주 앞에 부름받은 우리들의 일편단심은 언제 어디서나 우리 주님을 기쁘시게 하는 것이 우리 여생의 과제가 아니겠습니까? 그러므로 우리들은 현재 처하고 있는 위치에서 하나님을 경외하고 그 명령을 지키기 위하여 성경 상고와 열심 기도로 힘을 얻어 자신의 신앙생활에 완전 충실하고, 한 걸음 더 나아가서는 닥쳐오는 역경과 시련을 향하여 환란아, 오너라! 시험아, 오너라! 마귀야, 덤벼라! 할 수 있는 담대한 신앙으로 거센 시험의 물결을 헤치고 올라가며, 한 걸음 더 나아가서는 우리 앞에

96 1962년 이후 대전지부 산업전도회 헌신예배를 주최하고 우선적으로 주일학교의 모임을 통해 주변 5개 교회와 협동하는 노력을 기울였다. 2월 25일에 백운·삼천·갈마·용두리 등지의 5개 교회 주일학교 부장 및 교사들과의 모임을 갖고, 그해 3월 23일 본교회에서 5개 지역교회 주일학교 연합 아동 동요대회를 개최하였으며 이어 암송대회 등 연합행사를 치렀다. 또한 청년회에서도 지역교회 청년연합회 결성을 통하여 신앙교류를 도모하고 각종 체육대회 및 경연대회를 주관하여 개최하였다. 4월 22일에는 군민합동 야외예배를 드리고 주변 군부대를 방문하여 성가로서 전도하며 위문하는 기회를 통해 군복음화에 노력을 아끼지 않았다. 5월 6일에는 유천지구 군민합동 야외예배를 드리기도 하였고 8월 27일에는 유천지구 군민합동 부흥회를 개최하였다. 이후 이러한 지역 및 군복음화를 위한 노력이 본 교회의 오랜 전통으로 이어져 내려오게 되었다. 백운교회 50년사 편찬위원회, 『백운교회 50년사』, 82.

> 오는 고통과 죄악과 시험을 잘 이용하여 승리를 거두고 불행이 행복 되게, 화가 복이 되게, 시험이 체험되도록 무익한 것이 유익한 것이 되도록 사는 위대한 삶을 살아가며, 한 걸음 더 나아가서는 죄악과 고통과 우리가 사는 사회를 우리가 믿는 복음 진리로 완전히 점령해버리는 승리를 쟁취해야 되겠습니다.

교회는 단순히 선교 사역 몇 개를 수행하는 조직이 아니라 그 자체가 선교적 공동체라는 자기 정체성을 갖출 필요가 있다. 교회의 지역선교 사역도 중요하지만, 더욱 중요한 것은 선교적 본질로서 전 교인이 선교적 존재라는 인식을 갖는 것이 매우 중요하다.[97] 백운공동체는 자기 정체성을 가지고 지역선교에 임했기 때문에 지역뿐 아니라 교회 내적으로도 확고한 신앙공동체로서의 자기 역할을 담당할 수 있었다.

IV. 지역을 넘어 전국으로

1. 지역 문제로 파생된 선교 확장

그의 민중 지향적인 목회관은 마을 차원에서 머무르는 돌봄 사역을 확장하게 하였다. 가난한 현실 자체에 머무르지 않고 구조적인 원인을 살피려는 그의 통찰[98]에서 돌봄은 민중을 역사의 주체로 이

---

97 안교성, "지역교회 선교공동체론에 관한 소고: 선교적 교회론의 지역교회 적용", 「선교와 신학」 37집 (2015.10), 55.

끌어내는 정책적 차원의 돌봄으로 전환한다. 그는 가난한 자를 착취하는 부자에 대해서 경고한다.

> 그러므로 정치인이나 기업주나 지식인들이 무산대중을 무시하고 인권을 유린하는 일은 공산당을 만들어내는 일이며 가난한 자를 착취해서 부자가 배부르고 사치와 향락을 누리는 것도 위험한 일입니다. 한국의 부자들이여. 그대들의 부귀영화 뒤에 무엇이 오는가를 알고 있습니까, 모르고 있습니까?[99]

> 민족의 병을 치료하자. 의를 보아도 감흥이 없고 죄를 범해도 부끄러운 줄 모른다. 부끄러움을 영광 삼고 영광을 부끄러워한다. 노는 것을 자랑하고 일하기를 부끄러워한다. 선을 행하는 흉내만 내고 하니 위선적이라. 자기를 모르고 상대를 알려 한다. 진짜 주인(신)을 안 섬기고 가짜 주인(마귀)을 섬긴다.[100]

고영근은 해마다 수해 때문에 피해를 보는 주민들을 위해 수해방지 산림녹화와 사방공사 운동의 전개를 제안하는 진정서를 김형욱에게 보냈다. 산야의 황폐, 목재의 고갈, 매년 수해 소동이 일어나는 문제에 대한 해결책으로 산지 개혁의 단행[101]과 수해방지를 위한 철

---

98 우리는 없는 것을 불쌍히 여기기보다 그 원인을 불쌍히 여기자. 그리고 그 원인을 해결해주어 가난한 자를 도와주는 義는 영원하다["가난한 자를 불쌍히 여기라," 「설교자료 3」(1964), 78]. 자필기록문 일련번호 44. 설교요약문, 타설교자 설교요약문, 교회행정 등이 기록되어 있음.

99 「설교자료 3」, 22.

100 「설교자료 3」, 26.

저한 사방공사 운동의 전개를 제안하였다. 수해와 사방공사의 문제는 서로 연결되어 있는 것이기에 두 정책이 결합되어 해결되어야 함을 주장하였다.[102] 박정희 정권은 1967년 사방공사를 전국적으로 실시하였는데 특히 1968년에 대전은 사방공사 등의 토목공사를 중점적 사업으로 하였다.[103] 그러나 사방공사가 철저하게 실행되지 않는 문제가 백운교회 인근 주민들의 직접적인 피해로 이어지게 되면서 그는 1968년 사방공사에 대한 철저한 대책을 요구하는 진정서를 다시 제출하였다. 내무부, 건설부, 농림부, 충청남도 도지사, 산림청 등으로 그의 진정서가 이첩되는 과정을 주시하여 결국 지역주민들의

---

101 "전국 산림을 농가마다 분배하면 2000~3000평은 분배될 것인즉 여기에 아카시아를 식목하여 연료로 사용한다면 해결될 줄 믿습니다. 자연적으로 연료를 해결하려 말고 생산적으로 연료를 하는 운동을 전개해야 되겠습니다. 자기 산에 나무를 심고 가꾸는 정신을 가지도록 훈련해야 하겠고 도벌에 대한 강력한 처벌이 있어야겠습니다. 둘째는 연료를 나무 아닌 대용품으로 사용케 할 것이며, 셋째는 온돌을 폐지하고 마루를 놓도록 장려하고(가나안 농장같이) 넷째는 농촌에서 5.16 후에 실시하던 가축 생식 운동을 전개하고 다섯째는 곡초를 낭비 않도록 기와 덮기를 장려할 것이다."

102 "수해방지에 중요한 것은 모래가 하천에 내려오지 않도록 철저한 사방공사 운동을 전개해야 하겠습니다. 건축과 공사를 하기 위하여 땅을 파헤쳐 놓은 후 폭우로 인하여 전답에 피해를 보고 결국 하천까지 흙이 내려가서 강이 높아지니 물이 범람케 되며 매년 인명과 재산에 피해를 보니 철저한 단속을 하여 터를 완전히 닦고 사방공사가 끝난 후 건축을 시작하도록 할 것입니다. 대전에서의 예로는 공군 기교단의 경우(사진 첨부), 대흥동 여중·고교의 경우, 신탄진 연초공장의 경우로 보아 수많은 흙이 강으로 내려갔으니 무슨 재주로 강의 흙을 파 올린단 말입니까. 흙 한 삽이라도 강으로 내려 보내면 엄벌에 처하는 철저한 단속이 있기를 바랍니다." "김형욱 부장님께 드립니다"「1967년 진정서」, 12. 13.

103 1968, 1969년도 대전시 자조근로사업 실적표를 보면, 1968년의 사방조림 사업이 7건, 치수사업 2건, 도시토목(제방) 12건, 소류지 준설 5건으로 기록되어 있다. 1968년에는 사방조림사업과 제방사업이 중심사업이었으며 1969년에는 지하수개발 사업이 주류를 이룬다(대전광역시사편찬위원회, 『대전100년사 3권』 [2002]). 대전시는 영세민 구호와 더불어 자활조성에 1차 목적으로 두고 사업을 실시하였다.

피해문제를 해결하였다. 민중의 고통이 구조적인 문제, 정책적인 문제에 있음을 지적한 그는 돌봄의 정책적 확장이 해결책임을 통감하게 되었다. 이러한 경험들은 민중의 목덜미를 움켜잡는 구조악을 타파하는 것이 기독교인의 선교적 사명임을 주장하는 바탕이 되었으며 5대 구조악, 즉 정치악·경제악·사회악·문화악·종교악과 맞서 싸우는 것을 그의 선교적 과제로 삼는 토대가 되었다.

> 성직자는 옛날 선지자가 아닌가. 그러기에 사회의 모순을 힘 있게 지적하여 책망하고 좋은 대안을 내어놓아야 한다. 옛날 느헤미야는 성곽을 재건하던 중에 부당하게 착취당하는 빈자의 호소를 들을 때 지체하지 않고 성곽 쌓는 일보다 빈익빈 부익부의 모순을 과감히 타파하고 공존공영의 사회를 이룩하고 성곽재건을 계속하였다. 1세기의 선지자 세례요한은 예수를 증거 하기에 앞서 부패한 종교계부터 혁신할 것을 부르짖고 다음에는 사회정화를 부르짖었다. … 사회 속에 있는 교회가 어찌 사회에 대하여 무관심할 수 있으랴?[104]

2. 개별목회에서 전국목회로의 확산

1960년대 후반에 이르러 그의 현실 인식은 전국목회로 확산된다. 그의 『한국교회혁신과 사회정화방안』에 제시된 혁신의 필요성에 서술된 바와 같이 목회자들이 교회 안에만 머무르지 않고 정치·경제·

---

104 고영근, 『한국교회혁신과 사회정화방안』, 12.

사회구조에 눈을 돌리기를 촉구하였다.

> 5.16 군사정부가 인간개조를 부르짖다가 실패하고 이제는 경제제일주의라는 경제 우상 건설에 야단법석이다. 제아무리 5개년계획을 몇 차례씩 완수한다 해도 경제건설도 사람이 하는 것인데 사람이 사람되지 않고서야 어찌 사람을 위한 경제건설이 되겠는가.[105]

백운 사역에서 압축된 경험을 바탕으로 그는 교회가 행해야 할 하나님 선교의 대안을 제시하였는데 1967년에는 '전국주보교류운동'을, 1968년에는 『한국교회혁신과 사회정화방안』 출판보급을, "신년도 각 교회 재정예산은 30% 이상을 사회전도비로 책정합시다"[106]라는 인쇄물의 전국보급운동이 그것이다. 약 10,000부를 보급하고 이어 1972년에 다시 개정 보완하여 전국적으로 보급하였다.

이러한 운동을 통해 전국의 목회자들과 상호소통의 길을 열고 함께 교역하는 동역자로서 전국의 목회자들을 교회혁신의 운동으로 이끌었다. 그는 '혁신은 새 운동이 아니요 진리에 환원함이요, 전체 취급이 아니요 탈선한 점만 지적함이다'라는 전제를 두고 위의 출판을 하였는데 그의 저서에 대해 각 지역 목회자들의 편지가 잇달았고 그 편지와 답장의 상호관계가 백운지역을 넘어 전국목회로 확산하는 발판을 제공하였다.

전국주보교류운동은 1966년 목사 안수를 받고 활발한 부흥회 활

---

105 고영근, 『한국교회혁신과 사회정화방안』, 9.

106 고영근, 「한국교회 혁신과 재정예산에 대하여 제안합니다」 (1969); "호소문. 신년도 각 교회 재정예산은 30% 이상을 사회전도비로 책정합시다", 「크리스챤신문」 1969.11.22.

동을 하면서부터 느꼈던 지역 간 정보공유의 문제와 교회 내 필수 서류 등의 정보 교환의 필요성을 실현한 운동이다. 운동의 제안서[107]로 '교회혁신방안'[108], '목회보고서', '주보', '한국교회에 제안하는 말'[109] 등의 인쇄물을 각 지역에 보내고 우송된 각 지역의 목회보고

107 "존경하는 주의 종님에게 우리 하나님께로부터 권능과 지혜와 사랑이 항상 충만하기를 기원합니다. … 우리는 과거와 같이 교파와 교회와 개인적으로 장벽을 쌓고 스스로 영웅심에 가득하여 선배를 무시하고 후진들을 무시하는 그릇된 데서 탈피하고 주님의 복음을 전파하기 위하여 생사와 공명을 다 버리고 약진할 때가 온 줄을 절감합니다. 그리하여 종들이 주께서 주신 총명으로 발견된 좋은 목회방법이나 전도방법이나 시대정복의 방법이 있으면 피차 교환하여 우리 교역자가 다 같이 일 잘 하도록 폭넓은 교환운동이 필요한 것 같아서… 우리는 생각하는 목회, 생동하는 교회가 되어 새 세기를 창조하는 시대의 선지자 · 선각자 · 선행자가 되어 하나님의 뜻이 우리를 통하여 땅 위에 이루어져서 하나님께 영광 돌려야 되겠습니다. 1967. 1. 고영근 올림"[「성경구절 5」(1967), 62]. 자필기록문 일련번호 51. 특수업무, 시간배당, 활동무대(목회, 대외, 문서), 기독교사회침투방안, 교역자의 자세, 목회보고서 보낼 곳, 교회혁신방안 등이 기록되어 있음.

108 ① 교역자는 신자와 불신자를 차별 없이 심방하고 지도하여 지역사회를 완전히 복음화하는 데 전력을 경주할 것이며, ② 신자는 심방이 필요치 않는 자립신앙으로 지정의를 겸비하여 열정으로 신자의 의무를 다하는 평신도운동을 전개할 것이며, ③ 부흥회는 부흥강사부터 재훈련이 필요하며 부흥회에 대한 충분한 상식으로 지정의를 겸비한 성령 역사를 나타내게 할 것이며 교인들의 일반교양을 높이기 위하여 신앙 · 교양강좌들을 부흥회와 번갈아 실행할 것이며, ④ 개척교회를 위하여 재고할 바 있으니 도시인 경우에는 이웃교회와 500m 거리를 둘 것이다. ⑤ 지역사회 정복을 위하여 교육·계몽·복지건설·구제운동·도덕재무장·근대화 운동에 앞장 설 것이며, ⑥ 새 세기를 영도키 위하여 복음의 주체성을 고수하며 시대를 정복하고 불의를 소멸하고 신앙적 지도이념을 창안하여 공산주의와 자본주의를 타파하고 새 시대를 복음진리로 영도해 나갈 것이며, ⑦ 시청각 전도운동을 통해 바르게 지도하며 시대적 분위기가 신앙화 되도록 전력을 경주할 것이다. ⑧ 교회재정 예산의 1/3은 사회정복을 위한 전도비로 사용할 것이며 교회재정을 효율적으로 선용할 것이다. 교회는 세속 되지 말고 복음진리를 굳게 보수하며 성서의 권위를 살리며 사도신경 그대로 신앙하며 성령의 강력한 역사를 통하여 주의 영광을 드러내고 개교회 개교파주의를 지양하고 세계적 복음화를 위해 연합전선을 펼 것이다. 「성경구절 5」(1967), 55-60.

와 주보 등은 타지역의 목회자와 공유하는 활동을 전개하였다. 정보 공유로 얻어진 전국목회자 네트워크는 1970년대 전국목회자 수련회, 부흥회 등 지역수련회와 전국단위의 수련회 등을 거쳐 한국교회의 역사적 사명을 일깨우는 데 큰 동력이 되었다.

3. 상호 소통과 정보 공유

전술하였듯이 전국주보교류운동은 각 지역교회가 개별적으로 갖고 있는 정보를 타지역 교회와 공유하는 운동이다. 당시 타지역의 정보를 쉽게 알 수 없었던 상황에서 고영근의 공유 운동은 목회자들의 상호 교류와 함께 한국교회 혁신의 의지를 결속하는 운동이었다.

교회 사무 상 필요한 제반 서류들의 공유[110], 교인 출석수를 공개하는 주보의 공유, 교회 교육 정보의 공유(성경 연구법, 성경 노래집

---

109 한국교회의 7대 당면과제

1. 신본생활: ① 교회의 질량부흥 ② 신 선포 ③ 우상과 미신타파
2. 신앙의 생활화: ① 시대의 신앙화 ② 신앙의 생활화 ③ 생활의 천국화
3. 복음전파: ① 민족의 복음화 ② 국가의 복음화③ 시대의 복음화
4. 경제건설: ① 빈곤타파 ② 경제부흥 ③ 세계제*
5. 인화운동: ① 인권존중운동 ② 의인 如己의 실제화 ③ 사회윤리지도
6. 시험선용: ① 죄악과 선용 ② 고난과 선용 ③ 원수와 선용
7. 사회정화: ① 좌악사조 역습 ② 지도이념 창안 ③ 새 세기 영도

[「설교자료 6」(1967), 49]. 자필기록문 일련번호 52. 설교초안, 설교제목, 한국교회의 7대 당면과제, 영화제목 등이 기록되어 있음.

110 ① 교적부, ② 세례교인 명부, ③ 학습교인 명부, ④ 이동교인 명부, ⑤ 사망자 명부, ⑥ 출석부, ⑦ 당회록, ⑧ 당회장 순시록, ⑨ 예식기록부(증명첨부), ⑩ 회계장부, ⑪ 비품대장, ⑫ 공문발송급 보고서철, ⑬ 공문접수부, ⑭ 제직명부, ⑮ 교회연력 기록부, ⑯ 유아세례급 입교인 명부, ⑰ 심방록, ⑱ 제직회의록, ⑲ 예배일지, ⑳ 영수증철 등의 서류형식들을 공유하였다.

공유) 등은 목회자들에게 실질적인 이익을 주는 것이었기에 전국주보교류운동에 자발적으로 동참하였다.[111] 주보 공유, 전도문서 공유, 통계자료 공유, 교회 교육 정보공유 등을 자유롭게 할 수 있는 발판을 제공했다는 의미가 있었던 이 운동은 목회 확산의 차원을 넘어서서 목회자들 간의 관계 형성과 각자 목회의 어려움을 공감하는 상호소통의 통로로도 활용되었다.

그는 다시 보낼 서류들을 메모하고 답장의 유무를 표시해 놓았다. 어느 교회인지 어느 지방인지를 메모하고 추후 소통이 가능하도록 하였다. 그가 백운 사역을 시작할 때 지역주민들의 상황을 파악하고 그들의 이해와 요구가 무엇인지 일일이 찾아다니며 살핀 것처

---

111 • "고 목사님으로부터 67년 목회보고서 받고 앞으로 좋은 가르침과 목회상 지도를 받고 싶은 동역자의 한사람입니다. … 67년 목회보고서를 받지 못한 동역자들이 한 부 있으면 하옵고 교말도 66년 목회보고서를 빌려보고 있는데 한 부 있었으면 하고 있습니다. 66년, 67년 각각 두 부씩만 보내주실 수 없으신지요. 이렇게 보니 더 교회 간에 밀접해지고 한국의 장래를 위하여 더 노력하게 하는 결과를 가져옵니다"(경북 의성군 비안성결교회).

• "오늘 앙고하옵는 것은 ① 성경퀴즈문제를 지금까지 낸 것 어떤 문제인지 알려주실 수 있는지요? 너무 과중한 요청인 것 같으나 청년회나 학생회를 통하여 협력받고자 합니다. ② 각 기관장들을 초청하는 방식과 그 내용은 어떤 프로그램이 있으며 장소는 어떤 곳에서, 교회 측 참석자는 어떤지요?"(1968.3.14).

• "부탁한 성경대지가 150권을 보내주셔서 교인들에게 배부중이올시다. 성경말씀을 그와 같이 상세하게 여러 모양으로 풀어서 알기 쉽게 깨닫기 쉽게 노래를 지어서 무식층에 있는 교인들도 성경의 뜻을 쉬 알며 취미를 붙여서 보도록 수고해 주신 고 목사님께 진심으로 감사합니다."

• "보내주신 목회보고와 주보를 감사히 받았습니다. 그처럼 진아하시게 목회하심을 감명 깊게 생각하면서 한 번 면담할 기회를 가졌으면 합니다. … 목사님의 지극하신 성의를 감사하여 본 교회 연회에 보고한 1966년도 교회 현황을 상송합니다. 그리고 졸저의 일부를 상송하오니 소람하시기 바라오며 '허락의 원칙은' 신앙원론으로 목사님들을 위한 책이오며 '피의 복음'은 신앙의 본질을 써보려던 것입니다"(1967.2.13. 교말 방지일).

럼, 민족목회 역시 각 지역의 목회자들이 어떠한 문제와 어려움이 있는지를 살핌으로써 소통의 길을 열어갔다. 함께하는 목민목회를 지향하고 같은 마음으로 결속케 하여 교회혁신의 길로 동참하게 하는 그의 사역은 탄탄한 기초를 닦은 백운 사역에서 비롯되었다고 할 수 있다. 1968년『한국교회혁신과 사회정화방안』출판을 기점으로 목회자들의 서신은 목회현장의 고민을 더 깊숙이 논의하였다.

> 교파 부식을 위해 선교회, 교권자들의 장난 통에 선교회 인간 자체가 못된, 인격이 모자라는 이들이 교회를 맡아서 불쌍한 양들의 가죽을 벗기는 직업교직자들, 서지 못할 곳에 선교회, 무지몽매한 미신, 무당식의 부흥운동, 교회 건물, 조직, 제도와 교인 숫자, 헌금액수에 좌우되는 껍데기 교회, 사회를 인도 못 하고 사회에 끌려다니는 힘없고 성의 없는 교회 사기꾼들과 직업종교인들이 모인 교회. 자기 교회만 잘되면 그만이지. 타 교회와 사회는 나와 무슨 상관이냐 하는 태도의 인간들 말하기 부끄러운 일들이 얼마든지 많은 사실은 우리 한국교회의 현실이 아니겠습니까? 고영근 목사님께서 하신 말씀이 너무 지나친 말같이 생각되지 않고 사실이 그러하니 가슴을 치고 피를 토하고 재를 뒤집어 쓸 우리 한국교회가 아닙니까(인천시 청학교회).

> 저는 매 주일 하나님의 말씀을 매매하는 식 전도만 강단에서 합니다. 그런대로 열심히 설교는 합니다. 교인들도 많이 들어옵니다. 그런데 눈에 보이는 딱한 사정을 한 두 사람도 아니고 어떻게 돌아보아 드릴 수 없어서 마음만 앞섭니다. … 저의 교인 가운데 지난

번 남대문시장 대화재 시 재봉으로 벌어서 간신히 생활하며 자녀들 교육해 오던 가정이 전 재신을 불에 태워 버렸을 때 못 도와주어서 저 자신이 실망할 정도였습니다. 집 없는 사람은 수없이 많고 직장 없는 사람, 노동자들 천지입니다. … 할 일이 태산 같은데 어떻게 했으면 좋을지 생각이 안 납니다. 밤낮 기도로만 주께 호소하고 있습니다(2. 29. 북아현 서현교회).

V. 맺음말

이상으로 자립적 개인주의를 표방했던 고영근의 목민목회가 1950년대 갈담리 사역과 60년대 백운 사역에서 어떻게 형성, 발전되었는지를 살펴보았다. 고영근의 목회관은 한국전쟁을 통과하며 고통당했던 민중의 아픔에 대한 애통함으로 출발하여 집단으로서의 민중보다 한 사람 한 사람 개인으로서의 민중의 세세한 처지를 살피는 것에 집중하였다. 그는 민중의 형편과 처지에 관심을 갖고 찾아가 일일이 파악하여 그들의 요구와 문제를 해결하기에 최선을 다했다. 민중에 초점을 맞추면서도 균질적인 민중이 아닌 한 사람 개인에게 관심을 두었다는 것은 그의 향후 즉, 1970~1980년대 그의 주장인 민주주의에 있어서 가장 중요한 개인 존재의 유의미성을 주장하는 기초를 형성한다.[112]

112 "개인은 사회의 기본 단위요, 의식의 통일체요, 개성의 존재이며 자율적 책임과 자유와 인격의 주체입니다. 개인은 의무나 권리의 주체가 되고 자유와 책임의 존재가 될 수 있습니다. 그는 자각하고 자율하고 자치하고 자주합니다. 그러기에 여러 개인이

그는 '목'과 '민'에 있어서 관계의 평등성을 지향하면서 평신도 자립운동을 주창하였지만, 역할에 대해서는 단호하였다. '목'은 선지자적 역할을 수행해야 하는 의무가 있음을 강조하였다. '목'과 '민'에 있어서 역할과 관계의 뚜렷한 구분은 왜 그가 목민목회를 강조했는지를 보여준다. 하나님 선교의 개념을 실천적으로 접근하고 실현한 민중 목회의 표본을 만들었던 사역 위에 '목'의 시대적 사명이 얼마나 중요한지를 몇 겹의 실천으로 제시하면서 '목민선교 사역'의 정체성을 확립하였다. 또한, 그의 민주성에 기반한 관계의 평등성은 지역주민들, 평신도들과의 관계의 평등성을 넘어 전국 목회자들과의 상호적 관계 형성으로 확장하였는데 이는 여러 개인이 사회에서 같이 공존공영하는 원리를 중시하였던 그의 민주주의적 신념이 백운 사역의 실천적 경험에서 추출된 것이었음을 본 논문을 통해 살펴볼 수 있었다.

그의 지역선교 사역에서 추출된 '목민목회'는 민중신학이 지향하는 민중의 역량을 최대화하고 그들의 자발적인 의지로 그들 자신이 그들의 삶의 주체가 되는 길을 열어주는 과정을 보여주고 있다. 그리고 민중목회, 목민목회의 종착점이 민중의 형편과 처지를 공감하고 돌보는 차원에 머무는 것이 아니라 그들을 둘러싼 정치 구조적 문제들에 교회가 적극적으로 나서야 하는 것에 있음을 백운 사역을 통해 실천적으로 제시하고 있다.

마지막으로 지역선교 사역의 과정에서 보이는 가장 중요한 지점은 정권과 사회를 지배하는 이데올로기의 저항의식 형성과정에 있

사회에서 같이 공존공영하는 원리를 알게 됩니다." 고영근, 『우리 민족의 나아갈 길』, 42-43.

다. 민중을 교화되어야 할 대상으로 보지 않고 전도의 객체로 보지 않으며 오로지 그들이 자립하는 주체로서 성장하기 위한 발판을 만들고자 했던 그의 목민목회는 성장 이데올로기를 덧입고 국민개발 동원 체제를 전면적으로 선포하며 민중을 결손 국민, 교화대상으로 보아 그들의 인권을 짓밟는 일을 서슴지 않았던 박정희 정권에 대해 정면으로 도전할 수밖에 없는 실천적 예언자의 길이었다.

참고문헌

강인철. 『종교와 군대』. 서울: 현실문화연구, 2017.

______. 『한국의 개신교와 반공주의』. 서울: 중심, 2005.

고성휘. "교회교육에 있어서 교육적 주체의 중요성과 스캐폴딩의 사례연구 - Vygotsky의 사회발달과 Lacan의 주체형성이론을 중심으로." 「기독교교육논총」 48집 (2016).

______. "협력적 관계가 교회와 마을공동체에 미치는 영향 연구." 「기독교교육논총」 54집 (2018).

______. "세월호 담론투쟁과 주체의 전이현상 연구." 성공회대학교 신학박사학위논문, 2018.

______. "1960년대 한국 기독교의 부흥운동 고찰: 목사 고영근의 사례를 중심으로." 「한국복음주의역사신학회, 한국교회사학회 공동학회 자료집」, 2019. 3.

______. "백운교회 지역선교 사역을 통한 고영근의 목민목회 연구." 「한국기독교와 역사」 51집 (2019).

고영근. 『한국교회혁신과 사회정화방안』. 초안판. 1968.

______. 「한국교회 혁신과 재정예산에 대하여 제안합니다」. 1969.

______. 『죽음의 고비를 넘어서 1』. 서울: 로고스, 1981.

______. 『민족의 나아갈 길』. 서울: 일맥사, 1982.

______. 『우리 민족의 나아갈 길 1』. 서울: 한국목민선교회, 1984.

고영근 목민연구소. 『긴급조치구속사료집: 목사 고영근의 시대를 향한 외침 1』. 서울: 새롬, 2012.

______. 『민중을 위하여 1』. 서울: 새롬, 2016.

______. 『민중을 위하여 2』. 서울: 새롬, 2016.

김옥선. "거대한 국가의 절멸된 공동체 그리고 홀로 선 개인들." 「한국문학논총」 77호 (2017.12).

김정덕. 『폭풍 속의 별, 이기선 목사의 생애』. 서울: 그리심, 2005.

김홍수. 『한국전쟁과 기복신앙 확산 연구』. 서울: 한국기독교역사연구소, 1999.
류장현. 『한국의 성령운동과 영성』. 서울: 프리칭 아카데미, 2004.
박준식. "1960년대의 사회환경과 사회복지정책." 정신문화연구원 엮음, 『1960년대의 정치사회변동』. 서울: 백산서당, 1999.
백낙청. "민족문학과 민중문학." 『민족문학과 세계문학 2』. 서울: 창비, 1985.
백운교회 50년사 편찬위원회. 『백운교회 50년사』. 대전: 과학문화사, 2004.
빈민지역운동사 발간위원회 엮음. 『마을공동체 운동의 원형을 찾아서: 1970~ 1990년대 민중의 마을 만들기』. 파주: 한울엠플러스, 2017.
서광선. 『한국기독교 정치신학의 전개』. 서울: 이화여자대학교 출판부, 1996.
서남동. 『민중신학의 탐구』. 서울: 한길사, 1983.
송현강. 『대전, 충남지역 교회사 연구』. 서울: 한국기독교역사연구소, 2004.
______. "대전, 충남지역의 개신교 신앙수용양상." 「한국기독교와 역사」 19호 (2003).
______. 『미국 남장로교의 한국선교』. 서울: 한국기독교역사연구소, 2018.
안교성. "지역교회 선교공동체론에 관한 소고: 선교적 교회론의 지역교회 적용." 「선교와 신학」 37집 (2015).
안병무. 『민중신학을 말한다』. 서울: 한길사, 1993.
유팔무. "한국에서의 계급양극화와 중산층 개념." 유팔무·김원동·박경숙, 『중산층의 몰락과 계급양극화』. 서울: 소화, 2005.
임진수. 『애도와 멜랑꼴리』. 경기: 파워북, 2013.
정찬대. 『꽃같은 청춘, 회문산 능선따라 흩뿌려지다』. 파주: 한울, 2017.
정태헌. "긴급조치 9호 시기 학생운동의 역사적 위상과 의의." 「국제고려학회 서울지회 논문집」 5호 (2005).
조연상. "대전인구변화." 「대전문화」 14호 (2005).
조희연. 『동원된 근대화: 박정희 개발동원체제의 정치사회적 이중성』. 서울: 후마니타스, 2010.
주은우. "금지의 명령에서 향유의 명령으로." 「한국 사회학」 48호 5권 (2014).
최광승. "유신체제기 박정희 정권의 애국적 국민 생산 프로젝트." 「한국학연구」 33

號 (2014. 6).
최애영. "김성종의 제5열—유신체제하의 자기검열과 그 균열의 한 징후—."「대중서사연구」23호 (2010.6).
현영학. "민중·고난의 종·희망." 한국신학연구소 편,『1980년대 한국 민중신학의 전개』. 서울: 한국신학연구소, 1990.
홍석률. "1960년대 한국 민족의의 분화: 통치담론/저항담론으로서의 민족주의."『1960년대 한국의 근대화와 지식인』. 서울: 선인, 2004.
대전광역시사편찬위원회.『대전의 지도』. 대전: 대전광역시. 2002.
______.『대전 100년사 3권』. 대전: 대전광역시, 2002.
백운교회 50년사 편찬위원회.『백운교회 50년사』. 대전: 과학문화사, 2004.

〈고영근 자필 기록문〉

「영음애도」(1954~1960).
「설교집 4」(1959).
「설교집 5」(1959).
「성경 연구법 (마가복음)」(1963).
「목회 1」(1963).
「비망록」(1963).
「설교자료 3」(1964).
「영음기록」(1965~1966).
「성경구절 5」(1967).
「목회기 2」(1965).
「설교자료 6」(1967).

〈진정서〉

"대통령 각하께 드립니다"(1965. 7. 22).
"김형욱 부장님께 드립니다"(1967).
"사방공사에 대하여 철저한 대책을 바랍니다"(1968. 3. 22).

충청남도 도지사 공문 1968. 3. 25(수신자: 고영근).

내무부 공문 1968. 3. 28(수신자: 고영근).

건설부 공문 1968. 3. 28(수신자: 산림청).

건설부 공문 1968. 3. 28(수신자: 고영근).

전북 임실군 강진면 갈담리 강진교회는 1958~1959년까지 고영근 전도사의 첫 번째 목회지였다. 성경구락부와 야학, 청년클럽활동을 중심으로 갈담리 지역 사역을 진행하였다. 주변 마을 청년들에게는 안식처, 활동지이자 배움터, 어린아이들에게는 놀이터와 배움터, 장년들에게는 삶을 살아가는 내적 동기를 제공해 주는 영적 터전, 노년층에게는 갈등과 반목에서 화해의 장이 되어주었다.

◀ 수동리 전 교인 야유예배

부흥회를 마치고(1958년) ▶

◀임실군 강진면 갈담리 사역 중에 고영근은 한완수와 결혼하였다. 아무것도 가진 게 없는 월남 총각, 가난한 전도사 생활에도 굴함 없이 함께 굶어 죽을 각오가 되어 있는 사람을 찾는다는 말에 선뜻 "그게 바로 저예요" 했던 그녀를 만나 결혼했고 한평생 고난을 함께한 동지가 되었다.

백운교회 부흥회를 마치고(1963년) 예수교장로회 소속이었던 전도사 고영근이 강진교회에서 사임 당하고 오갈 데 없게 되자 기독교성결교회인 괴정리교회에서 초빙하였다. 고영근은 괴정리 내의 특수지역명인 백운을 교회명으로 바꾸고 교회 건물을 새로 건축하였다. 9년의 시무 기간 동안 백운은 교회 부흥과 새로운 지역 선교의 모델을 만들어 가며 영역을 넓혀갔다.

백운교회 사역 시 고영근은 지역 선교사업을 활발히 하여 군부대, 고아원, 교도소 할 것 없이 괴정리를 위시한 5개 지역을 그의 선교활동의 근거지로 삼았다. 교인들 또한 그와 함께 하는 선교활동에 동역의 자부심을 느꼈다. 모든 공동체 일원이 한마음으로 즐겁게 동역에 참여한 그 이면에는 교인들에 대한 세세한 돌봄과 친목을 중시하는 그의 목회관이 자리 잡고 있다.

고영근은 교회 구성원 전체 야유회를 중시하였다. 친목을 중시하여 그 안에 내재된 믿음과 공동체적 영성을 중시하였다.

1967년 7월. 대구 주암산기도원 부흥회 1966년 고영근은 목사안수를 받고 더욱 활발하게 전국 부흥사경회를 인도하였는데 교회뿐 아니라 1960년대에 급성장하기 시작한 각 지역 기도원의 부흥회 강사로도 활동하며 부흥사로서의 영역을 넓혀나갔다. 1960년대 초반에는 백운교회 지역 선교 사역과 조직강화에 중점을 두었고 1966년 11회, 1967년 27회, 1968년에는 20회로 횟수뿐만 아니라 부흥회 참여 인원 역시 급격한 증가세를 보였다.

◀ 백운교회 지역 선교 사역에서 가장 핵심적인 활동은 유실수 관리와 마을 주민 위생 관리였다. 집집마다 화장실 소독, 구급상자 관리, 심어준 유실수 소독을 게을리하지 않았다. 고영근은 평신도의 자립과 자치를 중요한 요소로 보았다. 마을 주민들의 삶을 세심하게 살펴 돌보는 그것뿐 아니라 마을 주민들이 자립하고 자치하기를 바랐던 일환으로 집집마다 유실수 심기와 닭 키우기를 권장하였다.

▼ **대한성결교회총회전도부 전국 신도 하기심령부흥회(1968년 8월 19~24일, 삼각산기도원, 강사: 이만신 · 이근경 · 고영근 목사)**
목사 안수를 기점으로 전국 부흥회의 횟수가 증가하면서 1968년에 마주한 삼각산기도원 부흥회는 그를 전국 유명부흥사의 대열로 이끌었다. 그는 1969년 서울 북아현교회로 사역지를 옮기면서 한국부흥사협의회와 한국기독교선교회 활동을 전개하였다.

기독교대한성결교회 총회 전도부 주최 전국 신도 하기심령부흥회(1968년 8월 19~24일, 삼각산기도원)

기독교대한성결교회 총회 전도부 주최 전국 신도 하기심령부흥회(1968년 8월 19~24일, 삼각산기도회)

제3장

고영근의 목민신학 (1969~1975)

| 박종현 |

고영근의 목민신학의 형성
: 지역 목회에서 민족 목회로 전환 시대
(1969~1975)

I. 들어가는 말

1969년부터 1975년까지의 시기는 고영근 목사가 갈담리 강진교회와 대전 백운교회의 지역에서 목회를 마치고 서울의 북아현교회에서 목회를 시작하여 1976년 대통령 긴급조치 9호 위반으로 반독재 투쟁의 전선에 뛰어드는 기간을 상정한다. 이 시대는 1960년대 말부터 1970년대 중반까지로 정치적으로는 1969년 삼선개헌이 있고 뒤이어 1972년 유신헌법이 발효되면서 정치적 퇴행이 시작되는 시기이다. 경제적으로는 1960년대부터 이어진 경제성장의 과실이 비로소 나타나는 시기이며 동시에 중동에서 시작한 오일쇼크를 통해 한국 경제체제의 내재적 갈등이 표출되기 시작한 시기이기도 하다. 이 시기는 한국 사회가 경제제일주의로 가치관이 재편되면서 물질적 세속적 가치에 포획되어 가는 시기이기도 하다.

이 기간 한국의 개신교회들도 변화를 겪는다. 1960년대부터 교회의 양적 성장이 시작하지만, 그 속도는 1970년대에 들어서 더욱 가파르게 증가하기 시작하고 현재까지 문제가 되고 있는 교회의 기업적 변화가 이 시기부터 나타나기 시작한다.[1] 교회의 세속화도 가속화되기 시작한다.

고영근은 1950년대 말에서 1960년대를 거치면서 전북 갈담리 강진교회와 충남대전의 백운교회에서 지역교회 목회를 맡았다. 고영근은 여기에서 교회를 지역의 단순한 신앙공동체에서 지역사회의 중심이면서 지역사회를 기독교화하는 중심 역할의 주체로서 경험하게 된다. 이는 교회와 지역사회의 결합을 추구한 성공적 사례가 되었다.

고영근은 이러한 경험을 토대로 1960년대 말에서 1970년대 초에 세 권의 저술을 출간한다. 『한국교회혁신과 사회정화방안』(1968), 『목회계획』(1971) 그리고 『한국교회의 나아갈 길』(1972)이 그것이다. 이 저술들은 1950년대 말에서 1960년대의 지역 목회의 경험을 민족과 사회를 변화시키는 새로운 제안으로 확장한 목민신학의 정초를 놓은 저술들이 된다. 그는 1970년대부터는 지역 사회를 넘어서 전국 단위의 영적 갱신 운동과 목회계획 그리고 사회 변화와 신국가 건설의 기독교적 청사진을 제시한다. 이 시기는 고영근이 지역 목회에서 민족 목회, 즉 목민으로 전환과 실천이 시작되는 시기였다.

---

1 1970년대 한국 개신교회는 400% 성장하였다. 여의도순복음교회의 경우는 2,000% 성장을 기록하였다.

II. 1960년대와 1970년대의 한국 사회와 교회의 변화

1960년대와 1970년대 한국 사회의 변화상은 세 가지 측면에서 고려할 수 있다. 정치적 측면 경제적 측면 그리고 교회의 변화에 주목함으로써 고영근 목사가 이 시대의 변화상에 어떻게 대응하였는가 살펴보는 것이 이 시기 고영근 목사의 활동을 구조적으로 이해할 수 있는 한 가지 방법이라 하겠다.

1960년대에서 1970년대로 이행과정은 두 가지 사건의 변증법적 대립 구조로 이행하였다. 하나는 4.19 민주혁명이고 다른 하나는 5.16 군사 반란이었다. 제일 공화국의 퇴행적 권위주의는 사사오입 선거와 정·부통령 3.15 선거에서 부정으로 귀결되어 1960년 4.19 시민혁명을 촉발하였다. 4.19 시민혁명으로 이승만 대통령이 하야하고 제2 공화국이 출발하였다. 1960년대는 시민혁명의 민주주의와 신국가 건설 지향의 에너지와 파시즘 식민주의에서 기원한 군사 쿠데타의 두 상반된 힘이 대립의 변증법 구조 속에서 갈등하는 시대였고 1969년 헌정 사상 두 번째의 삼선개헌은 과거로 퇴행이 다시 시작하는 시기였다. 그것은 1970년대 초의 영구집권 유신헌법으로 그에 대한 저항은 헌법정신과 시민혁명 정신으로 부활하고 있었다.

1948년 정부 수립 후 자유당의 집권 속에 한국전쟁의 참화를 겪었고 부패한 권력의 장기 지배에 눌려 있던 시민사회는 그간의 요구를 분출하였다. 이 시위들은 단기간에 해소되기 어려운 다양한 요구들이었으나 그것은 민주적 시민사회로 이양에 필수적인 과정이었다. 사회적 요구들이 분출되면 자원의 분배에 우선순위를 매기고 사회적 합의를 통하여 실천하여 나가는 사회발전 학습의 요건이었다.

제2공화국은 제1공화국에서부터 추진하던 신국가 건설의 기조를 수용하고 받아들였다. 그리고 그 위에 새로운 사회발전 계획을 수립하였다. 제3공화국에서 수용하여 다양한 성취를 거두었던 경제개발 5개년 계획은 제2공화국의 경제적 전망이었다.[2]

그러나 4.19 시민혁명 이듬해인 1961년 일제강점기 일본군 장교 출신이었던 박정희 장군이 이끄는 소수의 군이 군부 쿠데타를 일으켜 권력을 장악하였다. 박정희 장군은 쿠데타로 권력을 장악한 후 국가재건최고회의 의장이 되어 군사력에 의한 사회질서를 수립하려 하였다. 군부독재에 대한 국민적 우려가 높아지자 군부는 민정이양을 약속하였다. 그러나 정작 군 출신 박정희 장군이 전역을 하고 대선후보가 되었다. 1962년 치러진 대통령선거에서 민주공화당 박정희 후보와 민주당의 윤보선 후보가 격돌하였다. 윤보선은 구한국 명문가 윤치호 가문의 인물로 상해임시정부에서도 활동하였고 영국 유학까지 마친 전통적 엘리트 가문 출신이었다. 그는 박정희 장군이 해방 정국에 친형 박상희에 의해 남로당에 가입하여 활동하였던 사실을 추궁하였다.

박정희는 군부 엘리트를 동원하여 새 정당을 수립하고 개혁적 이미지를 동원하는 데 성공하여 대통령으로 집권하게 된다. 박정희 정권은 두 번의 집권기 동안 제2공화국의 경제 정책 대부분을 수용하였고 4.19시민혁명의 유산으로 형성된 시민사회의 민주적 유산을 수용하는 것처럼 보였다. 그러나 두 번의 집권을 마친 박정희는 삼선개헌을 통해 제일 공화국의 이승만이 행하였던 길을 답습하게 된다.

---

2 1960년대의 경제 동향에 대해서는 강만길 외, 『민찬 한국사 19권』 (서울: 한길사, 1995), 191-210를 참고할 것.

4.19시민혁명의 사회적 유산은 다시 군사적 권위주의적 지배 구조 아래에 종속되는 퇴행을 겪게 된다. 1969년 삼선개헌 그리고 1972년 박정희는 유신헌법을 제정하여 자신의 영구적 통치 기반을 조성하고 일인 독재의 시대를 시작하게 된다. 유신체제 출범은 한국의 지식인과 대학 청년들을 중심으로 하는 민주화 세력의 저항에 부딪히게 된다. 특히 1975년 대통령 긴급조치 9호의 발동은 그 후 4년간 치열한 민주화 항쟁의 도화선이 되었고 1979년 10월 26일 이른바 10.26사태로 박정희는 암살되고 유신체제와 18년 군부 통치는 종식되었다.

1960년대와 1970년대 사이의 경제적 변화는 전후 원조경제에서 국가 주도의 수출 경제체제로 전환되는 시기였다. 1954년 한국전쟁이 휴전이라는 애매한 상황으로 일단락된 후에 완전히 파괴된 산업시설은 자력 복구가 불가능한 수준으로 남아 있었다. 전쟁 기간 수백만의 사망자는 전후 폭발적인 인구 증가로 채워지게 된다. 흔히 베이비 붐 세대로 알려진 1955년부터 1963년 사이에 출생한 인구 증가로 경제성장에 필요한 노동력을 대거 확충하게 된다. 그리고 전통적인 교육열로 중등교육 이상의 교육 수혜자들이 대거 나타나 산업사회로의 전환에 필요한 훈련된 노동력을 공급받게 된다.

이러한 여건들은 1960년대 초만 해도 농업 인구가 전체의 95% 이상이었던 한국 사회는 공업 국가로 빠르게 변모하고 도시화가 이루어지게 된다.[3] 1960년대 중반까지 북한의 경제력에 열세를 보이던

3 1970년에서 1990년 사이 농어촌에서 도시로 이주로 1900년대 초에는 한국 인구의 90% 이상이 도시 거주자가 된다. 같은 기간 교회도 해방 전의 농어촌 중심에서 도시교회로 전환이 이루어진다. 이 인구 이동이 도시화와 도시교회의 대형화의 원인이다.

한국의 경제성장과 발전은 1970년대 초 북한과 경제 규모에서 역전하게 되었고 그 격차를 빠르게 벌려 왔다.

한편 한국경제의 구조적 문제가 고착된 것도 이 시기이다. 국가 주도의 경제성장 구조는 소수 재벌의 경제적 집중을 낳았고 한쪽 수출 분야의 집중적 성장은 첨단화되고 경쟁력을 갖추게 되지만 반면 내수 분야는 상대적 낙후와 경제적 양극화 그리고 사회적 분열의 장기적 문제를 만들어내게 된다.

정치 분야의 권위주의적 지배 구조는 민간 부문에서 지배 구조에 그대로 전이되었다. 오늘날 갑질로 표현되는 고압적 권위주의적 일방적 지배 구조는 경제부문에도 이식되어 일상생활 속에서 민주적 발전을 더디게 하거나 후퇴시키는 답보상태를 유지하게 된다. 또한, 한국 경제의 구조적 성격은 경제성장과 더불어 경제 주체들 간의 내부적 갈등을 유발하게 되고 고착화된 여러 가지 문제점을 노출하게 된다.

교회의 발전은 1960년대부터 1970년대까지 이러한 한국 사회의 변화 양상과 이중적 연동 구조를 갖게 된다. 일단 양적으로 한국교회는 경이적인 성장을 기록하게 된다. 특히 1970년대 한국교회는 10년간 전체적으로 400% 양적 성장을 이루게 된다. 흔히 천막치고 깃발만 꽂으면 교회가 된다던 시기가 바로 이 시기이다. 이러한 양적 팽창은 한국교회의 세속주의 기복신앙을 극단적으로 강화하였다.

교회의 대형화와 양적 성장은 권위주의적 지배 구조와 맞물려 교회의 종교기업(religious firm)의 이미지로 빠르게 변신하였다.[4] 축복

---

4 최근 조사들에서는 한국의 개신교회 목회자의 이미지는 대기업 CEO의 이미지와 중첩된다.

과 세속적 번영의 신학은 한국교회를 빠르게 잠식하였다. 전통적으로 회개와 중생을 강조하던 한국교회의 부흥 운동은 빠르게 번영과 물질적 축복 그리고 그 결과로 나타난 교회의 대형화로 귀결되었다.

초기 선교사 시대부터 1960년대까지 유지되던 개신교회의 교회 교역자의 순회 임기는 1960년대와 1970년대를 거치면서 개척교회의 급증과 교회의 대형화 과정에서 붕괴되었다. 감리교회와 성결교회의 파송제도는 붕괴되었고 장로교회 역시 교역자 청빙 제도의 근본적 변질을 경험하였다. 개척교회든 기존의 교회이든 담임 교역자는 한 교회에서 은퇴를 맞이하게 되었고 장기간에 걸친 담임 목사의 지위는 개체 교회에서 교역자의 권력을 강화하는 기회를 만들어내었다.

장기간에 걸친 교역자의 권위는 교회 지배 구조의 변화를 가져와 공적 지배에서 사유화의 과정으로 전이하게 된다. 그 단계는 먼저 장기간 담임을 맡았던 교역자는 은퇴 후 원로목사라는 새로운 지위를 제정하고 은퇴 후에도 교회에서 영향과 위력을 미치는 기회를 만들게 된다. 한경직 목사는 한국교회가 자랑하는 청빈과 청지기 모습의 목회자이다. 그는 1973년 영락교회를 은퇴하고 한국교회 최초, 더 나아가 세계개신교 역사상 처음으로 원로목사가 되었다. 애초 이 원로목사라는 것은 한경직에게는 일종의 명예직으로 부여된 것이었다.

그러나 청빈한 한경직 목사도 원로목사가 된 후 영락교회의 후임 목사들에게 간접적인 영향을 끼치게 되어 후임 목회자들의 어려움을 가중시키는 요인이 되었다. 원로목사 제도는 점점 진화하여 어지간한 규모의 교회는 20년 목회 퇴임 후 원로목사 직위를 받았고 교회는 담임목사에 버금가는 사택, 활동 지원, 사례를 지급하고 있다.[5]

미국과 서구의 교회가 은퇴 목사가 어떤 경우에도 재직했던 교회와 관계를 목회자 윤리 규정을 통해 금지하고 있는 것과 달리 한국의 은퇴 목사는 실질적 은퇴를 하지 않아도 되는 원로목사 제도를 강화하였다. 이는 마치 영원한 통치자가 되고자 했던 박정희의 유신 헌법의 지배 구조를 연상시킨다.

원로목사의 권위가 강화되면서 개체 교회에 대한 막강한 권력과 지배 능력을 확보한 목회자들은 자신의 자녀를 담임 목사로 지명하는 능력, 곧 세습을 가능하게 하였다. 원로목사가 시작된 것이 1974년이고 한국교회의 세습은 1980년대 중반에 등장하여 1990년대에 널리 확산되었고 2000년대에 들어서 완성되었다.

이 시기 고영근 목사의 활동은 그가 금식기도, 부흥회, 사경회와 같은 한국교회의 영적 유산을 치열하게 유지하면서 자신이 맡았던 교회들에서 장로교회의 영적 유산을 강화하고 교회의 영적 공적 기능을 유지하려는 노력에서 출발한다.

그러나 1970년대 초 부흥 운동을 하던 목사들이 세속주의와 타협하는 것을 목격한 고영근은 부흥 운동의 본래 모습을 보존하기 위하여 교역자 교육과 갱신 운동을 추진하였다. 그리고 교회 내에 진입하는 세속주의를 차단하기 위한 노력을 지속하게 된다. 이러한 고영근과 같은 이들의 노력은 교회의 세속화를 저지하지는 못하였지만, 그 속도가 느려지는 효과를 가져올 수 있었다.

그의 세속주의에 대한 저항은 1969년 박정희의 삼선개헌, 유신체제의 출범 그리고 육영수의 암살을 목격하면서 교회 내의 영성 개혁

---

5 원로목사 제도 개선을 위해서는 재정은 은퇴한 교회에서 부담한다 하더라도 그 소속을 은퇴한 교회가 아닌 총회의 원로목사단을 창설하고 거기에 소속하게 함으로써 오랜 경륜을 교단을 위해 사용하도록 하는 방안도 고려해 볼 필요가 있다.

운동에서 민족과 시대를 향한 예언자적 항쟁으로 전환하게 된다. 이 글에서 다루어지는 1969년에서 1975년 사이 고영근의 사역은 이러한 1960년대 시민혁명 정신의 유산과 군사 쿠데타로 인한 유신체제의 출현으로 물질적 번영과 성장, 권위적 지배 구조가 한국 사회를 장악하며 퇴행적 진행으로 나갈 때 이를 저지하고 시민혁명의 민주주의 유산과 기독교의 신앙 윤리를 결합하여 사회를 도덕적으로 갱신하려는 거대한 이념적 사회집단 갈등의 한복판에서 온몸으로 막아선 예언자적 정신의 발현이었다.

이 시대 고영근의 활동은 임실과 대전에서 추진하였던 마을목회, 즉 지역사회 공동체 복원이라는 운동에서 이를 민족 단위로 확대하는 민족목회, 즉 목민목회로 전환이 이루어지던 시기였다. 그는 이 과정에서 부흥 설교자들의 역할을 강조하고 이들이 이러한 목민 활동에 선봉대가 되어야 한다고 보았다. 그러나 1960년대를 거치면서 한국의 개신교 전반은 경제 제일의 자본주의적 가치에 종속되고 있었고 민족을 영적으로 갱신하려던 고영근의 소망은 거대한 난관에 봉착하게 된다. 여기서 우리는 고영근이 한국교회 부흥 운동사 또는 영성 운동사에서 차지하는 역사적 위치를 물을 필요가 있다.

목민목회의 동역자들이 사회적 전환에 따라 소멸되어 가는 것을 인식한 고영근의 다음 선택은 독자적 기독교 운동을 펼치는 것이었다. 거대한 전환기에 선 고영근의 선택은 목민목회, 즉 민족목회를 위한 전망을 저술로 펼치는 것이었고 이 저술을 읽고 동참하는 목회자들을 모아 새로운 기독교 운동을 추진하는 것이었다. 그는 1968년 『韓國敎會 革新과 社會 淨化方案』, 1971년 『牧會計劃』 그리고 1972년 『韓國敎會의 나갈 길』을 저술하게 된다. 이 세 권의 저술은 그의 목민사상이 구상되고 발전되고 구현하기 위한 방법론을 기술한 저술이다. 이 저술은 단순한 신학적 구상이 아니었다. 이는 전북 임실과 충남 대전지역에서 10년 이상 실천하였던 지역 목회의 경험을 바탕으로 그 전망을 민족목회의 전망으로 확장하여 그려낸 거대한 청사진이었다.

III. 1969년 북아현교회 목회와 바른 교회 운동

갈담리교회의 목회와 대전 백운교회 목회를 마친 고영근은 1969년 서울의 북아현교회로 부임하여 서울에서 목회를 시작하게 된다. 그는 이 시기부터 대한예수교장로회 소속 목사로서 목회 활동을 하게 된다.

그는 대전 백운교회에서 목회를 하면서 자신의 목회신학을 수립하게 된다. 그것은 교회 안의 신자들을 양육하는 목양 목회, 지역사회 주민을 위해서는 민중 목회, 그리고 3,600만 온 겨레를 위해서는 민족목회를 하여야 한다고 구상하였다.

그는 이를 실천하는 방안으로는 삼중운동을 강조하였다.[6] 진리운동(眞理), 영화운동(靈化) 그리고 인화운동(人和)을 구체적인 실천 방안으로 제시하였다.[7] 그의 목회신학의 근본적 구조는 삼분구조를 이루고 있다. 공간 인식의 구조는 교회, 사회, 민족의 확장적 범주로 구분하였고 진리의 전파는 지(진리), 정(인화), 의(영화)로 구분하였다.

---

6 고영근, 『이것이 나의 간증이요』 (서울: 한국목민선교회, 2002), 95.

7 고영근, 『한국교회 혁신과 사회 정화방안』 (대전: 백운교회 전도부, 1968), 10.

그는 근본적 세계관을 서술할 때도 신앙생활의 삼대 목적을 하나님께 영광, 영과 육의 구원, 지상에 하나님의 나라로 구분하여 천(天), 인(人), 지(地)의 삼재의 세계관을 사유의 구조로 하였다.[8] 이는 고영근의 신학 사상이 한국 민족의 천지인 사상과 깊이 연계된 복음 토착화의 한 모델을 구성하고 있음을 보여준다.

그의 신학 사상은 일반적인 조직신학 체계를 따르지 않고 있다. 그것을 당시의 전후 신학교육이 조직신학과 같은 체계적 신학을 가르치기 어려웠던 상황과 연관 지을 수도 있다. 그보다 그의 사유의 특성은 운동의 측면을 갖고 있다. 진리운동, 영화운동 그리고 인화운동을 그의 신학 사상의 사유 원리로서 바탕에 깔고 있는 것이다. 즉 존재론적 사유를 통해 신학 체계를 구성하는 서구의 철학적 조직신학이 아니라 진리운동, 영화운동, 인화운동이라는 영적 사회적 운동으로 정리하고 있다. 이것은 그의 사유 체계가 성서의 사유에서 기원한 것이라는 추측을 가능하게 한다. 성서는 존재론적 사고가 아닌 운동적 사고를 보여주는데 그 이유는 성서가 유목적 사고를 하는 히브리인의 사유 체계에서 기원한다는 것이다.

고영근의 사유 체계도 한국 고유의 천지인 삼재의 범주를 갖고 있으나 운동적 사고를 하게 된 것은 그가 평생 성서를 연구한 성서의 사람이었기 때문에 성서적 사유 체계를 자신의 신학 체계의 토대로 자연스럽게 구축하게 되었다고 보인다. 특히 사도행전의 구조인 하나님 나라의 확장, 희년의 주제를 중심으로 한 사회적 관심 그리고 구약의 성부 시대, 누가복음의 성자 시대 그리고 사도행전의 성

8 고영근, 『목회계획』 (서울: 보이스사, 1971), 8.

령 시대로 뚜렷이 구분되는 문학적 형식이 고영근 목민신학의 삼분 운동 토대가 되었다고 보인다.

고영근은 자신의 목회를 회고하고 평가하면서 이러한 목양, 민중, 민족목회를 삼중적으로 조화롭게 수행하기에 노력하였다고 술회하고 있다. 백운교회에서 이러한 교회와 지역 목회의 조화를 이루기 위해 노력하였다. 그가 북아현교회에 부임하여 예산을 점검하였을 때 전체 교회 예산이 200만 원인데 선교비가 2만 원이라는 사실을 알고 이를 개선하고자 선교활동에 주력하기 위하여 예산을 대폭 증액하였다. 그 결과 북아현교회의 연말 결산에서 선교비가 72만 원으로 36배 증가하기도 하였다.

고영근은 북아현교회 인근의 동사무소, 파출소, 방범, 청소원, 우체부, 동네 유지를 초청하여 교회와 지역사회의 유대를 확립하였고 전방의 군부대 선교, 육군본부에 선교용 오토바이 1대를 기증하고 공군사관학교 학생 졸업생을 방문하는 등 다양한 방식으로 선교활동을 펼쳤다. 1970년에는 교회를 신축하고 재정을 400만 원으로 증액하고 선교비는 120만 원으로 책정하여 선교활동에 더욱 주력하였다.[9] 고영근은 목회의 핵심을 선교라고 보았다.

고영근은 목민의 핵심이 교회와 신자와의 신앙적 사회적 관계를 구축하는 것이라고 보았다. 교회는 어떤 형태이든 교인들과 관계를 맺어야 하고 이것을 실천하는 것이 심방이라고 보았다. 그는 당시 일반적으로 행해지던 연중 대심방을 포함한 열한 가지의 심방 전략을 수립하였다. ① 교회 내 기관별 심방, ② 불신자 심방, ③ 신자 대

9 고영근, 『이것이 나의 간증이요』, 99.

심방, ④ 직장 심방, ⑤ 조찬 심방, ⑥ 상담 심방, ⑦ 지역사회 기관 심방, ⑧ 출타자 심방, ⑨ 편지 심방, ⑩ 전화 심방, ⑪ 일반 심방 등 다양한 신자와 교회의 네트워크를 구축하였다.

고영근은 교회의 본질적 사명인 복음전도에 가장 큰 비중을 두고 있었다. 그는 개체 교회에서 목회하든 기관에서 사역하든 가장 우선적 비중을 복음전도에 두었다. 한국 사회의 개혁은 결국 복음전도를 통해 이루어질 것으로 판단하였다. 그는 생활 개혁 운동, 구조악 청산 운동, 사회복지운동에 교회가 집중적으로 선교할 필요성을 강조하였고 반면 구태의연한 개척교회의 난립과 유지비 낭비, 부실한 해외 선교를 개혁해야 한다고 주장하였다. 그는 적어도 교회는 선교비로 30%를 책정하여야 양심적인 교회이고 목회자로 보았고 결국 1980년부터 자신이 운영하던 목민선교회는 예산 중 선교비로 60% 그리고 운영비로 40%를 사용하는 것을 원칙으로 하였다.

IV. 교회개혁과 사회개혁을 위한 저술과 목민사상의 구형(構型)

고영근은 『한국교회혁신과 사회정화방안』(1968), 『목회계획』(1971) 그리고 『한국교회의 나아갈 길』(1972)을 저술하여 그의 목민사상의 구상이 완결되게 된다. 이 세 저술은 그가 강진교회와 백운교회, 북아현교회에서 목회하여 축적된 그의 신앙과 목회적 실천의 축적된 경험을 기독교 신앙과 한국 사회의 개혁 그리고 민족적 차원에서 한국 사회의 문제를 기독교적 관점에서 전망하고 해결을 모색하기 시작한 목민사상으로 결실을 얻게 되는 전환점을 시사한다. 고영근에게 1960년대 말에서 1970년대로 접어드는 시기는 그의 사역 기간에서 대략 15년 정도의 지역 목회의 경험이 민족목회로서의 목민사상으로 전환되고 확장되는 전환기였다. 고영근 목사는 1968년에『한국교회 혁신과 사회 정화방안』을 저술한다. 교회혁신과 사회정화 그리고 민족 복음화라는 세 가지 원대한 목표를 갖고 저술한 것이 이 책이었다. 이 저술의 필요성은 당시의 한국교회와 한국 사회의 대대적 개혁의 필요성을 절감한 그의 시대적 요구에 대한 응답이었다. 그는 당시의 교회 현황을 외적, 내적으로 분석하고 '하나님 앞에서'라는 항목은 신학적 신앙 양심의 관점에서 교회의 문제를 분석하고 '장래의 운명'이라는 항목에서는 교회혁신의 가능성을 체계적으로 분석하였다.

고영근은 우선 개선해야 할 교회의 외적 내적 요인들에 주목하였다. 그는 교회의 외적 위기는 외부의 적의 침략 특히 공산주의 준동에 주목하였고 국가와 민족이 쇠락하는 여러 원인과 죄의 세력의 준동이 교회를 위협하는 중요한 요인이라고 보았다. 한편 교회 내의 요인은 고질적 편파주의와 교인과 교역자의 타락과 범죄 그리고 무능과 안일을 꼽았다. 고영근은 한국교회가 하나님 앞에서 지은 죄를 인애가 깨어지고, 십자가 복음이 변질되고, 하나님의 영광이 떠나가는 상황을 지목하여 예로 들었다. 그는 이러한 상태로는 교회의 질적 양적 쇠퇴가 명확하며, 교회는 시대의 유물로 전락하게 되고, 한국교회가 하나님과 사람의 심판을 받게 될 것을 경고하였다.

고영근이 이러한 주장을 하게 된 당시의 시대적 배경을 보면 1960년대부터 지속되었던 경제성장으로 인해서 한국 사회가 경제주의의 시대로 급진적으로 재편되어 갔다는 데에 있다.[10] 1960년대와 1970년대의 한국은 국가 주도의 경제성장이 이루어지고 그 결실이 나타나면서 사회의 가치관이 경제 우선주의로 구조화되었다. 이러한 경향은 한국 사회를 지배하는 구조적 동력이 되었다. 사실 기독교 입장에서는 이러한 한국 사회의 모습을 세속화로 규정하고 이에 대한 대응방안을 마련할 필요가 있었다. 그러나 고영근은 당시 교회가 이러한 사조 앞에 무방비로 놓여 있을 뿐 아니라 그에 함몰될 위기에 처해 있다고 판단하였다. 고영근의 시대 인식은 이러한 세속화와 경제주의가 가져올 사회와 공동체 파괴에 대한 깊은 우려가 있었고 그에 대한 대응방안으로 교회와 사회의 기독교적 결속을 대안으로 제시하고 실천하려 하였다.

고영근의 이러한 교회 문제의 인식은 1960년대 말의 시대상을 반영한다. 전술한 바처럼 사월혁명의 민주적 개혁적 의지가 군부 쿠데타로 왜곡된 지배 구조에 의해 올바른 가치관이 서서히 왜곡되면서 세속적 가치와 구조가 한국 사회를 장악하여 가는 시기로 인식할 수 있다. 고영근 목사의 교회 혁신과 사회정화 방안은 한국 장로교회의 전통인 청교도 정신으로 이러한 사회적 부패상에 저항하려는 개혁적 기독교 정신의 발로라 할 수 있다.

그는 교회개혁이 필요한 이유를 고질적인 파벌의식과 교회의 기업화 그리고 교역자의 실력 부족을 제기하였다. 지방색에 따라, 교파에 따라, 학풍에 따라 나타난 파벌을 비판하며 이를 극복할 필요성을 강하게 제시하였다. 그는 교회의 기업화를 지적하는데 그 원인

10 강만길 외, 『민찬 한국사 19권』, 70-78.

을 교회의 모든 사역을 교역자 자신을 위하여 시행함으로 발생한다고 비판하였다. 자기중심의 교회, 신학, 사역, 치리를 지적하였다. 이는 당시 왜곡되어 가던 사회지배 구조가 이미 1960년대 말에 한국교회에 깊이 스며들고 있음을 지적하고 있다는 점에서 고영근의 예언적 통찰을 엿보게 한다. 이후 한국교회의 전반적 선택은 고영근의 고언을 외면함으로써 한국교회의 지도력이 급속하게 추락하는 양상을 보이게 된다.

교회의 제도적 측면에서도 그는 날카로운 비판을 보여준다. 첫째 그는 개교회주의를 비판한다. 이는 수단 방법을 가리지 않고 교회의 외형적 성장 특히 건축에 힘을 기울이고 있으며 그 반면, 지역 사이, 교파 사이 그리고 교계의 연합이 서서히 와해되고 있다고 비판한다. 교회가 모래알처럼 분열되었을 때 사회를 향한 영향력도 영적인 힘도 사라질 것이 명확하였기 때문이다.

그는 또한 교회 예배의 붕괴를 직시하며 그 원인을 목회가 목회자들 편의 중심이 되고 신자들의 요구에만 부응하는 교회가 되어 성서가 요구하는 경건이 부족하다고 지적한다. 그가 지적하는 예배가 교역자의 편의를 위한 수단으로 전락한 것은 기독교회의 본질을 훼손하는 위협적 행위라고 할 수 있다. 고영근은 교직원 선택과 조직 운영에서도 부조리가 만연하고 사무 행정도 미비하고 불투명하다고 지적한다. 특히 목회자의 독선적 운영과 불합리하고 무질서한 교회 행정을 지적한다. 이러한 모습은 교회가 영적 지도력으로 사회를 갱신하는 역할이 아닌 교회가 사회의 부패와 세속적 가치를 수용하여 일어난 세속화에 함몰된 현상이었다.

고영근은 이러한 문제를 시정하는 방안으로 교회혁신의 필요성을 강조한다. 교회의 혁신은 하나님의 명령이요, 양심의 호소이며 시대의 요청이라고 강조한다. 또한, 당면한 교회 문제를 해결하는 방안의 가장 근본적인 요소는 복음전도라고 선언한다. 먼저 교회 안에서 복음을 전하여 새롭게 하고 그것을 지역사회와 조직사회로 갱신의 힘을 확장시켜 나갈 것을 주문하였다. 그는 특히 인재양성에 힘을 기울여야 한다고 주장하며 개혁의 공간적 확장뿐 아니라 시간적 계획을 수립할 것을 주장하여 복음화 7개년 계획과 복음화 운동 12단계를 구체적으로 주장하였다. 그는 1968년부터 1975년까지를 1차, 7년 1976년부터 1982년까지를 2차로 제시하였다. 그 기간 중 첫 2년은 교회 내부 혁신의 기간으로 정하고 다음 2년은 사회정화운동의 기간으로 정하였다. 다음 3년간은 사회 선화(善化)운동의 기간으로 그리고 2차 회기의 첫 3년은 외국 선교 준비의 기간으로 정하며 마지막 3년은 외국 선교 파송의 기간으로 정하여 세계 선교를 최종적 목표로 전체를 구상하였다. 그동안 처음 국내 선교사 20명 양성에서 14년 차에는 1,200명의 국내 선교사를 양성하여 파송하고 같은 기간 전도하여 증가한 기독교 신자의 총수를 첫해의 160만 명에서 14년 차에는 1,200만 명까지 끌어 올리도록 계획하고 있었다.[11]

그리고 고영근은 복음화운동의 12단계라는 열 가지의 실천 강령도 제안하였다.

① 원대한 지도이념을 채택하여 전국 교회가 참여하게 하는 것.

② 현재의 무능과 무사안일을 철저히 회개할 것.

---

11 고영근,『한국교회 혁신과 사회 정화방안』, 139.

③ 혁신과 복음화 이념으로 전진을 위한 자세를 정비할 것.

④ 여러 가지 모순을 들추어 과감하게 시정할 것.

⑤ 신년도 예산에서 외부선교비를 30% 확정할 것.

⑥ 복음화운동 기구를 설립하여 지도 자세를 취할 것.

⑦ 복음화운동본부가 기능하여 과감한 내부 혁신과 사무를 시작할 것.

⑧ 교계와 민족지도 이념을 확립하여 목표와 방향을 제시할 것.

⑨ 교계 연합을 이루어 복음운동의 연합전선을 구성할 것.

⑩ 매스컴을 비롯하여 시청각 전도를 전개하여 민족지도를 지혜롭게 할 것.

⑪ 경목을 신설하여 경찰서와 사회에 파송할 것.

⑫ 국내 선교사를 양성하고 훈련하여 본격적 복음화 운동에 임할 것.[12]

이러한 목표와 방법은 그가 그간의 목회 여정을 통해 교인의 영적 양육과 교육에는 그 결실이 나타나기까지 시간이 많이 소요된다는 것을 인식하고 있었기에 충분한 시간을 예측하고 계획을 수립하였다.

그는 복음화 운동의 마지막 단계로 사회정화를 주장한다. 그는 당시의 국제정세를 공산주의의 위협과 일본의 경제 침탈 그리고 미국의 방관으로 한국이 위기에 처했으며 국내적으로는 정치적 부정부패, 경제적 사치와 허영, 문화적으로는 부실한 교육과 문화의 기

12 고영근, 『한국교회 혁신과 사회 정화방안』, 141.

업화, 사회의 부조리 그리고 종교계의 고질적 부패로 인한 지도력 상실을 지적하며 사회개혁의 필요성을 강조하였다. 이를 시정하기 위하여 그는 우선 정신적 개조와 제도개선 그리고 교육의 내용과 방법의 개선을 요구하였다.

고영근의 시대 인식은 전술한 바처럼 시민혁명의 좌절과 경제성장의 결실을 부패한 지배 구조의 고착화로 생산적 재분배에 실패한 1960년대 말의 상황을 직시하며 이를 개혁하기 위하여 기독교 복음의 뿌리 깊은 교육과 영적 각성을 통하여 교회개혁과 사회개혁을 이루어야 한다고 주장하였다. 그의 모습은 18세기 산업혁명으로 경제성장이 급격하게 이루어지지만 이를 적절하게 운용하지 못해 무패와 무능에 빠져있던 영국을 개혁한 감리교 운동을 상상하게 하며 특히 진정한 기독교의 복음을 통한 사회개혁을 주장하였던 윌리엄 윌버포스의 활동을 떠올리게 한다.[13]

1971년 그는 북아현교회에서 사역을 마치고 총회 전도목사로 부임하였다. 그는 자신이 구상하는 사회개혁과 복음화운동을 전개하기 위해서는 북아현교회라는 지역교회보다는 총회 차원에서 교계연합운동을 통해 추진하여야 한다는 것을 인식하였다. 그래서 지역교회에서 총회 전도 목사로 임직하게 되었던 것이다.

고영근 목사는 당시의 한국교회가 별다른 계획 없이 목회하는 현상을 보고 이를 타개하기 위하여 새로운 저술을 출간하였다. 이미 출간된 한국교회 혁신에 관한 저술이 교회와 사회개혁의 원칙이었다면 새롭게 출간한 『목회계획』은 기존의 교회개혁과 사회개혁의

---

13 감리교회의 재소자선교, 교육선교, 주일학교 등 복음과 사회의 가교라는 구상이 고영근의 계획에도 항상 나타나고 있다.

내용을 더 정교하게 다듬고 교회에서 실천 할 수 있는 부분을 더욱 구체적이고 체계적으로 제시하여 목회자들이나 교회에서 적용하게 하였다는 것이다.

1971년 3월부터 시작한 장로교 총회 전도목사로 활동하기 시작할 무렵 그는『목회계획』을 저술하여 반포하기 시작하였다. 이 책은 2개월간에 걸쳐 저술한 것이었다. 그는 이 책을 1만 부 제작하여 전국 교회에 무료로 배포하였다. 이 책을 출간할 당시 그는 담임 교역자가 아니어서 수입이 불규칙했으나, 이런 상황에서도 이 사업을 추진하였다. 한국교회의 영적 각성과 각 교회의 발전을 위해서 필수적인 것이라고 여겼기 때문이었다. 그는 이 사업으로 전체 개인 수입의 60%를 지출하였다. 그는 자신이 이 책을 위해서 십육조를 바쳤다고 회고하였다. 나중에 고영근 목사는 이 책을 개정하여 1994년『새로운 목회계획』이라는 책으로 출간하기도 하였다.[14]

이 책 초판의 추천사를 썼던 광림교회 김선도 목사는 당시 한국교회가 이론신학과 실천신학 사이의 간격이 매우 큰데 고영근의『목회계획』이 이러한 간격을 메꾸어 줄 뿐 아니라 한국교회의 토착화신학 특히 실천신학 분야의 중요한 업적으로 평가하고 있다.[15] 이 책은 사실 한국교회의 목회현장 경험을 반영한 목회학적 방법과 실제로 적용 가능한 저술로서 교계에 큰 영향을 주었다.

이 책은 전체가 5부로 구성되어 있다. 1부는 교회의 좌표로서 기

---

14 고영근,『새로운 목회계획』(서울: 목민출판사, 1997). 이 책은 초판 193쪽에 비해 두 배 이상 증보하여 총 428쪽으로 출간되었다.

15 고영근,『목회계획』, '추천사' 5. 이 책은 전국의 13개 교회에 소속된 이들의 후원으로 제작되었다.

독교인과 교회의 본질을 영성 신학적으로 서술하고 있다. 2부는 교회에서 사역하는 교역자의 목회 계획의 기본 구상을 가르치고 있으며, 3부는 교회 각부서의 업무의 성격과 계획을 알려주고 있다. 4부는 교회의 평신도 기관의 사역 원칙을 제시하였고, 5부는 한국교회에 드리는 제언으로서 교회가 당면한 과제들을 과감하게 혁파할 수 있는 사상을 제공하고 있다.

1부의 제목은 교회의 좌표이다. 고영근은 이 항목에서 신앙생활의 좌표, 한국교회의 좌표, 목회자의 좌표 그리고 본인이 목회하는 교회의 실례를 들었다. 교회 좌표의 신학적 구조는 삼분적이다. 그는 한국적 영성이라 할 수 있는 천지인의 삼 요소로 '하나님을 위하여, 자신을 위하여, 인류를 위하여' 사유 체계로 구분된 신학의 틀을 제공한다. 이에 대응하는 신앙실천 역시 세 가지 원리로 제시된다. 진리운동은 하나님의 진리를 알리는 운동, 영화운동은 자신을 영적으로 각성하고 헌신하는 운동, 세 번째 인화운동은 주의 사랑을 실천하여 복지사회를 이룬다는 실천 원리 역시 천지인의 영역으로 구성하였다. 복음적 실천의 영역은 앞선 저술보다 한 걸음 확장되었다. 앞서 교회혁신, 사회정화 그리고 민족복음화의 세 영역에서 세계선교를 새롭게 강조하는 것을 볼 수 있다.[16]

목회자의 사명도 삼분적 요소로 구성하였다. 주의 영광을 위한 목회, 영혼 구원을 위한 목회, 복음 전파로 인류를 구원하는 목회로 천·지·인의 구성을 동일하게 보여준다. 그는 칼빈의 그리스도의 삼중직을 원용하여 목회자의 삼중직을 교회에서는 제사장, 지역사회

16 이 책이 출간된 이듬해인 1972년 대한예수교장로회 총회는 최찬영 목사를 태국 선교사로 파견하여 해방 후 첫 공식 해외 선교가 시작한다.

에서는 왕 그리고 사회선교에서는 예언자의 사명을 부여받았다고 주장하였다. 이 역시 천지인의 삼분구조를 갖는 한국적 토착화 목회 신학의 조화로운 모형을 보여준다.

제2편의 목회자의 목회 계획은 우선 연중 시간 계획을 제시하여 연간 계획을 수립하도록 요구하였다. 그리고 그에 따른 업무 계획은 설교, 교육, 치리, 심방, 전도의 다섯 영역으로 나누어 그 우선순위를 부여하였다. 여기서 주목할 것은 교인의 치리를 목회자의 세 번째 중요한 업무로 보았다는 점이다. 교회의 양적 성장이 중요해지면서 교인에 대한 치리는 해방 후에는 거의 자취를 감추고 있는데, 고영근은 치리를 강조하여 청교도적 장로교회의 전통을 고수하고 있는 점을 주목하게 된다. 그는 해방 후 유명무실화된 장로교회의 치리가 여전히 교회의 규율로서 중요하다고 보았다.

또한, 1970년대에 들어서서 개체 지역교회들의 양적 성장이 목회의 주된 목표가 되면서 타교회나 타교단의 전입 교인을 새 신자로 받아들이는 데 아무런 주저함이 없게 되었다. 교회를 이동하는 교인들에게 이명 증서를 발부하던 한국교회의 전통은 교회 성장이라는 허울 속에 교회의 신자 관리가 변질되어 있었다. 고영근은 교회의 치리 항목에 이명 항목을 적시하여 교인들의 전출과 전입을 명확하게 하고자 하였다. 이것은 해방 전 1930년대 중반까지 한국교회가 유지하던 신자 관리의 모범적 제도였다.[17] 다만 해방 후 교회들의 양적 성장 경쟁이 치열해지면서 성도의 이명과 전출입의 전국적 구조가 소멸

17 이명증서는 국가의 개인 기록부처럼 회심·입교·학습·세례 신급 등을 적고 타 교단 전출 시에도 적용하게 하여 개인 신자의 이력을 보호하고 교회가 신자를 공동으로 양육하며 교회 간의 본질적 연합의 한 측면이기도 하였다.

되어 가고 있었음에도 고영근은 신자의 이명을 교회의 제도로 명확하게 남겨두려 하였던 것이다. 이는 그만큼 고영근의 교회와 성도에 대한 애정과 전통을 유지하려는 남다른 태도를 보여주고 있음을 시사한다.[18]

『목회계획』의 3편은 교회 사업계획으로서 각부서 운영에 관하여 기술하고 있다. 그는 서무부, 재무부, 예배부, 행사부, 교육부, 전도부, 사회부, 관리부, 봉사부 등 각 부서의 업무 분담과 그 역할에 대해 기술하고 있다. 제4편은 교회 각 기관의 사업계획으로서 남전도회, 여전도회, 청년회, 대학생회, 중고등학생회, 유년부와 성가대의 사업계획 수립 방안의 모형을 제시하였다. 3부와 4부는 각 부서의 구체적 실무와 표준화된 도표나 서식을 제공하여 지역교회의 목회자들이 즉시 활용할 수 있도록 제공하였다.

5편은 한국교회에 드리는 제언으로 구성되어 있다. 이 제언에서 고영근은 자신의 주장을 한국교회에 호소하고 있다. 고영근은 한국교회의 혁신을 시대의 필수적인 요청으로 보고 있었다. 그는 경제제일주의라는 물욕이 한국 사회를 지배하여 가고 있고 그에 따라 부익부 빈익빈 사회, 벌거벗은 욕망의 사회가 되어가는 것을 질타하였다. 그는 그리스도의 복음으로 사회악을 척결하고 새로운 시대를 창조할 사명이 있다고 역설하였다.[19] 그리고 한국의 그리스도인과 교회가 이 사명을 받아 실천해야 한다고 호소하였다.

그는 교회와 사회개혁의 실천 강령을 촘촘하게 제시하였다. 그것은 먼저 신앙의 본질에서 시작하여 교역자의 역할, 평신도의 역할,

---

18 고영근, 『목회계획』, 18.

19 위의 책, 148-149.

교계의 역할, 교회 재정에서 선교비 30% 수립 원칙 제시, 신학교 난립 방지 등 교회가 당장 실천해야 할 목표들 외에도 다양한 선교 전략을 제시하였다. 그는 무엇보다도 물질주의를 타파하고 사회악을 척결하여야 한다고 주장하며 이를 위해서는 성경 중심의 복음 시대를 구현하는 것을 통해 가능하다고 보았다.[20] 고영근의 교회개혁 방안은 교회의 세속주의에 대한 영적 각성과 전투적 역량 강화가 중요하다고 보았고 실천 전략은 선교의 실천에 있다고 보았다.

그는 그 정책으로 우선은 교회 재정의 30%를 선교비로 책정하여 지출할 것, 다음은 지역사회, 대중사회, 매스컴 운용, 상류사회 선교를 전략적 순차적으로 실행하여 민족복음화를 구현하여야 한다고 보았다. 그리고 이러한 물적 인적 바탕 위에 강력한 제도개혁, 나라와 민족을 성경대로 영도하고 세계와 인류를 위한 선교운동에 박차를 가하여야 한다고 보았다.[21]

그는 신학교육의 문제점도 지적하였다. 그는 신학교 난립이 가져오게 될 문제점을 예견하고 신학교육의 문제를 지적하였다. 당시 이미 설립된 75개의 신학교가 공급 과잉이라고 진단하였다. 학교로서 역할을 하기 어려운 미흡한 교수진과 부실한 시설을 갖춘 학교들에서 교역자의 역할을 하기 어려운 자격이 모자라는 이들을 받아들임으로써 개척교회가 난립하고 종국적으로 교계 분쟁의 원인이 된다고 보았다.

당시 정규인가 신학교 10개 소를 제외하면 65개의 비정규 신학교가 난립해 있었는데 이는 교단의 재정을 위태하게 할 뿐 아니라 비

---

20 고영근, 『목회계획』, 150-151.

21 위의 책, 153.

정규 학교 출신자들이 목사 안수를 받지 못하고 평생 전도사 생활을 하게 함으로써 인적 자원을 낭비하게 한다는 것이다.

그는 신자 5만 이상 규모의 교단은 1개의 신학교를 운영하게 하고 그 이하 규모의 교단은 같은 계열의 교단 신학교에서 위탁하여 교육하도록 하는 방안을 제시하였다. 그리고 신학교에서 정비되어 남은 신학교들은 성서학원과 평신도 교육원으로 활용하는 방안을 제시하였다. 그는 자격을 갖춘 신학 교수들을 등용하고 신학생도 사명감과 적성을 갖춘 학생을 선발하고 신학교 교육도 영성과 학문을 겸비하여 목회자로서 손색이 없는 이들을 육성하여야 한다고 주장하였다. 또 교단에서 경력과 교단 내의 정치적 실력자라서 신학교 이사진에 합류하지 말고 학교를 위해 헌신할 일꾼을 이사로 선임하여 학교의 운영을 소수의 이권에서 벗어나게 해야 한다고 주장하였다. 또 그는 교육 과정에 대해서도 성경을 신학교 교육의 기초로 삼아야 하며 신학생 선발을 할 때도 사명의식과 역사의식을 가진 이들을 선발하고 교육하여 한국의 복음 시대를 열어갈 인재를 육성하여야 한다고 보았다.[22]

그는 교회의 선교 사명을 위해 교회 재정에서 선교비 30% 충당을 일관되게 강조하였다. 이를 위해 헌금의 투명하고 정당한 사용을 제도화하면 교인들이 십일조를 넘어 십이조까지 드리게 될 것이라고 보았다. 교회 시설이나 교회 직원 인건비 사용을 줄여 교회의 선교 활동에 헌신하는 이들을 훈련하는 교육에 비용을 지불하고 또 지역사회 봉사 지도에 사용하여 교회 재정에서 선교비의 우선성을 확보

---

22 고영근,『목회계획』, 156-159.

해야 한다고 주장한다. 또한, 교회의 신도 수가 350명 이하는 지역사회, 군경, 학교 등 일반 대중 전도에서 시작하여 상류층으로 가는 상향식 전도에 주력하여야 한다고 보았다. 반면 신자 수가 350인 이상의 중대형교회는 국가사회의 제도 개혁과 정치, 경제, 문화 부문에 주력하고 사회의 지도자부터 아래로 개혁하는 하향식 전도 방식을 사용하여야 한다고 보았다.[23] 이를 통해 지역사회의 인사들이 회심하여 신자가 되면 교회에서 향후 역할까지를 감안한 장기적 전도 전략을 제시하였던 것이다.

고영근은 만연한 교회 개척의 난립을 막아야 한다고 보았다. 그는 교회 설립이 교세의 확장이나 목회자의 생계의 방편이 되기 위한 목적으로 설립되어서는 안 된다고 여겼다. 이를 합리적으로 해결하기 위해서 교회 설립의 물리적 조건을 제시하였다. 농촌 지역과 도시 지역에서 교회 건물의 간격을 유지하여 특정 지역에서 교회의 밀집을 막아 불필요한 경쟁을 막아야 한다고 보았다.[24] 인구는 서울과 같은 대도시는 인구 1만 명당 1개소, 중소도시는 인구 7천 명 당 1개소, 읍 소재지는 5천 명 당 1개소, 농촌은 3천 명 당 1개소로 설립해야 한다고 보았다. 교회 설립은 지역에서 존경받는 인물이 주도하고 설립 방법은 교단의 개척 파송 목사가 3년간 사역한 후에 지역의 지성인과 유지들이 전도되면 교회가 공식적으로 설립되게 하여야 한다고 보았다.[25] 또한, 교회가 기독교의 위상에 맞는 품격을 갖고 설

---

23 고영근, 『목회계획』, 160-163.

24 고영근의 이러한 생각은 초기 한국교회의 교계 예양의 현대판이라 할 수 있다. 인적 물적 자원이 한정되었던 초기 내한 선교부는 자원의 효율적 배분을 위해서 지방 행정 단위를 따라 선교부의 선교 영역을 할당하는 정책을 1892년부터 장로교회 선교부와 감리교회 선교부가 협의하여 실행하였다.

립되어야 한다고 하였다.

고영근 목사는 개척교회의 난립이 결국은 지역에서 개체 교회 간의 경쟁을 야기하고 불필요한 인력과 자원의 낭비를 가져온다고 비판하였다. 그리고 교회의 난립은 인위적 교회 성장을 추구하기 때문에 신비적 부흥회와 같은 미신적 방법을 동원하게 된다고 비판하였다.[26]

고영근은『목회계획』에서 현대 한국교회가 싸워야 할 적을 셋으로 규정하였다. 첫째는 공산주의 독재의 무신론 사상, 둘째는 향락주의 그리고 세 번째 우상숭배, 이 셋이 교회의 적이라고 본다. 그는 공산주의는 사회적 경제적 불평등을 먹고 자라는 것이기 때문에 이웃사랑의 정신으로 사회를 개조함으로써 공산주의의 침투를 막을 수 있다고 주장한다. 또한, 그는 경제제일주의라는 물질과 향락은 성서가 지적하는 하나님을 대적하게 만드는 맘모니즘으로 비판한다. 그는 한국 사회에 만연한 우상숭배와 미신타파를 외치고 있다.

고영근은 1970년대 초 경제성장의 과실이 열리기 시작한 한국 사회가 물질적 욕망의 포로가 되고 세속화의 흐름에 포획되어 가는 사실을 적시하며 한국 사회 대변혁의 계획을 수립하였다. 먼저 신앙의 원칙을 수립하고 그것에 근거한 교회개혁을 단행하며 그 후에는 사회개혁과 국가개혁으로 이어질 수 있다는 전망을 보여주었다. 여기에서 그는 1960년대의 강진교회와 백운교회의 지역교회 경험에서 이제 민족목회를 전망하는 목민신학으로 전환이 나타나고 있었던 것이다.

---

25 고영근 목사가 주장한 교회 설립 방법은 현재 미국의 주류 교단들이 사용하는 방법으로서 한국교회가 만시지탄의 아쉬움이 있으나 받아들여야 할 중요한 제안이다.

26 고영근,『목회계획』, 164-165.

고영근의 『목회계획』은 다년간의 지역교회 현장 경험의 축적된 결과를 묶어낸 것으로 해방 후 한국인 교역자가 저술한 한국교회의 첫 번째 목회 실천 지침서라 할 수 있다. 실제로 이 책의 내용 대부분은 목회현장에 필수적인 다방면의 사무를 즉각적으로 실천할 수 있는 내용으로 구성되어 있다. 그리고 지역교회의 목회 지침서이며 더 나아가 한국교회와 한국민족사회를 연결짓는 구상을 보여준다. 그리고 그의 이러한 사상은 다음 저술인 『한국교회의 나갈 길』에서 완성되게 된다.

고영근은 1972년 『한국교회의 나아갈 길』을 저술한다.[27] 고영근은 이 저술의 시대적 배경으로 '격변하는 국제정세와 7·4 남북공동성명은 공산주의와의 실력대결을 불가피하게 하는 시대'라는 시대인식이 있었다. 고영근의 이 새로운 저술은 그가 이미 출간하였던 『한국교회혁신과 사회정화 방안』을 대폭적으로 수정하고 증보하여 간행한 것이었다.[28]

이 책의 전체 목차는 크게 4편으로 구성하였다. 1편은 총론, 2편은 한국교회의 내부 혁신, 3편은 민족 복음화 전도전략, 4편은 기독교 국민운동으로 구성하였다. 이 저술은 앞선 두 편의 저술의 기본 골격과 크게 다르지 않다. 교회의 내부 혁신에서 출발하여 민족 복음화로 이어지는 구도는 앞서 저술한 부분을 다시 큰 단위로 묶은 것이다. 다만 그 내용을 더 구체적으로 상술하고 새롭게는 4편의 기독교 국

27 이 책의 출간 일자는 1972년 8월 15일 광복절이었다. 그로부터 두 달 후인 10월에 10월 유신이 발표되었고 고영근의 목민신학과 유신체제가 어떤 형태든 양립할 수 없는 가치체계를 지향하고 있었다는 점에서 고영근 목사와 유신체제의 충돌은 불가피한 것으로 간주할 수 있다.

28 고영근, 『한국교회의 나아갈 길』 (서울: 한명문화사, 1972), '머릿말.'

민운동을 추가하였다. 이 기독교 국민운동, 즉 기독교회가 주도하는 사회개혁을 더 구체화하고 세분화하여 제시함으로써 그의 목민사상과 목민운동의 구조를 전체적으로 확립하였다고 할 수 있다.

이 책의 선언문에는 다가오는 한국선교 100주년을 바라보며 민족복음화를 통해서 새 역사 창조를 위하여 교회가 연합할 것을 호소하였다. 특히 교역자와 교파의 이기주의와 교파주의의 아성을 무너뜨리고 5천만 민족을 하나님의 뜻을 따라 영도하고 조국을 가나안 복지화하며 세계 복음화를 위한 지도 이념을 창안하고 체계화하는 것을 저술의 목표로 삼는다고 하였다. 공산주의와 향락주의를 견제하고 정치악, 경제악, 문화악, 사회악, 종교악을 타파하고 "초대교회가 유무상통하던 공존공영의 복지사회를 오늘에 실현하여야 한다"고 전망하였다.[29] 고영근은 1972년 유신체제가 다가오는 시기에 민주화가 완성되고 복지국가가 되어야 한다는 과학적 사회 인식과 세계사적 변화를 제시하였다.

그는 1편의 총론에서 먼저 한국교회의 현실을 진단한다. 한국교회는 공산주의의 침략이라는 위협에 직면해 있음에도 안으로는 향락의 풍조가 만연하고 회개를 외치지 않는다고 보았다. 그리고 한편으로는 한국교회가 교권주의에 함몰되어 해방 후 교회가 사분오열되고 개척교회가 난립하고 교권을 위한 노회와 총회 정치에 몰입된 교역자의 행태를 비판하였다.[30]

그는 이러한 세태 속에서 교회혁신은 하나님의 명령이요, 양심의 소리이고 시대의 요청이라고 밝힌다. 그리고 그는 혁신 운동의 순서

29 고영근, 『한국교회의 나아갈 길』, '선언문', 11.

30 고영근, 『한국교회의 나아갈 길』, 14-17.

를 교회혁신, 사회정화, 복음전파라는 큰 틀로 제시하였다. 이는 그가 이전의 두 저술에서부터 일관되게 주장하여 오던 세 가지 원칙이었다.

고영근은 여기에서 그 신앙 의식 또는 신앙의 정의를 새롭게 구조화하였다. 그는 참된 신앙의 목적은 하나님을 영화롭게 하는 것, 둘째 구원의 성취 그리고 셋째는 이 땅 위에 주의 뜻을 이루려는 것이라고 정의함으로써 전통적 보수주의 신학에서 한 걸음 더 나아간다. 그는 보수주의 신학에서 오랫동안 간과되었던 복음서의 하나님 나라의 신학을 되살려냄으로써 기독교 신앙의 완전한 균형에 도달하였다.[31] 그의 이 균형 잡힌 신앙은 한국 장로교 보수주의 신앙의 불균형을 해소하는 중요한 전환점이 되었고 고영근의 목민신학이 가지는 신앙적 균형의 신학적 토대를 제공하였다.

그는 목민운동을 삼중운동으로 다시금 정리하였다. 그것은 진리운동, 영화운동 그리고 인화운동으로서 천지인이 조화를 이루는 한국적 토착신학이며 복음적 구조화가 융합된 신학이었다.[32]

그는 경제제일주의가 한국 사회와 한국교회를 어떻게 잠식할지 정확하게 예견하였다. "교회를 기업화"하여서는 안 된다는[33] 더 정확한 개념으로 확정된 그의 주장은 2021년 지금의 현실에서 돌이켜 보아도 가슴을 울리게 만드는 예언적 외침으로 들려온다. 그의 예언자적 탁견이 이미 반세기 전에 드러나고 있었다.

고영근의 앞의 저술에서 나타나지 않은 주장 중의 하나는 교회연

---

31 위의 책, 27.

32 위의 책, 51-54.

33 고영근, '교회를 기업화하지 말자', 『한국교회의 나아갈 길』, 58.

합운동의 강조와 교파 합동의 주장이다. 그는 에큐메니칼이든 교회 연합이든 어떤 개념, 어떤 형태로든지 교회의 연합을 강조한다. 특히 자신이 속한 통합 측에 대해서는 상대방 보수주의자들이 에큐메니칼이란 용어를 거부하니 연합운동이라는 용어로 통일시킬 만큼 조심스러운 태도를 유지하면서라도 연합운동을 추진하여야 한다고 강조한다.[34] 고영근의 에큐메니즘은 신학적 에큐메니즘도 아니고 제도적 에큐메니즘도 아닌 선교적 에큐메니즘이었다.

그는 앞선 저술에서처럼 개척교회 난립을 해소하고 군소신학교 정비를 위한 방안으로 군소교회를 합동하는 방안을 제시한다.[35] 그리고 개신교단의 분열상을 지적하면서 교파의 합동이 필요하다고 주장한다. 교파 합동은 현시대의 시대적 요청이며 양심의 요구이니 지연되어서는 안 된다고 주장한다. 그는 교회 합동을 위해서 먼저 합동연구위원회를 구성하고 이 위원회의 결의에 따라 합동의 순서는 교계 언론 통합 발간에서 선교부 통합으로 다음은 신학교 통합으로 그리고 최종적으로 교파 통합의 순서대로 진행하는 구체적 방안까지 제시하고 있다.[36] 그는 모든 교회의 활동은 전도를 통해 이루어진다고 보았다. 이 전도에 관한 항목은 그의 앞선 두 저술의 내용을 상세히 보완한 것으로 전도의 대상, 방법, 목표 등을 전략적으로 서술하고 있다.

이 책에 새롭게 제시된 기독교 국민운동을 전개하자는 내용은 『사회정화방안』이나 『목회계획』에서 목표 중 하나로 제시되었던 민

34 고영근, 『한국교회의 나아갈 길』, 111-112.

35 위의 책, 141.

36 위의 책, 152-155.

족개조의 부분을 연구하여 체계화시킨 것으로 그의 목민신학이 추구하는 이 땅에 주의 뜻을 이루게 하는 하나님 나라 신학의 체계적 모형을 한국 민족과 그 나라 안에서 실천하자는 전망을 제시한 것이었다.

그는 기독교 국민운동이 필요한 이유를 하나님과 우리나라와 자기 자신을 위한 것으로 본다.[37] 이것은 하나님의 뜻이며 동시에 인간의 필요라는 것이다. 기독교 국민운동 본부를 조직하고 그 국민운동의 내용은 신의(信義) 제일주의를 주장하고 있다.[38] 신의 제일이란 사회적 신뢰를 높이려는 시도로써 이는 국가와 사회의 선진화에 필요한 사회적 자본 확충이라는 21세기 사회적 개념과 상통한다.[39] 그리고 그 외 국민운동의 내용은 애국정신, 승공정신, 공익정신, 미풍양속 창조를 제시하였다.

고영근은 기독교 국민운동의 실천 내용 중 경제 개혁안도 제시하였다. 그 내용은 먼저 산지 개혁을 주장하는바, 산지를 잘 가꾸어 녹지를 조성하고 또 개간 가능한 산지를 개발하여 농지를 확대하여 농업 생산성 증대를 실현하는 것이다. 또 무분별한 가족묘를 만들어 산지를 훼손하는 대신 공원묘지를 조성하여 산지의 난개발을 막는 것을 주장하였다. 그리고 국민 개로운동을 전개하여 노동을 천시하는 관습을 타파하고 근로자 상위 시대를 열어야 한다고 주장한다.[40]

---

37 고영근,『한국교회의 나아갈 길』, 240-242.

38 위의 책, 249.

39 사회적 자본(social capital)은 사회구성원 신뢰도를 높여 사회적 거래의 속도를 높이는 경제적 측면 외에도 심리적 안정과 소속감 그리고 삶의 질을 높이는 비물질적 수단으로 현대 사회학에서 강조되고 있다.

40 이러한 주장은 동시대의 김용기 장로의 가나안 농군학교 등이 추진하던 근로정신 함

그리고 도덕의 재무장을 실시하되 성경적 도덕을 가르칠 것, 고래(古來)의 폐습과 악습을 철폐하여야 한다고 주장하고 있다. 그리고 경제생활에 있어서 절제운동을 실천하여 물자를 낭비하는 습관을 근절하여야 한다고 주장한다. 이 기독교 국민운동은 개인과 가정에서, 교회에서 그리고 교계 전체가 실행하는 운동이 되어야 하고 이를 확대하여 범국민운동 신도대회를 전개하여 기독교인 340만 명이 참여하는 온 국민 각성 대회를 개최하고 최종적으로 정부가 기독교적 가치에 근거한 정책을 입법화하고 수용하게 되어야 한다고 주장하였다.[41]

이 시기 고영근의 이러한 저술과 목회 활동은 한국 사회와 교회의 변화에 대한 시대적 변화를 면밀하게 관찰하며 이루어진 것이었다. 1960년대에서 1970년대로 이행하면서 경제성장이 사회의 가장 중요한 변화의 축이었고 여기에 정치적 종교적 제도들이 하나의 종속 변수가 되면서 경제적 과실을 독점 또는 과점하려는 지배 구조의 형성은 사회적 아노미와 부패의 양상으로 나타났다. 교회 역시 이 시기를 거치면서 빠르게 세속화를 지향하게 된다. 고영근의 활동과 저술은 이러한 시대상을 진단하고 교회의 내적 영적 갱신에서 시작하여 사회의 개혁을 시도한 구상이었다. 그의 목민신학은 1960년대 말에서 1970년대 초에 이르면서 이론의 틀을 갖추고 실천적 내용을 구체적으로 전개하였던 것이다.

양과 일치한다.

41 고영근, 『한국교회의 나아갈 길』, 273-275.

V. 고영근의 한국교회 영성운동사에서 위치

고영근 목사는 자신이 탁월한 부흥사였을 뿐 아니라 기독교 운동의 기초는 부흥회의 영적 각성에서 비롯한다고 확신하고 있었다.[42] 그런 이유로 그는 이러한 교회갱신 운동에 부흥사의 역할이 크다고 보았다. 그는 한국교회의 부흥운동사에 깊은 관심을 보였고 정확하게 이해하고 있었다. 고영근은 한국교회사에서 하디가 주도하였던 원산사경회와 길선주 목사가 주도하였던 평양부흥운동이 전국적으로 파급되어 기독교가 크게 부흥하였던 역사를 기억하고 있었다.[43]

그뿐 아니라 김익두 목사의 부흥운동과 이성봉 목사의 부흥운동이 한국 교계에 크게 기여한 부분을 긍정적으로 평가하였다. 그러나 그는 한국전쟁 이후 나타난 부흥회 중에는 성경을 이탈하는 이질적인 현상이 있음을 지적하고 있다. 고영근은 이러한 상황이 도래한 이유가 동란으로 상처를 받은 민초들이 유리하고 방황하고 이에 편승하여 나타난 이질적 현상으로 진단한다. 그는 당시에 만연한 방언전문, 입신전문, 안수전문, 신유전문이라는 여러 형태의 부흥회는 아편 중독과 마찬가지로 중독적인 것으로 이러한 이질적 부흥운동이 범람하고 있다고 평가한다. 그래서 고영근은 부흥회의 본래 의미와 자세를 탐구하고 대안을 제시하였다.

그는 부흥회가 단순한 신비적 종교체험을 넘어서 인간의 전인적

---

42 고영근의 이러한 견해는 근대 기독교 복음주의 역사에서 나타난다. 1차 대각성운동과 웨슬리부흥운동 그리고 2차 대각성운동 무디의 부흥운동 그리고 빌리 그레함의 신복음주의로 이어지는 부흥운동이 근대 기독교 역사의 중요한 변곡점이었다.

43 고영근, 『한국교회의 나아갈 길』, 126.

변화가 나타나는 부흥회가 되어야 한다고 주장하고 이를 위해서는 부흥회와 동일한 비중으로 강좌를 열어서 지성·감정·도덕의지가 조화를 이루는 전인적인 부흥회가 되게 하여야 한다고 주장하였다.[44]

그는 부흥회는 즉흥적이고 일시적인 계획이 아닌 최소 6개월 전에 준비하여 기도와 시설을 갖춘 상태로 전개하여야 한다고 하였고 부흥회는 하나님 중심으로, 지식과 감정과 도덕 의지가 조화를 이룬 내용이 풍부한 부흥회가 되도록 하여야 한다고 보았다. 또한, 부흥회는 교회의 목회에 도움이 되는 부흥회, 경건하고 덕을 세우는 부흥회가 되어야 하고, 시간을 엄수하는 집회 구성을 하여 규격이 정확한 부흥회가 되어야 한다고 주장한다. 그리고 부흥사는 연중 3개월은 기도와 연구로 준비하는 전문적인 사람이어야 하고, 최종적으로 모든 부흥회는 한국교회를 위해 공헌하는 부흥회가 되어야 한다고 주장한다.[45]

그는 이를 위해서는 건전한 부흥사를 양성하여야 한다고 주장한다. 많은 경우 교회의 헌금을 유도하기 위한 부흥회가 만연하고 있는데 이러한 현상을 지양하고 전국 교회를 위한 건전한 부흥사를 교단 차원에서 양성할 필요가 있다고 본 것이다. 그는 각 교단에서 선출한 50여 명의 부흥사를 총회 차원에서 육성하고 파송하여 한국교회를 발전시키자는 구상을 보여주었다.[46]

그러나 당시의 한국교회 교단 차원에서 이러한 부흥사 양성의 현실적 장벽이 높아 그 실현이 불가능하다고 판단하게 되었다. 고영근

---

44 고영근, 『한국교회의 나아갈 길』, 127.

45 위의 책, 130.

46 위의 책, 132.

은 이에 대한 대안으로 전국부흥사협의회를 구성하여 이를 통해 그가 구상하였던 건전한 부흥사를 통한 한국교회의 균형 잡힌 발전의 전위대를 구성하려 시도하였다.

그는 부흥사협의회를 주도하는 한편 한국 개신교회 최초의 초대형 집회인 엑스플로 74를 조직하고 운영하는 데 기여하였다. 이 대회에는 다수의 한국교회 부흥사들이 참여하였다. 이때 고영근의 부흥 설교는 여타 부흥사들과 달리 '올바른 삶의 좌표를 세우자'는 주제로서 사회정의를 부르짖는 예언자적 말씀을 선포하였다. 그는 그동안 일관되게 주장하여 온 정치악, 경제악, 사회악, 문화악, 종교악을 비판하며 강렬한 회개를 요청하였다.[47]

고영근의 부흥에 대한 이해는 당시의 세속주의를 수용한 부흥회의 입장과 많은 차이가 있었다. 1970년대는 이미 한국교회의 퇴행이 깊이 진행되기 시작한 시기였다. 고영근 목사가 주장하던 세속주의가 교회 성장이라는 이름으로 미화되어 한국교회를 장악하였고 이러한 경향은 이후 교회 세습까지 이어지는 부패한 모습으로 진행된다.

고영근은 부흥사협의회를 통해서 한국교회의 갱신을 추구하였으나 협의회 소속의 부흥사들은 이미 개교회주의를 수용하였고 물질주의를 축복이라는 이름으로 미화하였다. 그런 목회 지도력에 근거하여 교회의 장악력을 높여 나갔고 후에는 교회 세습이라는 파탄적 결과에 이르게 되었던 것이다. 고영근은 부흥사협의회가 더 이상 한국교회의 영적 갱신의 도구가 되는 것이 불가능하다고 판단하고 1975년에 협의회를 탈퇴한다.

---

47 고영근 목민연구소, 『목사 고영근의 시대를 향한 외침 1 - 긴급조치 구속사건 관련 사료집』(서울: 새롬출판사, 2012), 82.

고영근은 대신 한국기독교선교회의 총무를 맡아 전국 목회자들을 상대로 강좌를 개설하여 교육하는 교육적 변화를 모색하게 된다. 그가 추구한 목표는 일관되고 동일하였다. 교회개혁을 위해서 부흥운동 대신 교역자 교육을 전국적으로 실시하였다. 그는 전국을 순회하며 지역의 교역자 부부를 수십 또는 수백 명을 초청하여 성서, 교양, 목회 등 그간 저술하였던 저술에서 소개한 목회적 방안을 전수하였다. 고영근은 1971년부터 1976년까지 전국적인 수련회를 조직하고 운영하였다.[48]

고영근은 마지막 전국 단위 부흥사였다. 한국교회 역사 속에는 많은 부흥 설교자들이 있었다. 그러나 한국교회의 갱신에 기여하고 그 영향력이 전국적인 범위에 이르렀던 이들은 많지 않았다. 1907년 평양대부흥으로 출현하여 1910년대 한국교회 부흥운동을 이끌었던 길선주 목사는 한국 최초의 부흥 설교자로서 그를 통해 수백만의 사람들이 복음을 듣고 회심하여 초기 한국교회에 기여하였다. 1919년 3.1운동 이후 신유 부흥회를 이끌었던 김익두 목사는 기도와 성령의 능력으로 질병을 치유한다는 신앙을 구현하였다. 그는 1920년대 유물론 사상이 초자연적 진술을 거부하고 영적 실재를 부인할 때 그의 신유는 유물론에 대항하여 유심론을 옹호하는 증언을 하였다. 그리고 세계 대공황의 여파로 식민지 조선의 피폐한 삶에 호소하였던 1930년대 초의 신비적 경건을 보여준 이용도 목사의 부흥회가 있었다.

그리고 1931년부터 1939년까지 전국과 만주를 다니며 부흥운동을 이끌었던 김인서 목사가 그 뒤를 이었다. 그리고 성결교회의 분

---

48 고영근, 『죽음의 고비를 넘어서 - 상권』 (서울: 한국목민선교회, 1981), 199.

열을 치유하기 위해 총회 파송 부흥사로 1936년부터 2년여 동안 전국을 순회하였고 한국전쟁 이후 상처받은 민족을 위해서 1950년대에서 1960년대까지 전국을 여러 차례 순회하며 부흥운동을 이끌었던 치유의 부흥사 이성봉 목사가 있었다. 고영근 목사는 이러한 한국교회의 영적 갱신 운동의 전통을 이어받아 부흥사협의회를 구성하려 노력하였으나 결국 한국부흥운동의 세속화에 저항하여 협의회를 탈퇴하고 대안적 방법으로 교육순회강연과 단독으로 계몽적 복음적 부흥 집회를 이끌었던 것이다.

고영근 이후에도 대중의 인기를 한몸에 받은 저명한 부흥사들과 이에 기반하여 초대형교회를 이룩한 이들도 많다. 그러나 고영근 이후 한국교회의 부흥운동은 영적 갱신의 메시지가 현저하게 약화 되었다. 1970년대 이후 한국교회의 부흥운동은 기복적 물질주의적 기조를 띠게 되었다. 이러한 경향은 1980년대를 지나 공고하게 굳어졌고 교회는 깊이 세속화되었다.

부흥운동과 전국의 교회를 순회하며 지역의 영적 변화를 추구하였던 두 가지 조건을 만족시킨 부흥사와 부흥운동은 1980년대 이후에는 다시 나타나지 않았다. 고영근은 현재까지 한국교회 영적 갱신을 추구한 전국 순회부흥사의 마지막 모습으로 남아 있다. 기독교가 세속화와 투쟁하였던 긴 전통을 가지고 있는 만큼 기독교가 세속화에 함몰되었던 비슷한 역사 또한 그만큼 남아 있었다.[49] 1960년대부터 1977년까지 그가 인도한 부흥회는 평신도를 위한 부흥회가 520회

49 R. H. 토니 지음/ 고세훈 역, 『종교와 자본주의의 발흥』 (서울: 한길사, 2019), 313 이하. 토니는 자본주의의 발전에 기독교가 윤리적 기여하기도 하고 대결을 하기도 하지만 자본주의가 심화하면서 자본주의적 종교로 변화하게 된다고 평가하였다.

교역자를 위한 부흥회가 18회 그리고 교역자를 위한 강좌회가 126회로 모두 664회의 부흥 집회의 강사로 순회하였다. 그리고 기관과 특수지역 선교는 군부대 전도 33개 부대 132회, 경찰서 10개 서 108회, 30개 학교 114회, 12개 종합병원 36회, 12개 교도소 71회, 11개 복지시설 136회, 17개 기업체 34회 전도, 그 외에도 충남 아동보호소라는 소년원과 방송을 통한 선교 등 전방위적 선교를 실행하였다. 그는 목민신학자였고 그의 목민신학은 항상 그의 복음적 실천의 열매들이었다.

VI. 목민신학의 전망과 예언적 민주화운동

고영근은 1972년에 전국 목회자들을 대상으로 목회자료 전시회를 열었다. 목회자료가 귀했던 시대이니만큼 목회자들을 돕는 사역의 일환으로 이를 실행하였다. 세속화 경향을 기독교가 수용할수록 고영근이 주장하는 기독교 영성과 기독교 윤리의 입지는 좁아지고 있었다. 1972년 8월 12일 숭전대학교에서 총회 연합 교역자 수련회가 개최되었다. 고영근이 저술한 목회계획은 1만 부 이상 전국 교회에 무료로 배포되어 목회자들이 큰 도움을 받았기 때문에 고영근 목사의 설교와 강연을 기대하는 참가자들이 많았다. 원래 주강사였던 그는 총회 다른 임원들의 강요에 밀려 여러 강의를 취소하게 되었다. 그러자 수련회에 참석한 다수의 목회자가 『목회계획』의 저자 고영근 목사를 찾았고 집행부에 고영근 목사를 강사로 세워줄 것을 요구하였다. 그는 다시 수련회의 주강사로 활동할 수 있었다. 그는 각 수련회 후에도 교회의 목회자료들을 수집하여 이런 자료에 목말라 있는 500여 명의 참석자에게 배포하였다. 그는 여러 차례에 걸쳐 목회자료 전시회를 개최하여 목회에 필요한 자료를 보급하였다.

전국 교역자 수련회는 1972년 숭전대학교, 1973년 새문안교회, 1974년 서울영락기도원과 대구 청천다락원, 1975년 서울신학대학, 매포수양관, 남경성기도원, 대구 청천다락원 등에서 개최되었다. 매년 500여 명이 참석하면서 당시에는 가장 큰 규모의 수련회로 유지되었다. 수련회가 개최될 당시 전국에 교회가 1만 개 정도였고 이에 500여 명의 참가자의 수는 전국에서 약 5%의 목회자들이 참석한 것이었다.

고영근 목사는 1976년부터 긴급조치위반으로 4년간 옥고를 치렀기 때문에 전국교역자 수련회를 개최할 수 없었다. 그가 출옥하고 나서 1982년부터 수련회를 재개하여 불광동수양관, 경남 기장연수원, 부산 동래온천, 호남신학교, 원주영강교회, 옥천수양관, 가나안농군학교 등에서 개최하였으나 전두환 군사정권의 탄압으로 큰 성공을 거두지는 못하였다.

고영근 목사는 전도목사로 부흥회를 열 때 화요일마다 지역 목회자 부부를 초청하여 목회 강좌를 개최하였다. 목회자의 자세, 설교학, 교회교육, 치리와 교회정치, 각종 심방, 전도학 등을 강의하였다. 대략 90~120분 강의였다. 이 강좌는 1971년부터 계속되어 30년간에 걸쳐 475회의 강좌를 개최하였다.

고영근 목사는 1971년부터 군인 선교에도 큰 관심을 가지고 사역하기 시작하였다. 1971년 육군 1군 사령관 한신 대장이 전군 신자화 운동을 전개하자 고영근 목사는 이를 적극적으로 후원하기 시작하였다. 그는 설교 자료집을 준비하여 군에 보급하였다. 출판비는 보목교회 윤제중 전도사와 송정호 장로, 상도교회 이지연 권사 그리고 본인과 주변 후원자들의 도움으로 1만 3천 권을 출판하여 군부대에 보급하였다.

이 시기를 지나면서 고영근 목사는 민주화운동에 참여하게 된다. 그가 박정희 정권과 충돌한 것은 1976년 대통령 긴급조치 9호 위반으로 인한 것이었다. 그러나 그의 대정부 예언 운동은 원래 1969년부터 시작된 것이었다. 그는 1969년 대통령 삼선개헌이 이루어지자 설교 강단에서 삼선개헌의 부당성을 조심스럽게 설파하였다.[50] 그러던 중 1974년 8월 15일 영부인 육영수 저격 사건에서 결정적인 정치적 문제를 발견하게 된다. 재일동포 문세광이 육영수를 살해했다는 정부의 보도를 그는 전혀 신뢰하지 않았다. 이는 마치 북한의 김일성이 가랑잎을 타고 강을 건넜다는 것을 믿는 것과 다름이 없다고 판단하였다.

또한, 고영근 목사는 이러한 공작정치를 자행하는 정치세력의 행위와 그에 대다수 국민이 맹종하고 있는 현실을 개탄하였다. 더욱이 일부 자격도 안 되는 목사들이 설교하면서 신도들의 판단력과 정의의 기강을 교란시키는 것을 보며 안타까워하였다.

그는 엄한 경호경비 속에 문세광이 총을 들고 입장할 수 있었던 이유가 무엇인지, 육영수가 맞은 총알이 문세광의 총에서 나온 것이 아니라는 주장과[51] 사망 후에도 육영수의 묘를 화려하게 꾸미고 국

---

50 고영근, 『이것이 나의 간증이요』, (서울: 한국목민선교회, 2002), 121.

51 문세광이 광복절 기념식장에 검문 없이 총기를 휴대하고 들어오게 된 경위, 일본 조총련 소속의 문세광을 한국 정부 기관이 이미 인지하고 있었다는 정황, 문세광이 발사

민의 참배를 유도한 것이 유신체제로 위기에 빠진 정권을 구하려는 공작이라는 주장이 있었다고 회고한다.[52] 그는 1989년 육영수 사건의 공소시효가 지난 후 진범이 문세광이 아니라 청와대 사수였다는 모 주간지의 발표가 있었으나 재조사는 없었다고도 기억한다.

고영근이 이러한 사실을 목도하고 이것이 공작정치라고 판단하였다. 고영근은 이러한 추론에도 불구하고 확실한 증거를 제시할 수 없었기 때문에 정부는 육영수의 묘소 참배를 강요하지 말라고 충북 단양교회의 부흥회 설교 시간에 짧게 언급하였다. 그런데 이 발언이 문제가 되어 단양경찰서에 고발되었다. 고영근은 이 발언으로 긴급조치 9호 위반 혐의로 15년 구형을 받고 7년 징역을 언도 받았다.

고영근의 긴급조치위반 사건의 전모는 그가 후에 저술한 『옥중수기』에 자세히 기록되어 있다.[53] 고영근은 1972년 여름부터 한국교회를 위하여 고난과 핍박을 받을 준비를 시작하였다. 그 무렵부터 가족들에게도 고난을 받을 각오를 하여야 한다고 말하기 시작하였다. 그리고 1975년 2월에 동아일보 탄압 때에 아모스서에 근거한 선언문을 준비하여 게재하려 하였다.

정권욕에 눈이 어두워 公義와 人權을 外面하는 政治人들이여!

한 실탄의 궤적과 탄도의 불일치, 문세광이 발사한 실탄 수보다 많았던 총격 소리, 총격 후에도 광복절 기념식을 속개하였는데 어떻게 문세광 외 다른 용의자가 없다는 확신을 할 수 있었는가에 대한 의문 - 이런 점은 이미 정부가 다른 용의자가 없다는 것을 인지했을 개연성이 큰 것으로 보는 추론이 가능하게 한다. 따라서 이 사건을 정부가 사전에 인지하고 있었을 거라는 합리적 추론이 가능하다는 주장이 있다.

52 고영근, 『이것이 나의 간증이요』, 127.

53 고영근, 『설교자료집 -사도행전 (옥중수기)』, (서울, 혜선출판사, 1977).

부정부패하여 사치 향락에 도취한 不實기업가들이여!

72억 不正者보다 애국 인사를 엄벌하는 不義한 처사들이여!

권력자에게 고귀한 良心을 팔아먹는 간신배들이여!

고귀한 국민 주권을 선심 공세에 빼앗기는 나약한 주권자들이여!

십자가만 찬양하고 십자가를 지지 않는 無能한 종교인들이여!

하나님의 심판과 역사의 심판이 닥쳐오기 전에 속히 회개합시다.

그리고 우리의 生存을 위하여 그 나라(信仰) 그 의(正義)를 구합시다.

(구약, 아모스 5:1-15)

서울특별시 종로5가 기독교회관 807호

대한민국 국민이며 목사인

〈高永根〉.[54]

이러한 일련의 사건들이 진행되던 중 1976년 3월 8일 충북 단양장로교회(정행업 목사 시무)에서 부흥회를 하던 중 통일교를 비판하는 설교를 하였다. 통일교의 성적 방종을 꾸짖고 통일교를 후원하는 정부를 비판하였다. 다음날 낮에 통일교 관계자가 고영근을 찾아와 정부 비판을 철회하라고 위협적으로 요구하였다. 그러나 고영근은 그날 저녁도 유흥 풍조를 비판하고 금주의 필요성을 강조하면서 양주수입과 양곡 수입하는 나라에서 금주는 필수라는 주제로 설교하였다. 언뜻 보면 당시의 정부의 정책과도 일치하는 설교였다.[55]

부흥회를 마친 고영근은 단양경찰서에서 직원 50명에게 강연 요

---

54 고영근, 『설교자료집 -사도행전 (옥중수기)』, 301.

55 위의 책, 303.

청이 왔다는 이야기를 듣고 경찰서를 방문하였으나 강연은 없었고 취조를 받았다. 고영근은 조사를 명목으로 단양경찰서 유치장에 수감 되었다. 부흥회는 중단되었고 그는 5일간 구류를 지내고 제천경찰서로 압송되었다. 그리고 조사를 받던 고영근은 한 주 후 3월 24일에 충주로 다시 이감되었다. 충주에서 취조를 마치고 7월 2일 서울구치소로 이송되었다. 그는 서울구치소에서 수인번호 5195번을 받았다. 고영근은 5개월간 수감 되었던 안양교도소로 또다시 이송되었다. 수 개월간 수감생활은 지병인 당뇨병을 악화시켰다. 3개월을 안양교도소에서 보내고 다시 서울구치소로 온 고영근은 새로운 수인번호 5633번을 부여받았다. 구치소에 있는 동안 고영근은 전도를 멈추지 않았고 기회가 닿으면 설교를 하였다. 힘겨운 구치소 생활이 지병을 악화시켜 보석을 신청하였고 1년 4개월 만에 석방되었다.[56]

고영근은 옥중에서 인간 사회의 가장 비극적인 모습을 목격하였다. 그리고 수인들의 범죄뿐 아니라 교도소의 살풍경한 모습도 깊이 경험하였다. 그러나 고영근은 옥중에서도 전도와 설교로 사람들을 변화시키려 하였고 여러 종류의 도서를 차입하여 독서에 열중하였다. 수감 중에 그가 독서한 책은 기독교 서적 30권, 역사 서적 66권, 종교서적 13권, 교양서적 38권이었다.[57]

그는 김수남 교도관의 허락을 받고 교도소에서 예배를 인도하였다. 예배를 거부하거나 훼방하는 이들도 있었으나 간곡한 설득으로 예배 분위기는 점점 좋아졌고 한 달 후에는 회심자들이 나타나기 시작하였다. 안양교도소에서는 22개의 주제로 연속 교양강좌도 개설

56 위의 책, 320.

57 위의 책, 356.

하여 재소자들을 교화하는 데 힘썼다.[58]

고영근은 옥중에 있던 490일 동안 나라와 민족의 복음화를 위한 기도를 쉬지 않았다.[59] 그리고 7년 후에 다가올 한국선교 100주년을 목표로 1천만 신자를 육성하기 위한 계획을 수립하는 데도 진력하였다.

그는 수감 중인 490일 동안 모두 12회에 걸쳐서 재판을 받았다. 1976년 월 21일 충주지방법원에서 열린 심리공판에서 시작하여 1976년 6월 16일 충주지방법원에서 열린 4차 공판에서 고영근은 징역 7년에 자격정지 5년을 선고받았다.[60] 1976년 10월 8일 서울고등법원에서 고영근의 항소 재판이 시작되었다. 1976년 11월 5일 서울고등법원 117호 법정에서 열린 공판에서 고영근은 1심보다 감형된 징역 2년에 자격정지 2년을 선고받았다.

1977년 2월 22일 대법원의 최고심에서 고영근에 대한 하급심의 판결이 위법이라는 판결을 내려 고등법원으로 돌려보냈다. 1977년 5월 12일 환송심 재판이 열렸고 1977년 6월 9일에 고영근은 징역 1년 6월에 자격정지 1년 6월을 선고받았다.[61] 이것이 그의 최종심이 되었고 고영근은 대법원 상고를 포기하였다. 대법원에 상고를 하게 되면 이미 받은 형량보다 더 오래 구치소에 수감되어 재판을 받아야 했기 때문이었다.[62] 1977년 2월 22일 대법원 심리에서 재판부는 고영근에게 적용된 혐의 대부분이 이미 언론에 보도된 사실들이고 하급심에서 "증거 없이" 유죄 판결을 내린 것을 부당하다고 판결하였다.

---

58 고영근, 『설교자료집 -사도행전 (옥중수기)』, 357-359.

59 위의 책, 363.

60 위의 책, 390-392.

61 위의 책, 399.

62 위의 책, 400.

대법원의 선고 취지는 고영근이 무죄라는 것이었다.

고영근 목사가 민주화 투쟁의 선봉에 서게 되고 적극적 예언 활동을 하게 된 것은 1976년 긴급조치 9호 위반 사건으로부터 본격화되지만, 그의 예언운동의 원천적 힘은 복음적 교회개혁과 사회정화를 추진하였던 1968년부터 이미 그 토대가 구축되기 시작하였다고 할 수 있다.

고영근의 국가 권력과의 충돌은 정치적 성격을 넘어서는 것이었다. 고영근은 민족의 기독교 국민운동을 통해 갱신하려는 목민신학을 수립하고 성서적 원칙에 근거한 사회상을 구축하고 있었다. 그런데 10월 유신은 경제제일주의에 근거하여 국민을 물질욕에 취하게 하고 그에 따라 시민정신과 사회도덕의 문란과 한국 사회를 식민지적 과거로 퇴행시키는 정치적 시도였다. 고영근의 목민신앙은 이러한 유신체제의 타락한 모습을 질타할 수밖에 없었고 그의 활동은 목민목회자로서 예언자적 소명이 발현하였던 것이다.

VII. 고영근 목민사상의 역사적 의의

고영근은 목민이라는 개념을 1970년대에 들어서서 사용하기 시작하였다. '목민'이라는 말은 원래 다산 정약용의 목민심서(牧民心書)에서 기원하는 것이다.[63] 개혁적 사대부였던 다산이 사용한 백성을

63 『목민심서』의 내용은 행정관이 관직에 임하여 임직할 때부터 이임 때까지 필수적 태도를 6개의 행장으로 나누어 기술한 것으로 일종의 공직자의 업무 규범과 윤리에 가까운 성격의 글이다.

돌본다라는 뜻의 목민 개념은 적어도 전근대적 계급과 신분 개념을 내포하고 있다. 정약용의 백성(百姓)으로서의 민(民)은 전통적 한국 사회의 기본 구조를 이루는 혈연적 출계 집단의 결합체인 백성을 의미하였다.

고영근이 사용한 목민이라는 용어는 1970년대에 나타난 실학 연구의 성과와 시기적으로 어느 정도 일치한다. 그런 점에서는 고영근의 목민은 실학자인 정약용의 용어와 외형적으로 일치한다. 그러나 어의적인 의미에서 '목민'의 의미는 일치하지만, 고영근의 사상과 실천의 맥락에서 볼 때 그가 사용한 '목민'은 백성이 아닌 '민족'을 의미하는 것이라고 보는 것이 타당하다. 고영근은 목민에 대하여 이렇게 설명하였다.

> 예수께서 전도하실 때 큰 교회를 세우시고 민중들을 교회로 오라고 한 것이 아니었고 **민중** 속에 깊이 침투하셔서 그들을 사랑하시고 가르치시면서 복음을 전파했던 것입니다(마태 9장 35-40). 지금도 목사는 교인만을 위한 목사가 되지 말고 전체 **국민**을 위한 목사가 되어 목자가 양을 치는 심정으로 목민 선교하는 국민 목회자를 하나님이 원하시며 또 이 시대가 요청하고 있는 것입니다. 그러기에 나도 牧民하는 심정으로 우리 **민족**의 현재와 미래를 염려하면서 하나님 말씀으로 민중을 지도하고자 애를 쓰며 정치, 경제계 실무자에게 건설적인 건의도 하게 되었던 것입니다. 옛날 선지자들은 민중의 생활전체를 지도하며 삶의 방향을 명확히 제시하였습니다(아모스 5장). 그러기에 나도 예언자의 사명을 갖고 지금까지 일해 왔으며 앞으로도 일할 것입니다.[64]

여기에서 고영근은 목민의 민(民)을 현실 목회현장에서 만나는 모든 이들을 지칭하는 민중, 모든 민중이 대한민국이라는 하나의 단위로 묶은 국민, 국민과 민중 모두를 포괄하는 개념으로 항구적인 역사적 실체로서 민족이라는 용어를 사용하고 있다. 결국, 그의 목민은 민중, 국민, 민족을 포괄하는 포괄적 개념으로 공유하고 있다.

1960년대 말에서 1970년대로 넘어가면서 고영근의 목회는 전북 갈담리와 백운리의 지역 목회에서 경험을 토대로 민족목회로 그 구상이 확대되고 있었다. 고영근은 자신의 이러한 구상을 『한국교회 혁신과 사회정화방안』, 『목회계획』, 『한국교회의 나갈 길』이라는 저술을 통해서 기획하였다. 그리고 북아현교회와 성수동교회에서 잠시 목회한 것을 마지막으로 그는 총회전도목사, 전국부흥사협의회 그리고 목민선교회를 조직하여 그가 구상하던 교회개혁과 사회개혁의 깃발을 올리게 된다.

고영근의 이러한 시도는 한국 복음주의 전통의 새로운 국면으로의 발전이었다. 그는 갈담리교회에서 전후 이념적 투쟁과 전쟁으로 피폐해진 농촌 마을을 목회적 돌봄과 영적 치유를 통해 재건하려는 시도를 통해 어느 정도 성과를 거두었다. 대전 백운교회는 이러한 그의 시도를 더욱 확장하고 구체화하는 현장이었다.

그는 목회를 전통적 장로교회의 목회자 중심에서 교인과 목회자의 파트너십을 형성하는 동등한 구조의 확립을 통한 민주적 구조를 통해 성취하려 하였다.[65] 그는 초기에는 목회자가 교인들을 가르치

---

64 고영근, 『설교자료집 –사도행전 (옥중수기)』, 295.

65 고성휘, “1960년대 백운교회 지역선교 사역을 통한 고영근의 목민목회 연구”, 「한국기독교와 역사」 51권 (2019년 9월), 276-278.

고 훈련하는 교사와 지도자의 역할을 하지만 일정 시기가 지나면 교인들은 자신의 고유한 사역과 역할을 갖게 되고 주체적 역량을 갖고 교회 사역과 지역사회 개발에 참여하였다. 이는 전통적 장로교회의 목회적 권위 대신 동등성과 민주적 운영이라는 새로운 모형을 구체화한 것이었다.

그는 지역사회의 자치와 연대를 통한 사회개혁이라는 새로운 모형을 만들어 나갔다. 사실 고영근의 이러한 모형은 일제강점기 한국교회의 기독교 농촌·사회운동이 추구하던 것이었고 4.19 시민혁명 이후 대두된 시민사회의 자율성이라는 시대적 과제를 자신의 지역교회 목회를 통해서 구현하려 시도한 시대적 요청에 대한 응답이기도 하였다.[66]

고영근은 신학적 신앙적 정통보수주의자였으나 교리에 얽매이지는 않았다. 그는 교리보다는 성서에 충실한 사역자였다. 그는 성서를 묵상하고 기도에 집중하는 사역자였다. 교리가 주는 억압적이고 완고한 사유가 아닌 성서가 주는 영감과 깊이로의 내적 변화와 성숙이 고영근의 목회 활동의 근본적 바탕이 되었다. 그는 성서의 메시지를 숙독하고 수용하면서 그것을 자신이 활동하는 목회현장에 적용, 실천하고 다시 그 결과를 피드백하여 성서에서 진일보된 해답을 추출하여 적용하는 해석학적 순환의 모형을 적용하였다.

고영근은 목민신학과 목민실천이 가지는 목회신학적 방법론에 기여하여 해방 후 신국가 신사회 건설을 추구하던 한국 사회에 기독

66 일제강점기 한국교회 농촌운동과 사회운동을 주도한 배민수·유재기·홍병선 등의 활동이 있었고 해방 후에도 한국교회는 신국가 건설이라는 거대한 시대적 요구에 부응하여 최태용·배민수 등이 활동한 바 있다.

교회가 공헌하고 선도할 수 있는 모형을 제시하였다. 이는 기독교가 고루하고 낡은 교리에 얽매인 종교가 아니라 항상 새로운 시대에 영감과 혁신 윤리적 표준을 제시하여 역사를 근원적으로 변혁시키고 이끌어 가는 살아있는 신앙임을 보여주었다.

고영근의 이러한 목민목회는 한국 현대사 속에서도 독특한 공헌을 하였다. 한국의 개신교 수용 시기가 일제강점기와 겹쳤기 때문에 필연적으로 민족문제와 결부되었다. 일부 과격한 무장투쟁도 있었으나 개신교는 영적, 윤리적, 사회 개혁적 모형을 추구하여 기독교 민족운동이라는 독특한 역사적 유산을 갖고 있었다.

해방 후에도 기독교는 신국가 건설이라는 대명제를 한국 사회와 공유하며 기독교적 가치를 통해 새로운 사회건설에 나섰다. 이는 한국 개신교가 해방 이전에 추구하던 기독교적 근대화 모형을 해방 후에는 기독교적 사회운동으로 전환시키려 하였다고 평가할 수 있다. 그러나 교회는 영적 생활이라는 종교적 영역을 중심으로 신학과 제도가 구성되어 교회 안에서 사회운동이 주된 역할을 하는 데에는 한계가 있었다.[67]

반면 고영근의 경우는 지역교회가 지역사회와 긴밀하게 연결되고 지역교회가 주체적 역할을 하는 구조를 구상하고 실천하는 새로운 모형을 제시하였다. 그것은 교회론에 있어 일종의 혁명이었다. 그리고 신학적으로 평가할 때에도 성서는 영적인 것에서 사회적인

67 해방 전에도 기독교 농촌운동이나 사회운동은 제도 교회 내부에서보다는 제도 교회 밖에서 이루어졌다. 신민회와 흥업구락부 동지회 등 기독교 민족운동 단체들의 대부분이 그러한 경우에 해당한다. 해방 후에도 배민수·최태용 등도 교회 외부에 기독교 운동을 실천하였고 김용기의 가나안 농군학교도 교회의 외곽 단체가 된다.

것으로의 변화의 모델이 명시되어 있다. 다만 기독교의 역사 속에서 교회를 영적 기관으로 보려는 신학적 시도를 통해 교회의 사회적 정의와 역할이 축소되어 온 측면이 많았다. 고영근의 목민신학은 이러한 교회의 전통을 재해석하고 개신교회 목회의 영적 사회적 균형의 모델을 제시하였다고 평가할 수 있다.

고영근의 목민목회는 원칙적으로는 성서의 메시지에 충실하였다. 그리고 그는 성서에서 그의 시대적 요구에 부응하는 답을 찾아내려 하였다. 고영근의 목민목회는 시민민주주의와 조화하는 신앙공동체를 구현하는 역사적 공헌을 하였다. 4.19 시민혁명과 5.16 군사 쿠데타라는 상반된 정치적 상징사건은 이 시대에 대립하는 두 힘을 상징한다. 군사정권은 4.19의 유산을 어느 정도 수용하는 선에서 1960년대를 지냈다.

그러나 1969년 대통령제 삼선개헌과 뒤이어 1970년대에 등장한 유신체제는 한국 사회를 일제강점기의 권위주의와 집단주의적 지배체제로 퇴행하는 결과를 초래하게 되었다.[68] 고영근은 성서적 보수주의에 기초한 복음 사역자였지만 1970년대 민주화운동의 기수가 된 것은 이러한 시대적 요구에 기독교가 부응하는 한 모형임과 동시에 그의 목민사상의 실천에서 나타난 필연적 귀결이었다고 평가할 수 있다.

고영근의 사상 체계에서 한국은 하나님의 말씀이 선포되고 그 능력을 통해서 기독교화가 이루어져야 하는 곳으로 인식하고 있었

---

68 한국 사회의 파시즘적 권위주의 유산에 대해서는 변은진, 『파시즘적 근대체험과 조선민중의 현실인식』 (서울: 선인, 2013); 방기중 편, 『식민지 파시즘의 유산과 극복의 과제』, (서울: 혜안, 2006)을 참조할 것.

다.[69] 그는 시종일관 하나님의 뜻이 역사 현장 안에서, 삶의 중심에서 관철되어야 한다고 보았다. 개인의 영적 변화에서 교회의 변화로 교회의 변화에서 사회의 변화로 나아가며 종국적으로는 정부가 성서적 가치를 입법화하고 실천하여야 한다고 보았다.[70]

고영근의 목민신학의 사유는 멈추지 않고, 멈출 수도 없는 하나님의 활동하심에 근거하고 있었다. 그는 인류의 역사 전체가 항상 하나님의 권능 아래에 있고 기독교인은 이러한 하나님의 요구에 부응하여야 한다고 보았다. 그는 성서의 복음이 사회변혁과 역사의 동력으로서 작용한다고 확신하고 있었다. 그 시대의 사람들에게 요청하시는 하나님의 요구는 하나님 나라의 근원적 모형으로 타락한 세계로부터 구원의 능력을 맛보아 새로운 사회로 나아가는 시대적 소명으로 귀결된다.

그 역사 변화의 근원에는 인간의 모든 역사와 사건을 주도하시는 하나님의 전능하신 능력에 의한 것이라는 신앙이 고영근의 목민신학의 바탕에 있었다. 고영근의 지칠 줄 모르는 사역과 변혁의 에너지는 바로 그 쉬지 않고 일하는 하나님의 능력에 있었다. 이는 한국 기독교 역사의 중요한 유산이며 그의 독보적 성취라고 할 수 있다.

고영근이 목민목회를 통해 공헌한 또 한 가지는 시민민주주의의 확산과 입헌 정신의 추구라 할 수 있다. 고영근은 민주화운동을 통하여 박정희 정부를 비판하고 박정희의 하야를 요구하였다. 급진적 혁명가들은 정부를 전복하고 혁명정부를 수립하는 과격한 입장을 취하기도 한다. 고영근은 대표적인 민주화운동의 기수로 알려졌음

---

69 고영근, 『한국교회의 나아갈 길』, 51.

70 위의 책, 270-279.

에도 이러한 태도를 지양하였다. 그는 체제를 종결하려는 혁명가가 아니었다. 그는 신앙으로 거듭난 사람들이 예수의 교훈으로 예수의 인격으로 바꾸어가는 혁명을 꿈꾸었다. 그는 성서의 교훈에 근거하여 새로운 사회를 창출하는 긍정적 태도로 일관하였다. 그는 현실의 정치와 사회를 비판하는 것을 목표로 하지 않았다. 그의 목표는 항상 성서에 근거한 새로운 사회와 새로운 삶을 구현하는 데 있었다. 그는 파괴자가 아니고 창조자가 되길 원했다.

고영근의 이러한 기독교적 시민민주주의는 입헌주의와 연결되었다. 고영근은 사회의 변화는 통치자의 능력에 의존하지 않고 선진화된 법과 제도를 통해 실천된다고 보았다. 그는 정치적 엘리트주의를 배격하고 시민사회의 성숙과 자율성을 통해서 한국 사회의 진보가 이루어진다고 보았다. 이 역시 종교적 엘리트의 역할보다 하나님의 율법을 더 중요하게 여기는 성서의 전통에 기초하고 있다. 고영근의 이러한 목민신학과 실천은 장시간에 걸쳐 발전적 형식을 띠었지만 본질적으로는 성서에 근거한 것이었고 고영근은 그 무엇보다도 성서의 사람, 기도의 사람이었기에 그의 모든 것이 가능했다.

고영근의 목회 시대는 파시즘적 과거로 회귀하려는 권위주의와 해방과 4.19 시민혁명의 민주화의 기풍이 대립하는 이중적 사상 대결의 시기였다. 고영근은 목민신앙을 통해서 시민정신과 민주주의를 구현하려 하였다. 그는 복음의 영역을 교회 밖의 사회를 변화시키는 동력이 되게 확장하고 교회를 중심으로 지역사회와 더 나아가 민족과 국가를 변화시키는 민족목회의 영역으로 확장하려 시도하였다. 거기에는 교회와 사회의 결합을 추구하는 새로운 복음주의 모형이 시도되고 있었고 기독교와 세계를 유리하였던 전통적 보수주의와 달리 기독교회의 역량을 통해서 이 땅에 하나님의 뜻이 구현되는 하나님 나라의 실천을 추구하였다.

고영근의 기독교 사상의 뿌리는 순교적 신앙에 근거한 한국 보수주의 복음적 신앙이었다. 그러나 고영근은 이러한 전통을 단순히 답습하지 않고 교회의 역할과 복음의 능력의 확대를 통해 하나님의 직접적 통치가 이루어지는 하나님 나라 운동을 목민목회라는 형태로 역사화하였다.

이는 전통적 장로교 신학의 존재론적 구조에서 벗어나 역동적 구조 즉 하나님은 오늘도 내일도 계속 일하시는 분이라는 역동적 구조를 보여준다. 고영근의 신학적 사고는 서구 신학의 하나님의 존재론과 존재 분석에 기초한 교리주의가 아니었다. 고영근의 신학은 성서에 계시된 하나님, 즉 역사 속의 하나님, 사람을 변화시키시며 하나님 통치의 영역을 확장하시는 하나님의 모습에 근거한다. 즉 고영근의 목민신학은 성경적 사고의 역동적 성격을 추출하여 한국이라는 역사 현장에서 구현하려던 창의적 시도라고 평가할 수 있다.

고영근은 한국교회의 기독교 민족주의의 전통을 수용하였다. 한국기독교의 선교 시기는 일제강점기와 시대적 일치를 보였다. 그러한 이유로 한국기독교는 민족 구원이라는 실천적 명제를 붙들고 씨름하였다. 이는 한국의 기독교 민족주의라는 독특한 역사적 산물을 만들어냈다. 기독교 민족주의는 기독교를 통해 새로운 자아, 새로운 민족으로 새롭게 되어 하나님의 뜻에 의한 새 민족이 탄생하는 것을 의미하였다.[71]

---

71 케네스 M. 웰스/ 김인수 옮김, 『새 하나님 새 민족』 (서울: 한국장로교출판사, 1997), 2장. 자아 개조의 개념에 주목할 필요가 있다. 웰스는 한국 기독교 민족주의의 일관된

고영근은 기독교 민족주의를 수용하였고 과거의 민족주의에서 진일보하여 기독교 민주주의라는 새로운 형태로 제시하였다. 개인으로서 기독교인의 회심과 개인의 윤리적 책무를 지닌 기독교인이 정치, 경제, 사회, 문화를 개혁하는 기독교를 구상하였다. 그는 교회를 통한 연대적 주체로서 한국의 시민민주주의의 올바른 방향을 지도하고 계몽하여 궁극적으로 하나님의 나라를 이 땅에 구현하는 것이 그의 기독교 민족주의의 수용형식이고 변화의 모형이었다.

한국교회의 기독교 민족주의는 1897년 독립협회 사건으로 한성감옥에 투옥되었던 애국청년들이 회심하여 상동청년회(1904), 신민회(1907) 그리고 1920년대의 다양한 기독교 민족운동의 확산으로 나타났다. 그러나 한국기독교 민족운동은 교회 내에 깊이 수용되지 못하였다. 외적으로는 일제의 탄압이 지속되었고 내적으로는 교회를 오직 영적인 기구로 인식하였던 종교적 보수주의자들이 교회의 민족운동을 경계하였기 때문에 기독교 민족운동은 교회라는 기구 외곽에 별도의 기독교인이 조직한 단체들을 통해서 운영되었다.

1905년 을사늑약의 압박 아래 상동청년학원을 이끌던 전덕기가 선교사 스크랜턴에 의하여 축출되고 청년회가 해체된 이래로 교회 내에 기독교 민족운동이 공식적으로 존재한 예는 없었다. 일제강점기 배민수와 유재기 등이 주도하였던 예수촌 운동도 하나님 나라의 구현을 추구한 운동이었으나 이것은 장로교 농촌부라는 교회 밖 별도의 조직을 통해서 수행되었다.

해방 후에는 대표적인 기독교 민족운동으로 김용기 장로의 가나

이념을 자아 개조의 사상이라고 평가하였다.

안 농군학교가 있었다. 그러나 이 역시 교회가 아닌 농군학교라는 별도의 조직을 통해서 이루어졌다. 그러나 고영근은 일반 지역교회인 강진교회 백운교회 북아현교회를 통해 지역사회의 변화를 기독교가 주도하는 형태로 시도하였다.

고영근이 구상하고 주도한 목민목회는 지역교회와 지역사회가 결합한 독특한 모형이었다. 한국교회는 근대 복음주의 교리 체계에 근거하여 수립되었고 그 교리의 핵심은 영혼 구원이라는 속죄론적 신학에 근거하였기 때문에 한국의 역사적인 교회에서 사회개혁을 추구하는 운동은 교회 내의 운동으로 자라기 쉽지 않았다.

그러나 고영근의 목민신학과 목민목회는 교회와 지역사회를 결합하고 교회의 수평적 연합을 통해 교회의 전체적 갱신을 추구하였다. 이를 동력으로 한국 사회의 각 부문과 나아가 한국의 국가 정책을 기독교화하려는 구상으로써 한국기독교 역사 속에서 처음 시도되었던 완성적 구상이라는 점에 그의 교회사적인 의의를 확인할 수 있다.

한국의 일반적 보수주의 교회가 교리적으로 스스로 게토화 하였다. 그 반대의 경우는 사회의 자원을 교회로 흡수하여 소규모의 기독교 제국을 형성하여 왔다. 이러한 자기충족적인 의로운 종교제국에 대하여 고영근은 그것이 가져오게 될 타락상과 비극적 모습을 예견하였다. 그는 교회가 복음의 본질을 회복하고 하나님의 의로우신 역동적 활동의 도구로 헌신하고 쓰임 받을 때만 교회의 참된 존재양식이 발현된다고 확신하였다.

그는 교회가 복음의 능력으로 지역사회를 변화시킬 수 있다는 사실을 강진교회와 백운교회에서 경험하였다. 그의 이러한 경험은 교회가 한 지역뿐 아니라 한국 민족, 한국의 지역사회, 한국 전체의 변화를 이끌 수 있는 영적 주체로서 그 역사적 역할을 감당할 수 있다는 원대한 비전으로 나타났다. 이는 한국교회사에서 기독교 기관이 아닌 교회가 사회 변화 나아가 역사 변혁의 주체가 될 수 있다는 신약성서의 교회론을 복원하였던 시도였다.

VIII. 나가는 말

고영근 목사는 신앙적으로 초기 한국장로교회의 청교도적 전통을 이어받았다. 그는 전형적인 청교도적 장로교 목사였다. 하나님의 말씀에 철저하게 의존하였고 이를 통해 개인의 영적 변화, 교회의 성장 그리고 사회의 변화와 하나님의 나라를 도래할 것을 전망하였다.

오랫동안 지역 목회의 경험으로 한 교회의 영적 성숙에 7년이 걸린다는 것을 경험적, 과학적으로 가늠할 수 있었고 이는 그의 저술을 통해 제시되는바 목회, 영적 경험, 성서 연구를 천지인 범주의 한국적 토착화 신학의 형태로 구성되었다. 이러한 사상적 구조는 한국교회 목회자들의 호응을 크게 얻어 전국적으로 큰 영향을 미칠 수 있었다.

1960년대 말에서 1970년대 초의 시대는 고영근에게는 지역교회의 기독교화에서 민족의 기독교화라는 목민사상으로의 전환기에 해당한다. 이 시기에 그는 자신의 목민사상을 구체화하는 청사진을 『한국교회혁신과 사회정화방안』(1968), 『목회계획』(1971) 그리고 『한국교회의 나아갈 길』(1972)로 그려내었다. 여기에는 세속화의 물결에 저항하여 기독교적 가치로 교회와 민족을 구원하려는 예언자적 목회자의 전망이 드러난다.

그는 시대의 흐름을 주시하는 사회적 전망을 놓치지 않았다. 1960~1970년대 전환기에 나타난 거대한 정치 · 사회적 갈등과 이념적 및 경제적 혼란 속에서 복음과 상황의 가교를 잇는 예언자적 활동을 하였다. 이것은 그의 목민사상과 목회적 영성의 발전 과정에서 필연적 결과물이었다. 특히 교회를 역동적인 하나님 나라의 전초기지로 인식하고 이를 통해 한국 사회를 개혁하려던 그의 사상은 독보적이라 평가할 수 있다.

4 · 19 이후 한국 사회의 근본적 사상이 된 시민민주주의와 청교도적 신학의 융합이 그에게 나타났고 훌륭한 융합을 이루어낼 수 있었다. 한국 근대사의 두 전통인 기독교와 민주주의 결합의 필연성을 인식하였고 자신의 목회와 예언자적 활동을 통해서 둘을 변증법적으로 융합해 내었다. 그럼으로써 한국교회의 역사 속에서 교회가 단지 종교적 기관에 머물지 않고 세계를 변혁시키고 하나님의 나라를 구현하는 전위적 공동체로 역할을 할 수 있음을 보여주었다. 그것은 교회론의 새로운 영역이 되었다.

고영근은 물러서지 않는, 멈추지 않는 하나님 말씀의 사람이었다. 이러한 고영근의 모습은 현대 한국교회의 역사 속에 뚜렷한 발자국으로 남아 있다. 그의 영감과 헌신, 특히 하나님의 나라의 전진기지로서 교회론에 대한 재정립은 향후 한국교회 개혁과 소명의 재발견에 중요한 방향타가 될 것이다.

참고문헌

강만길 외. 『민찬 한국사 19권』. 서울: 한길사, 1995.

고영근 목민연구소. 『목사 고영근의 시대를 향한 외침 1 -긴급조치 구속사건 관련 사료집』. 서울: 새롬출판사, 2012.

고영근. 『한국교회 혁신과 사회 정화방안』. 대전: 백운교회 전도부, 1968.

______. 『목회계획』. 서울: 보이스사, 1971.

______. 『한국교회의 나아갈 길』. 서울: 한명문화사, 1972.

______. 『설교자료집 -사도행전 (옥중수기)』. 서울, 혜선출판사, 1977.

______. 『죽음의 고비를 넘어서 - 상권』. 서울: 한국목민선교회, 1981.

______. 『새로운 목회계획』. 서울: 목민출판사, 1997.

______. 『이것이 나의 간증이요』. 서울: 한국목민선교회, 2002.

고성휘. "1960년대 백운교회 지역선교 사역을 통한 고영근의 목민목회 연구." 「한국기독교와 역사」 51권 (2019.9).

방기중 편. 『식민지 파시즘의 유산과 극복의 과제』. 서울: 혜안, 2006.

변은진. 『파시즘적 근대체험과 조선 민중의 현실 인식』. 서울: 선인, 2013.

웰스, 케네스 M./ 김인수 옮김. 『새 하나님 새 민족』. 서울: 한국장로교출판사, 1997.

토니, R. H./ 고세훈 역. 『종교와 자본주의의 발흥』. 서울: 한길사, 2019.

제주 교역자 수련회(1972. 3. 20.~24.)
고영근은 제주와 깊은 연관이 있다. 포로수용소에서 석방된 후 바로 군 생활을 시작하였고 제주로 간 후 모슬포훈련소와 강병대교회 생활을 하면서 제주중부교회, 제주도두감리교회, 제주 대정교회 등과 인연을 맺기 시작하였다. 70년대에는 제주보목교회, 영락교회, 서귀포장로교회 등 교회 목회자들과의 관계를 확장하였다. 특히 보목교회와 서귀포교회는 군대에 『설교자료집 (군인용) 13,000권을 기증할 수 있도록 후원하였다.

전국교역자 수련회 및 목회자료전시회(1972. 7. 17.~21. **숭실대학 강단, 한국기독교선교회 주최**)
전국에서 약 500여 명의 목회자가 수련회에 참가하였다. 목회계획과 전시된 목회자료는 정보가 빈약하였던 목회자들이 목회계획을 세우는 데 큰 도움이 되었다. 고영근 목사는 교역자 수련회의 강사로서 수련회를 이끌었다. 그는 전국 단위의 교역자 수련회 이전에 각 지구 교역자 수련회와 연합부흥회를 실시하고 이 성과를 모아 전국 단위의 집회를 기획하였다.

교역자 수련회에서 목회자들에게 큰 관심을 갖게 한 것은 목회자료 전시회이다. 각 지역 목회자들에게 다양한 정보를 제공하여 목회에 실질적인 도움이 될 수 있도록 이끌었다. 각 교회 주보, 행정서식, 목회계획서, 기타 인쇄물 등 약 1,200여 점이 전시되었다. 구체적으로는 전도지 전시품(사진 화보, 3대 완전, 3대 혁신, 캘린더 기도문, 캘린더 전도지, 아파트 전도지, 학생회 전도지, 부흥회 안내장), 서식 전시(주보, 각부 보고서와 일지, 목회 보고서, 각 기관 수첩, 목회 지시, 청구서, 증명서 추천서, 장례식 기도문, 각종 봉투), 전시 품목(교회연혁, 교회현황, 교회좌표, 교회서식, 전도지, 전도용 물품, 목회활동사항, 교육활동사항, 전도활동사항, 재정결산예산, 교역자 활동사항, 각기관 활동사항, 새로운 계획) 등이 전시되었다. 1972년 한 해만 해도 전시회 참가 누적 인원수는 2,120명에 달한다.

부흥사 수련회(1972. 7. 3.~5. **불광동 수양관**) 그는 1972년 부흥사협의회 총무로 일하면서 부흥사 재교육을 위한 수련회를 매년 개최하였다. 그는 "부흥사에게 사회적 사명과 영성을 겸비하게 하려고 부흥사를 위한 수련회를 주도하였다"라고 회고한다. 당대 유명 부흥사들의 초기 모습을 볼 수 있다.

전국교역자 수련회 및 부인회 강좌회(1973.11.1. 새문안교회, 한국기독교선교회 총무 재직 당시)
한국기독교선교회에서 주최한 전국교역자 수련회가 1970, 1971, 1972년 참여인원이 점점 늘어나자 1973년에는 교역자 수련회와 교역자부인회 강좌회, 평신도 강좌회, 목회자료전시회를 동시에 열었다. 교역자와 평신도가 일치하여 복음화운동에 공동전선을 펴기 위함을 목적으로 삼고 민족복음화를 위한 목회계획과 구조복음화를 주제로 삼았다. 약 500여 명의 목회자가 참석하였다.

제1회 아주복음연의회의(亞州福音聯誼會議) 전체대표합영(全體代表合影)(1974. 10. 16.~19. 대만 양밍산) 한국기독교선교회 총무로 재직했던 시기에 강신명 목사 등 9명의 목사들이 대표로 참석했던 회의였다. 14개국 대표자와 회의, 아시아 국가들은 한국교회 부흥에 크게 격동되었다고 고영근은 회고한다.

부흥회를 마치고 (1975. 2. 26.~3. 3. 전남 나주읍교회, 김경곤 목사 시무)

제4회 부흥사 수련회를 마치고 (1975. 6. 15. 부천 다락방에서) 1971년부터 1975년까지 그는 한국부흥사협의회 서기와 총무로 활동했다. 그는 부흥사협의회에서 활동하면서 부흥사 실천요강, 부흥사윤리강령, 부흥사 수입공개, 「부흥세계」- 건전한 부흥운동 특집호, 부흥협의회 규약 등을 체계화하였다. 하지만 더 이상 부흥협의회에 몸담을 수 없었다. "부흥운동의 올바른 방향을 모색하며 부흥회 체질도 개선키 위하여 이모저모로 노력해 봤습니다. 그러나 아무런 성과를 거두지 못하고 편법주의적 부흥회가 날로 왕성하여 가며 예언자적 부흥회는 위축당해 가고만 있었습니다. 나는 더 이상 부흥협의회에 머물러 있을 필요를 느끼지 않아서 1975년 소위 1977년 부흥운동이 본격적으로 전개되는 때부터 부흥협의회에 참가하지 않게 되었습니다." (『죽음의 고비를 넘어서 1』, 로고스, 1981, 199)

제4장

고영근의 민족목회 (1976~1987)

| 신익상 |

목민신학, 민주화의 길을 걷다
: 민중으로서의 민족을 위한 목회의 시대
(1976~1987)

내가 온 것은 양으로 생명을 얻게 하고, 더 풍성히 얻게 하려는 것이라(요한복음 10:10).

I. 들어가는 말

고영근이 목민선교회를 시작한 것은 1980년 3월 1일, 전두환의 독재정권이 들어섰을 때였지만, 목민신학을 향한 자의식이 형성된 시기는 1967년부터라고 할 수 있다. 이때부터 그는 "교계 혁신, 사회정화, 민족 복음화의 삼대 사명"[1]을 조화롭게 추구해야겠다고 결심한다. 이러한 결심은 이듬해 1968년 『한국교회 혁신과 사회정화방안』이라는 제목의 책으로 초안이 잡혔고, 1972년 『한국교회의 나아갈 길』이라는 책에서 더욱 구체화 되었다. 그 사이에 그는 이 삼대 사명

1 고영근, 『죽음의 고비를 넘어서』 1권 (서울: 한국목민선교회, 1981), 190.

을 교회를 통해 실현하고자 하는 꿈을 품고 서울의 북아현교회에 부임하여 2년여 고군분투하였다. 그러다가 개교회 내에서 만으로는 어렵다는 판단하에 1971년 3월 11일 북아현교회의 담임목사직을 사임하고 대한예수교장로회 총회 전도부 전도목사로 전임하여 부흥회와 문서 운동을 중심으로 활동하기 시작했다.[2] 하지만, 그는 이때부터 교권주의에 물든 교회와 민족목회의 기치를 든 자신의 목민선교적 사명이 갈등 상황에 놓일 수밖에 없음을 몸소 체험하게 된다. 결론적으로 말하자면, 이러한 체험 속에서 외로웠을 고영근이 선택한 길은 목민선교의 원심력을 통해 교회의 구심력을 극복하려는 처절한 민주화의 길이었다.

이 장은 민족목회, 곧 목민선교로서 사회구조복음화, 즉 민주화에 본격적으로 투신하게 된 고영근의 생애, 1976년부터 1987년까지의 삶을 조명하고, 사이사이 평가하는 것을 목표로 한다. 박정희 군사독재체제와 전두환 군사독재체제로 이어지는 비극의 역사 속에서 예언자 고영근이 불꽃같이 살아간 시절을 "독재에 맞서는 삶: 예언자직을 살다"로 정리했다. 이어지는 짧은 글, "목민선교: 예언자직을 말하다"에서는 그가 남긴 핵심적 선교 개념인 목민선교를 소개하고, 이와 연관된 나름의 의문을 해소함으로써, 이 개념을 더 깊게 이해하고, 뒤를 이어 연구할 이들에게 보탬을 주고자 했다.

2 고영근, 『죽음의 고비를 넘어서』 1권, 190.

II. 독재에 맞서는 삶: 예언자직을 살다

1. 유신독재체제와 예언자의 길(1976~1980)

1) 1976년 3월 12일, 단양교회: 정치범이 된 예언자적 부흥사

고영근이 자신의 투옥을 각오하고 예견하면서까지 박정희를 비판하고 그에게 저항하기 시작한 결정적 계기는 1972년의 계엄령과 유신체제다. 물론 사건들 대부분은 오랜 과정을 통해 다른 사건들과 맞물리면서 역사 안쪽으로 진입한다. 고영근의 첫 번째 옥고 또한 그랬다.

고영근은 1976년 3월 단양장로교회에서 인도한 부흥회 설교의 내용이 긴급조치 9호를 위반했다는 이유로 구속·수감 됐는데, 여기에는 적어도 세 가지 사건적 교차가 있었다. 이 교차의 한 줄기는 고영근의 예언자적 소명의식에서 뻗어 나왔다. 다른 한 줄기는 문선명의 통일교를 비판하는 고영근의 설교에 반감을 품은 몇몇 통일교도가 그의 설교에 정치적인 발언이 있다며 경찰에 신고한 일에서 뻗어 나왔다. 나머지 한 줄기는 5.16 군사 쿠데타에서 시작해서 삼선개헌을 거쳐 유신헌법에 이르기까지 거짓과 폭력으로 일관한 박정희 정권에 대항하는 고영근의 오랜 정의감에서 뻗어 나왔다. 이 세 사건 줄기들이 어떻게 역동적으로 엮여서 그의 첫 번째 투옥 사건을 만들어 냈는지 살펴보자.

문제의 발단이 된 단양장로교회 부흥회의 설교 내용은 이랬다. 먼저, 3월 10일 오전 10시에서 오후 1시까지 3시간에 달하는 집회에서 한 설교다. 첫째, 박정희 씨가 육영수 여사의 묘소를 1,000평에 달하는 웅장한 크기로 짓고 당시 연인원 500만 명에 달하는 추모객을 불러들여 개인숭배를 조장하고 있다는 것. 국민에게는 국민의례준칙을 통해 한 사람당 4평으로 무덤 크기를 제한한 조치와는 대조되는 일이다. 이는 민주주의 국가에서 있을 수 없는 일이라고 일갈한다. 둘째, 박정희 정부는 정권을 유지하기 위해서라면 성적으로 문란하고 사리사욕을 채우기 위해 수많은 기업체를 운영하며 사람들을 이용하는 사이비 교주 문선명에 협조하는 것을 마다하지 않는다는 것. 여기에 승공, 반공을 위한 것이라는 구실을 붙이며 권력욕에 불타고 있다고 비판한다.

같은 날 밤 8시에서 10시까지 진행된 집회에서는 다음과 같은 설교 내용이 경찰의 도마에 올랐다. 고영근은 5만여 명의 베트남 참전 군인들이 6년간 2만 명에 달하는 부상자를 내면서까지 벌어들인 피 같은 외화가 1억 5천만 달러인데, 1975년 수입된 쌀값만 6억 달러라는 사실과 베트남 참전을 통해 5년간 벌어들인 외화를 1년 만에 술로 탕진하고 있음을 설명한 뒤, 두 가지 방향에서 박정희 정권을 비판한다. 첫째, 박정희가 쿠데타를 일으키면서 약속한 10년 후 식량 자립이 지켜지지 않은 것은 박정희의 국민 기만이거나 무능이거나 둘 중 하나라는 것이다. 둘째, 1975년 한 해 양주 소비만 10억 원에 달하는데, 이것이 노동자나 군인이 소비하는 것은 아닐 터이므로 결국 유신체제를 만들고 걸핏하면 북한이 남침하려 한다는 위협으로 한국 사회를 공포로 몰아가는 박정희 정권과 그 부역자들이 소비한 것이고, 이들은(고영근의 표현대로 이 "놈들"은) 국민의 피땀 어린 돈을 향락으로 탕진하고 있다는 것이다. 기만적인 공포정치를 통해 국민을 억압하고 권력을 유지하면서 향락에 빠져 사는 양아치 정권이라는 비판과 다름이 아니다.

다음 날인 11일 새벽 설교에서 고영근은 5.16 군사 쿠데타 당시 정권 이양을 약속했던 박정희가 오히려 장기집권을 합리화하고 있으며, 이로 인해 강한 자만이 승리하고 신뢰는 언제든 저버릴 수 있다는 기풍이 만연한 승자독식과 불신의 사회가 되었다고 비판한다. 이러한 비판은 아침 설교에서도 이어지는데, 그는 한국이 자유주의 진영에서 고립되고 있는 것은 박정희 군사독재 때문이라는 뉘앙스의 말을 한다.

이 모든 것은 경찰의 은밀한 녹취에 고스란히 담겼다. 3월 9일의 집회에서 문선명과 통일교를 신랄하게 비판하는 부흥사 특유의 언사에 아마도 불쾌한 자극을 받았던지 집회에 참석했던 통일교 신도 3명이 고영근을 정치범으로 경찰에 신고한 것이 빌미가 됐다. 공안경찰은 용의주도했다. 10일과 11일 양일에 걸쳐 신도인 것처럼 참석해서는 설교 내용을 몰래 녹음했다. 이에 대한 분석을 통해 증거자료를 확보했다고 확신한 충주경찰서는 3월 12일에 교양강좌를 해달라는 거짓말로 경찰서로 유인해서 그 길로 고영근을 구속해버렸다. 뒤이어 폭언과 모욕적인 언사가 난무하는 취조가 시작되었다.

통일교 신도들에 의한 신고는 어떤 의미에서 당시 고영근이 품고 있던 신앙이 무엇인가를 역설적으로 드러낸다. 신앙은 신앙과의 대립을 통해 자신을 입증하곤 한다. 이 대립이 신앙의 내용과 지향을 정리하고 설정하는 데 보탬을 주는 것도 사실이다. 고영근에게 신앙은 무엇보다 윤리적으로 입증될 수 있어야 하는 것, 사회적으로 정의로워야 하는 것 그래서 정치적이고 경제적인 공간에서도 꿋꿋하게 올곧아야 하는 것이었다. 통일교 신도들의 신고에 도화선이 되었던 고영근의 통일교 비판은 정치비판과 중첩되면서 신앙의 본질을 역설한다는 점에서 구약의 예언자 전통과 맞닿아 있다.

사실 그는 예언자로서의 사명을 그리스도의 삼중직을 계승하는 목회자상에서 찾는다. 제사장직, 왕직, 예언자직이라는 그리스도의 삼중직 사상을 성직자의 삼중직으로 옮겨와 이해함으로써 그리스도를 따라 사는 삶을 구현하는 성직자의 소명을 나타내고자 했다.

> 성직자는 제사장으로서 예배와 성례를 집례하며 신도들의 인격과 생활을 지도하는 한편 왕으로서 지역사회 주민의 도덕과 생활을 지도해야 하며, 예언자로서 사회 불의에 항거하고 정의를 선포하고 삶의 시범을 보여주는 삼중직에 대하여 한편에 치우침이 없이 골고루 수행해야 할 것입니다.[3]

삼중직의 조화와 균형을 이상적인 성직자상으로 제시하면서도 그가 예언자직을 더욱 강조한 이유는 명백하다. 한국교회의 성직자들이 제사장직에만 치우쳐서 "예언자의 일을 소홀히 하고"[4] 있기 때문이다. 이는 고영근의 목회 이해가 철저하게 칼뱅의 개혁주의 전통을 잇고 있음을 보여준다. 그리스도의 삼중직 개념을 확립한 칼뱅은 주로 왕직과 제사장직에만 비중을 두어 그리스도의 직능을 이해하던 전통에 예언자직을 추가하여 삼중직을 조직적으로 해명한 최초

---

3 고영근, "한국교회의 나아갈 길", 「고난받는 이와 함께 하는 목요예배 설교문」, 1986. 10. 30; 고영근, 『죽음의 고비를 넘어서』 2권, (서울; 목민출판사, 1989), 40.

4 고영근, 『우리민족의 나아갈 길』 5권, (서울: 한국목민선교회, 1986), 8.

의 인물이다.[5] 하나님 나라를 이상향으로 한 사회를 구조적으로 형성하고자 했던 츠빙글리-칼뱅 개혁주의 신앙은 구조악을 개혁하고 구조 복음화를 성취하고자 했던 고영근의 열망에 고스란히 담겨 있다. 그러고 보면, 고영근이야말로 한국 개신교 주류를 이루고 있는 개혁주의 장로교의 본류를 제대로 이해해서 따른 목회자인 셈이다.

칼뱅과 고영근의 삼중직 이해 사이에 다른 점이 있다면, 그것은 단일한 기독교 문명이 기풍으로 자리한 유럽의 16, 17세기와 다양한 종교 문명이 교차 · 융합한 한반도의 20세기 사이에 놓인 틈에 기인한다고 할 수 있다. 전자에 있어서 삼중직은 단일한 삶의 영역에서 수행되는 것이었다. 교회와 세계가 밀접하게 맞물려 있기 때문이다. 하지만 후자에 있어서는 삼중직이 같은 삶의 영역에서 수행되기 어려운 세속화 시대 속 종교 다원적 상황에 놓여 있었다. 그래서인지 고영근은 제사장직은 교인들을 위한 것으로, 왕직은 지역사회를 위한 것으로, 예언자직은 전체 국민과 세계 인류를 위한 것으로 이해하여 설명함으로써 성직자의 삼중직을 입체적으로 재해석한다.[6] 정치와 종교의 분리가 당연한 시대에 정치와 종교를 잇기 위해 20세기 한반도의 성직자가 선택한 것은 성직자의 삶의 영역을 기능적으로 분리하되 그 기능들이 구현하고자 하는 세계관과 이상향은 하나님 나라로 통합하는 것이었다.

일제강점기까지 거슬러 올라가는 정교분리의 원칙[7]은 고영근 생

---

5 오영석, "예수 그리스도의 삼중직론-예언자직과 제사장직을 중심으로," 「신학연구」 31(1990), 338.

6 고영근, 『죽음의 고비를 넘어서』 2권, 40.

7 고영근 자신 또한 한국교회에 정착한 정교분리의 원칙이 1905년 미일 간에 맺어진 가쓰라-태프트 밀약(Taft-Katsura agreement)에 기원하는 것으로 파악한다. 이를 기점으

전은 물론 지금에 이르기까지 상당수 개신교 성직자들에게 정치·사회적으로 무관심한 채 제사장직만을 과도하게 강조하는 전통으로 이어지고 있다. 개신교 성직자들의 이러한 기풍 한가운데서 명성 높은 부흥사 고영근의 예언자직 강조는 독특한 것이자 외로운 싸움이었다. 그것은 이미 모든 것이 갖추어져 있는 곳에서 무언가를 도모하는 일이 아니라, 아무것도 갖추어져 있지 않은 곳에서 무언가를 향해 나아가는 일이었다. 제사장직에 매몰된 사람들은 그를 "순수한 복음만 전파하지 않고 정치문제를 말해서 귀한 시간을 낭비하는 목사"라고 보았지만[8], 그에게 사회·정치적 정의를 외치는 일은 구약의 예언자들로 시작해서 예수의 선포로 정점을 찍었던 "회개" 선언을 이어가는 일과 다르지 않았다. 하지만, 그를 삐딱하게 보는 것은 기독교계뿐만 아니었다. 공권력 또한 그를 정치에 참견하는 종교인이자 거짓과 왜곡으로 정부를 공격하는 자로 내몰았다. 회개를 요구하는 칼날이 자신들을 향하고 있었기 때문이다.

유신체제에서 박정희가 1975년 5월 13일 오후 3시에 발동한 대통령 긴급조치 9호의 1항은 4가지 행위를 금하는 것으로 되어 있는데, 그 첫 번째가 "유언비어를 날조, 유포하거나 사실을 왜곡하여 전파하는 행위"[9]로 1976년 단양에서 고영근을 구속한 근거 조항이기도

로 선교사들은 정교분리의 원칙을 바탕으로 일본의 한반도 침략을 묵인하며 선교하기 시작했다. 이에 따라 사회정의에 무관심한 내세지향적 · 현실도피적 부흥운동이 한국교회에 정착해 나갔음을 직시한 고영근은 이러한 경향이 4.19혁명에서도, 박정희와 전두환의 독재에서도 계속 이어지고 있다고 지적한다(고영근, 『민족의 나아갈 길』 (서울; 한국 목민선교회, 1982), 410-413; 고영근, 『우리 민족의 나아갈 길』 6권 (서울; 한국 목민선교회, 1987), 18-19.

8 고영근, 『죽음의 고비를 넘어서』 2권, 184.

9 Daum 백과, "대통령 긴급조치 제 9호", 2020.

하다. 다시 말해, 박정희 통치하의 공권력은 그가 "유언비어를 날조 유포함과 아울러 사실을 왜곡하여 전파하였다"[10]고 판단하였다. 검찰은 최초 15년을 구형했고, 재판정은 1심에서 7년을, 2심에서 2년을, 대법원 파기 환송심에서 1년 6월을 차례로 선고했다. 이 모든 과정에서 고영근은 단 한 발도 물러서지 않았다. 공소장에 기재된 말을 자신이 분명히 하였으나, 그 말들은 모두 정부를 비방하는 유언비어나 사실의 왜곡이 아니라 세간에 널리 알려진 정확한 정보를 바탕으로 한 진실한 충고, 회개를 말한 것이다.

> 자그마한 죄보다 정치악, 경제악, 문화악, 사회악 등 큰 죄를 지적하면서 회개를 권고하는 것이 전도자의 사명이므로 피고인은 정치문제이건 종교문제이건 모든 죄를 책망하고 회개를 촉구한 것입니다.[11].

이 말은 2심 심리판단 중 "피고인은 성직자로서 복음만 전하지 않고 정치문제를 언급한 이유가 무엇입니까?"라는 재판장의 질문에 대한 답이다. 복음을 교회라는 공동체 울타리 안에서 벌어지는 개인의 구원 정도로 축소하려고 하는 관성은 한국교회 안팎에 만연해 있었다. 기독교인은 무얼 하든 교회에만 안주해야 한다는 전제가 제도화된 교회와 공권력의 암묵적인 합의로 구조화된 사회에서 고영근의

---

hppts://100.daum.net/encyclopedia/view/6oxx 69700032, 최종접수일; 2020년 10월 5일.

10 고영근 목민연구소편, 『목사 고영근의 시대를 향한 외침 1』 (서울: 도서출판 새롬, 2012), 133.

11 고영근, 『죽음의 고비를 넘어서』 2권, 70.

예언자로서의 사명은 이러한 대세를 연어처럼 거슬러 올라갔다. 이것은 매우 특이한 일이었다.

당대의 그 어떤 부흥사도 사회구원을 사회 구조적 문제로 접근하려 하지 않았다. 당대의 부흥사들은 개인의 윤리적 완성을 통해 도달할 수 있는 하나님 나라는 세속세계와 분리되어 도달하는 초월적 세계임을 강조함으로써 현실도피의 세계관을 은연중에 주입하는 경향이 강했다. 당대의 한탄 섞인 말마따나, 부흥사 고영근이 더불어 살아가던 시대는,

> … 양떼들의 가난한 주머니를 터는… 하나님의 권위보다 자기 체험의 자랑에 도취하는… 전체구원의 메시지를 무시하고… 개인의 구령만을 강조하는 부분 구원의 소식을 외치는… 깨어진 인간성을 전체로 회복시키려는 부흥사는 적고, 가난한 자를 더욱 가난하게 하고, 말 못하는 자의 입을 더욱 막아버리는… 자기 주머니를 두둑하게 하는 일에 관심있는 이기적인… [12]

부흥사가 난무하는 시대였다. 한완상은 이들의 득세가 타계주의 신앙을 강조하는 기성교회 자체에 힘입은 바 크다고 지적한다.[13][14]

---

12 한완상, "참 부흥사를 애타게 기다린다," 「기독교사상」 22(1978.9), 18.

13 위의 글, 19.

14 주재용, "한국교회 부흥운동의 사적 비판," 「기독교사상」 22(1978.9), 18. 1970년대 부흥운동을 1907년의 부흥운동과 비교한 1978년 당시의 한 논문은 1970년대 부흥운동의 성격을 다음과 같이 결론짓는다: "1970년대 한국교회의 부흥운동은 오늘의 한국사회가 지닌 여러 모순과 갈등, 긴장으로 인한 사회참여 운동의 반발운동으로 등장했으며, 교회에서 피로한 영육의 위로만을 기대하는 교인들의 추세에 따라 그 전성기를 맞고 있는데, …. 오늘의 부흥운동은 교인수 증가와 교세 확장, 교회재정조달의 방법

이기주의와 상승 욕구를 만족시키기 위한 한 벌의 구성품에 기이하게 담긴 내세와 기복이 어떻게 합체할 수 있을까? 그것은 불가능한 것이기에 불합리의 영역에 있어야만 했다. 이렇게 교회가 점점 상식적 합리성의 세계와 멀어지고 있을 때, 부흥사 고영근은 정치범이 되었다. 이유는 자명하다. 그의 부흥운동은 지극히 합리적이었기 때문이다. 지극히 상식적이었기 때문이다. 예언은 상식적으로 이해 가능한 정의를 일깨운다. 하나님의 역사는 누구나 이해 가능한 정의에 동의하면서 일어난다. 예수가 누군가에게 정치범일 수 있었던 이유는 지극히 상식적인 정의를 말했기 때문이다. 하지만 예수는 다른 누군가에겐 신의 아들이었다. 그리고 역사는 때로 이러한 내용을 반복하기도 한다. 고영근 또한 누군가에게는 정치범이었지만, 다른 누군가에게는 예언자였다.

정치적인 측면에서 그의 예언은 언제나 일관되게 민주화를 향해 있었다. 그가 사회구조를 복음화한다고 말할 때 뜻하고자 한 것은 민주화였다. 계엄령과 유신체제를 통해 독재의 길을 공고히 하려던 박정희를 향해 그가 요구한 것도 오직 민주화였다. 예언이란, 성취될 때까지 멈출 수 없는 것이다. 고영근에게도 그랬다. 하나님의 정의로운 뜻으로서 구조 복음화, 곧 민주화는 1년 4개월의 옥고를 치르다 병보석으로 풀려난 후에도[15] 계속 선포해야 할 예언의 말씀이

으로 이용되고 있으며… 경건주의적이며 피안동경적이며 비정치화되어 있다는 점이다." 주재용, "한국교회 부흥운동의 사적 비판", 「기독교사상」 22. 9(1978), 72.

15 단양교회 부흥회 설교가 빌미가 되어 1심에서 7년형을 선고받았던 고영근은 3심인 대법원에서 무죄 판결을 받고 고등법원에서 다시 심판을 받았으나, 여기서는 1년 6개월로 감형이 되었을 뿐 유죄가 다시 인정되었다. 그러나 이 시점은 이미 1년 4개월간 복역 중이던 때라 남은 복역 기간이 2개월도 남지 않았기에 더 이상의 항소를 포기하

었다. 옥고의 상처가 아물기도 전에 그는 다시 부흥회를 통한 선교 활동에 매진했다. 부흥회 강사로서 부산 수안교회와 서울 광림교회 등 여러 교회에 초청되었으며, 급기야 같은 해 11월 23일에는 강진교회의 부흥회 강사로 초청을 받았다. 4개월여 짧은 자유의 시간이 끝나고 박정희 정권 통치하의 두 번째 옥고를 치르게 될 운명의 순간이 다가오고 있었다. 그러나, 이와 함께 박정희의 독재도 파국을 향해 내달렸다.

2) 1977년 11월 26일, 농민을 위한 기도회: 예언과 종말

강진교회에서 부흥회를 인도하던 기간에 때마침 기독교장로회 전남노회도 "농민을 위한 기도회"가 같은 장소에서 예정되어 있었다. 이 기도회를 주최한 전남노회 교회와 사회위원회에서 고영근에게 설교를 요청해 왔다. 그는 "내심 부담스러운 부탁이었지만 강사 요청을 주저함 없이 수락하였다.".[16] 1977년 11월 26일 오후 3시, "농민을 위한 기도회"에 약 600명의 인파가 모인 가운데 여기에서도 그는 거침없이 "억압받는 농민을 대변하여 박 정권의 경농(經農)정책을 꾸짖고 박정희 정권의 독재 정책을 회개하라"[17]는 선포를 통해 예

고 남은 복역 기간을 채우던 중 1개월이 채 남지 않은 상황에서 병보석으로 1977년 7월 17일에 형집행정지가 결정되었다. 이런 식의 조치를 통해 박정희 정권은 정권의 관대함을 홍보하는 한편, 정치범이 정권에 타협한 듯한 인상을 심어주어 해당 정치범의 진정성에 의구심을 갖도록 교란하려고 한 것으로 보인다. 고영근 목민연구소 편, 『목사 고영근의 시대를 향한 외침』, 147. 고영근, 『죽음의 고비를 넘어서』 2권, 82-83 참조).

16 위의 책 4권 (서울; 목민출판사, 1997), 210.

17 고영근, 『죽음의 고비를 넘어서』 4권, 211.

언자직을 수행했다. 그다음 날인 27일, 강진에서의 부흥회 일정을 모두 마치고 서울로 향하던 버스 안에서 결국 그는 연행되고 말았다. 2차 투옥의 시작이다.

사실, 단양에서 긴급조치 제9호 위반으로 구속 · 수감되었다가 풀려난 1977년 7월 이후 계속된 박정희 독재정권의 가택연금과 감시로 고영근의 활동에는 많은 제약이 따를 수밖에 없었다. 게다가 수감 전의 직책이었던 한국기독교선교회 총무 자리는 수감 중에 사라졌다. 병보석으로 풀려난 후 그는 서울 서노회의 배려로 전도목사의 직책을 받았고, 한국기독교선교회에서는 수감 중 해임된 총무직을 만회하기 위해 마련된 협동 총무의 직책을 받았다. 어느 모로 보나 수감생활로 인해 목회직에서의 입지가 약화한 결과였다. 하지만 이 와중에도 그는 8회의 부흥회, 6회의 교역자 수양회, 8회의 특별집회, 21회 이상의 순회 설교를 하였고, 옥중에서 집필한 사도행전 설교 자료집과 출옥 후 집필한 옥중 수기를 출판하였다.[18] 교계 대내외적인 지위 하락과 이에 따른 정신적 고통에도 아랑곳하지 않고, 그의 예언자적 부흥회와 집필은 계속되었다. 독재정권 통치하에서 한 번의 옥고를 치르고도 굽힘이 없는 예언자에게 뒤따른 것은 더욱 혹독한 투옥과 사회로부터의 격리였다. 그 와중에도 그의 거침없는 예언자적 행보는 계속되었다.

이번에 문제가 된 것도 긴급조치 제9호 위반이었다. 부정과 부패로 얼룩진 독재자에게는 공공연한 비밀이 많은 법이다.[19] 이 비밀을

---

18 고영근 목민연구소 편, 『목사 고영근의 시대를 향한 외침 1』 168-169, 172.

19 한나 아렌트에 의하면, 칸트는 독재자가 자신의 예외성을 관철하기 위해 예외가 되고자 하는 자신의 욕망을 숨긴다고 보았다. 칸트에 따르면, "나쁜 사람이란 스스로 예외

덮기 위해 독재 권력은 폭로되는 사실을 거짓으로 몰아서 대중에게 선전하고자 시도한다. 긴급조치 위반을 이유로 고영근을 투옥한 것도 마찬가지 이유였다. 대한민국 헌법을 비방하고 사실을 왜곡해서 대중에게 전파했다는 것이다. 검찰이 공소장에서 문제시한 발언 내용은 총 여섯 가지로 요약되는데,[20] 그 핵심적인 내용은 박정희 정권은 무력과 기만으로 영구집권을 획책하는 불법적, 위헌적 정권이라는 박정희 독재 비판, 5.16쿠데타 이후 3차례의 헌법 개정 과정 모두가 문제이지만, 마지막 유신헌법은 더욱 그러하다는 유신체제 비판이었다. 사법부는 1심에서 유죄를 인정하여 6년의 징역 및 자격정지를 선고했다.

그러나 1심 선고는 앞으로 7개월여에 걸쳐 전개될 박정희 사법부와의 물러섬 없는 팽팽한 법정 논쟁의 시작에 불과했다. 긴급조치 위반으로 인한 1차 구속 때와는 달리 2차 구속에서의 사법부는 1심의 처분에서 한 치도 물러서지 않았다. 고영근과 그의 변호인들을 비롯한 지지자들은 이에 굴하지 않았다. 오히려 총 9회의 재판 과정에서 조금도 물러섬 없이 점점 더해가는 섬세한 논리와 사유로 박정희 정권의 부정의에 저항하였다. 저항의 논리와 사유는 1심의 항소이유서에서 2심의 상고이유서로 넘어가는 동안 방대해지고 정밀해졌다. 그러나 예언자직을 수행하는 성직자의 기개는 두 이유서 모두에서 발견되는 공통점이다. 이 기개는 이미 1차 구속에서도 확인된

가 되려는 사람"인데, 특히 이것을 비밀리에 추진한다. "그들은 그것을 공공연하게 할 수 없다. 그렇게 되면 그들은 명백히 공공의 이익에 반대하는 입장에 서기 때문이다." 한나 아렌트, 김선욱 옮김, 『칸트정치철학 강의』 (서울: 푸른숲, 2002), 52.

20 고영근 목민연구소 편, 『목사 고영근의 시대를 향한 외침』, 226.

바 있거니와, 고영근은 결코 공소장의 고발 내용대로 말한 적이 없다고 발뺌하지 않았다. 오히려, 공소장의 내용대로 말했음을 더욱 강조하면서, 그러한 내용을 말했다고 해서 처벌하려는 공권력의 부당함과 부정의함을 논박하고자 했다. 말하자면, 그는 박정희 정권은 불의하며 정당성 없는 독재 권력이므로 이를 회개하고 물러나야 하며, 이러한 요구를 한 것에 대해서 긴급조치 위반을 구실로 물리력을 쓰는 사법부의 행태 또한 부정의하고 불법적이라는 생각을 천명하며 저항했던 것이다. 그의 예언적 저항의 메시지는 명확했다—무력을 통해 불법적으로 국민의 주권을 침탈한 정권, 그 정권에 의해서 수립된 헌법, 그 정권과 그 헌법을 수호하기 위해 온 국민을 적으로 삼아 집행하는 공권력은 모두 정당한 효력을 갖지 못하므로 물러나야 한다.

먼저 1심 후 제출한 고영근의 항소이유서[21]를 통해서 그의 예언자적 기개를 살펴보도록 하자. 이 항소이유서는 크게 세 부분으로 나누어져 있다. 첫째, 설교에서 공소사실을 말하게 된 이유다. 공의를 말하고(시 58:1), 지도층의 죄를 충고하고(사 58:1), 민족의 위기를 경고하는 것은(겔 33:1) 하나님의 명령이기에, "현대의 예언자로서"[22] 한국 사회의 각 분야 죄악에 대해 책망하고 시정을 촉구하며 민중의 나아갈 방향을 제시해야 했다는 것이다. 또한, 성서에 근거하여(사1:18) "목사는 마땅히 민중을 대변하며 또 변호하여야 한다"는 사실을 역설했다. 나아가, 기독교의 역사는 신앙과 애국이 병존하는 역사이기에 민주주의가 말살되고 국가안보가 흔들리는 상황에

---

21 고영근, "항소이유서," 1978. 3. 27.

22 고영근, "항소이유서."

서 성직자가 나서는 것은 당연하다는 것이다. 기독교 성직자로서 설교에서 당연히 해야 할 말을 했을 뿐이라는 것이다. 교회는 세상 속에서 정의로운 삶을 살아내야 하며, 동시에 세상에 그러한 삶을 요구해야 한다. 그러기 위한 선결과제는 정의로운 삶이 가능한 정의로운 사회구조다. 또한, 그러기 위한 정도는 억압받는 민중의 편에 서서 세상을 바라보는 것이다. 이것이 예언자가 선언할 수 있는 예언이다.

둘째는, 공소사실에 대한 논증이다. 이 논증은 항소이유서의 핵심으로 가장 비중 있게 다루어지고 있다. 공소사실을 조목조목 설명하며 사법부의 주장을 논박하는 방식으로 작성된 이 문서의 목표는 공소사실의 진위를 밝히는 것이 아니라, 공소사실이 헌법을 비방하고 사실을 왜곡하지 않았음을 밝히는 데 있다. 여기에서 고영근의 신학과 사상이 드러난다는 점에서 주목할 필요가 있다.

먼저, 그는 자유, 인권이 창조주인 하나님으로부터 부여받은 인간 본능이며, 민주주의의 4대 기본정신(자유 · 평등 · 인권 · 정의)에 속한다고 말한다. 따라서, 인권과 자유는 하나님에게 부여받은 것으로 성서에 기록된 사실이기에 마땅히 설교에서 말할 수 있는 것인데, 현 정권은 인권존중의 세계 흐름에 역행하여 인권탄압의 죄를 짓고 있으므로 회개하라고 경고하였다는 것이다. 여기서 유념해 봐야 할 것은 첫째, 기독교 성직자와 교회의 정치참여를 정당화하는 고영근의 세계관과 둘째, 한국 사회의 민주화를 추구하면서 그가 떠올린 민주주의란 무엇인가 하는 점이다.

그의 세계관은 전형적인 기독교 세계관이다. 이를테면, '창조-타락-구원과 심판'이라는 구조를 갖는다. 창조주 하나님은 역사와 우주의 주관자로 인간 삶의 올바른 이념을 확립하는 토대와 기준이 된다.[23] 따라서, 삶의 첫째 목적은 하나님의 영광을 위한 것이며, 최종적인 목적은 사회참여를 통해 하나님의 정의를 이 나라 각 분야에서 실현함으로써[24] "하나님의 뜻이 이 땅에 이루어지게 하고 천국이 이 사회와 세계에 임재하게"[25] 하는 것이다. 이러한 목적을 그는 복음화라고 정리한다. 그리고 이 복음화에는 "하나님의 뜻에 합당치 않고 민중을 괴롭히는 악한 제도들을 조속히 타파하고 좋은 제도를 제정"[26] 하는 일이 포함된다. 이를 위해 예수처럼 "불의에 항거하고 그 반면 정의를 선포하여 민중에게 나아갈 길을 제시"하는 것이 "민주주의를 시행하는 정신적 기초"[27]다. 고영근에게 민주화와 역사 내 천국의 도래는 서로 다르지 않다. 따라서, 민주주의를 실현하기 위한 교회의 정치참여는 기독교 세계관을 실현하는 교회 본연의 활동이 되는 것이다.

기독교 세계관에 근거한 고영근의 정치참여는 한국교회의 해묵은 원칙 중 하나인 정교분리라는 경계를 벗어나는 것이었다. 그러자 대다수 기독교 성직자들과 교인들은 그의 복음을 순수하지 않은 복음, 따라서 결과적으로는 복음이 아닌 것으로 평가함으로써 그의 정치적 예언을 복음에서 분리해 내고자 했다.[28] 1977년 12월, 고영근의 석방을 위해 모인 기도회 참가자들이 낸 입장 성명서는 당대의 교회

23 고영근, 『민족의 나아갈 길』, 14-18.

24 고영근, 『우리 민족의 나아갈 길』, 3권, (서울: 한국목민선교회, 1984). 59.

25 고영근, 『민족의 나아갈 길』, 57.

26 고영근, 『한국 교회의 나아갈 길』 3권, (서울: 한영문화사, 1972), 13.

27 고영근, 『민족의 나아갈 길』, 57.

28 고영근, 『죽음의 고비를 넘어서』 4권, 185-186.

가 정치참여에 얼마나 소극적이었는지를 간접적으로 예증한다.

> 우리는 자유와 정의가 보장되는 하나님의 나라를 이 땅에 실현하기 위하여 예언자적인 역할을 수행하는 것은 오늘날 이 땅이 기독교인의 제일차적인 사명임을 확신하며 한국교회가 이러한 사명을 적극적으로 수행할 것을 촉구한다(고영근 목사님 석방을 위한 기도회 참가자 일동, 1977.12.16).

대다수 목회자와 교인들의 경멸과 비난에도 불구하고 고영근이 정교분리를 거스르는 길을 선택한 이유는 그가 누누이 강조한 기독교 신앙의 목적, 즉 하나님께 영광을 돌리는 것, 자신의 전인적 구원을 이룩하는 것 그리고 인류를 위해 봉사함으로써 하나님의 정의를 실현하는 것, 이 "세 가지 요소가 원만히 갖추어져서 조화를 이루어야"[29] 한다고 확신했기 때문이다. 이러한 조화를 위해서는 기독교적 삶의 여러 면에서도 조화와 병행이 이루어져야 한다. 그래서 그는 신앙과 윤리의 조화와 병행, 가시적인 축복과 비가시적인 축복의 조화와 병행, 정의와 사랑의 조화와 병행, 성직자의 삼중직의 병행을 강조한다.[30]

그런데, 모든 것이 원만하게 갖추어지지 못해서 부조화를 이루고 있는 경우, 어떻게 해야 할까? 조화와 병행이 목표라고 할 때, 그것을 실질적으로 이루기 위해서는 과소평가되거나 부족한 부분을 더욱 강조하고 추진해야 한다. 다시 말해, 조화를 실현하기 위해서는

---

29 고영근, "한국 교회의 나아갈 길", 「고난받는 이와 함께 하는 목요예배 설교문」, 1986. 10. 30.

30 위의 글.

부조화와 불균형을 방법론으로 써야 한다. 부족하거나 과소평가된 것과 이미 충분하거나 과대평가된 것을 동등하게 강조하면, 실질적으로는 양자 사이의 불균형이 해소되기 어렵다. 1과 2의 차이를 해소하기 위해서는 1에만 1을 더해야지 1과 2 모두에 1을 더해서는 안 된다. 그래서, 고영근은 더는 제사장직을 강조하지 않았다. 오히려 그는 제사장직에 치우쳐 있는 한국 교계의 현실을 비판하면서 예언자직을 강조한다. 물론, 예컨대 그는 개인복음화(개인의 전인적 구원)와 구조복음화(사회 구원)의 조화로운 성취를 추구하지만, 그러나 이를 성취하기 위해 그는 구조복음화에 더욱 많은 생각과 행동을 할애했다.[31]

고영근의 기독교 세계관은 복음화의 최종 목표로서의 민주화를 역사적이고 개념적으로 구상하는 데에도 영향을 미쳤다고 할 수 있다. 이에 따라, 고영근의 민주주의 이해는 두 가지 측면에서 생각해 볼 수 있다. 하나는, 그의 민주주의는 종말론적 진보사관과 결합하여 있다는 사실이다. 다른 하나는, 그의 민주주의는 정치적 평등을 강조하고 있다는 사실이다.

먼저, 종말론적 진보사관과 결합된 민주주의 이해에 대해서 살펴보도록 하자. 고영근은 복음화와 민주화를 하나의 동일한 과정으로 보았다. 더 정확하게 말해서, 구조복음화와 정치민주화를 동일한 것으로 인식했다. 적어도 1989년 한국목민선교회가 선교의 방향을 명확하게 하면서 구조복음화를 정의하기 전까지,[32] 그는 구조복음화와

---

31 고영근, 『죽음의 고비를 넘어서』 2권, 44-45; 『우리 민족의 나아갈 길』 3권, 60.

32 한국목민선교회 창립 10주년을 맞아 선교의 방향을 설명하는 글에서 고영근은 구조복음화의 하위 범주 네 가지를 두고, 그 중 하나에 정치민주화를 위치시켰다. "구조복

정치민주화를 명확한 범주 구분 없이 함께 사용하거나 병행해서 사용했다.[33] 1987년까지 한국 사회의 최대 과제는 정치적인 민주화였던바, 박정희 정권과 전두환 정권하에서 복음화를 말하고자 했던 고영근에게도 정치민주화는 다른 문제들에 앞선 가장 우선적인 과제일 수밖에 없었을 것이다. 그런데, 그에게 복음화는 예수의 재림을 예비하는 활동, 다시 말해 종말을 준비하는 활동으로서 역사의 지배자인 하나님의 뜻을 믿고 따르는 실천이기도 했다.[34] 민주화는 종말을 준비하는 활동의 정점에 놓여 있는 하나님의 뜻, 바로 천국으로서[35] 이를테면, 고대사회, 봉건사회, 공산사회, 민주사회로의 사회진보 과정에 있는 종착점이다. 그가 자신의 민주화 투쟁을 예언자적 활동으로 보고 순교자의 심정으로 임했다는 사실은 고영근이 민주화운동을 진보주의적 종말사관에 입각해서 이해했음을 예증한다.

둘째, 그의 민주주의는 정치적 평등을 강조한다. 항소이유서에서도 드러나듯, 그는 민주주의 4대 원리로 자유, 정의, 평등, 인권을 한결같이 강조했다.[36] 사실, 그는 이 4대 원리 중에서도 자유를 민주주의의 첫째 원리라고 하면서[37] 민주주의와 연결시켰다 —자유민주주의.[38] 또한, 그는 철저한 반공주의자였다.[39] 그렇다면, 고영근이 그렇

음화라 함은 정치복음화(정치민주화), 경제복음화(경제 평등화), 문화복음화(문화공익화), 사회복음화(사회복지화)입니다." 고영근, 『죽음의 고비를 넘어서』 4권, 350.

33 고영근, 『우리 민족의 나아갈 길』 1권 (서울: 한국목민선교회, 1984), 41; 『우리 민족의 나아갈 길』 6권, (서울: 한국목민선교회, 1987), 15.

34 위의 책 6권, 15.

35 고영근, "회개하라 천국이(민주화가) 가까우니라," 「고난받는 이와 함께하는 목요예배 설교문」 1986. 9. 11.

36 고영근, 『민족의 나아갈 길』, 185-222.

37 고영근, 「설교문」, 1986. 10. 30.

게도 격렬하게 비판했던 유신헌법과의 차이는 무엇일까? 유신헌법은 대한민국 "헌법 사상 처음으로 '자유민주적 기본 질서'라는 내용"[40]을 전문에 넣었다. 게다가 유신체제의 권력자 박정희는 그 누구보다도 반공주의를 내세웠던 장본인 아닌가? 이 질문은 근대 기독교 민주화운동사에서 고영근이 차지하는 독특한 위치를 들여다볼 수 있게 한다.

김동춘은 유신헌법의 '자유민주'는 '자유+민주'가 아니라 실제로는 '자유'(민주)이며, 이 '자유'(민주)는 공산주의 독재는 반대해도 반공 독재나 자본 독재, 심지어 파시즘까지 용인할 수 있는 '자유('민주)라고 지적한다.[41] 그런데, 고영근은 유신헌법의 '자유민주'가 사실은 '군사독재'의 다른 말로 사용되고 있다는 것을 직감적으로 파악했다. 독재 하의 자유는 맹목적 순종의 대가로 주어진다. "… 박정권을 지지하는 자만이 인권과 자유를 누리고 비판하는 자는 탄압과 투옥을 당"[42]한다. 그리고, 이 최악의 유산은 전두환 정권으로 이어질 것이었다. 그는 남한에 존재하는 독재야말로 북한에 존재하는 공산주의를 정당화하며, 나아가 공산주의와 다르지 않다고 열변을 토했다.[43] 자유라는 가면으로 독재라는 얼굴을 가리고 있는 군벌들의 실체를 예언자의 감시하는 눈이 포착한 것이다.

---

38 고영근, 『우리 민족의 나아갈 길』 1권, 38; "느헤미야의 구국운동," 「나라를 위한 기도회 설교문」, 1986. 9. 11; 『우리 민족의 나아갈 길』 5권, 1986. 44.

39 고영근, 1985. 9. 2. 「설교문」 『죽음의 고비를 넘어서』 4권, 97.

40 김동춘, 『대한민국 잔혹사; 폭력 공화국에서 정의를 묻다』 (서울: 한겨레출판, 2013), 47.

41 위의 책, 48.

42 고영근, "항소이유서", 1978. 3. 27.

43 고영근, 『우리 민족의 나아갈 길』 1권, 25; 「설교문」 1986. 10. 30.

그런데, 독재 권력이 자유민주주의라는 말을 독점적으로 사용할 때, 이에 대응하여 나올 수 있는 극단적인 반응 두 가지는 순응과 저항일 터이다. 순응하는 자는 독재 권력에 저항하는 이들을 자유민주주의를 부정하는 용공주의자라고 불렀고, 저항하는 자는 독재가 조장하는 불평등한 자유에 맞서 평등을 요구했다. 평등과 자유는 무엇이 더 민주적인가를 두고 갈등하는 듯했다. 한국 사회는 독재체제가 펼쳐놓은 이 의미의 그물망에 포획되면서, 민주화 투쟁의 장을 자유를 추구하는 지배적 헤게모니와 평등을 추구하는 저항적 헤게모니의 싸움터로 그려갔다. 고영근의 독특성은 여기에서 등장하는데, 그는 이 헤게모니의 싸움터 한가운데서 자유와 평등의 대립구도를 가로질러 자유'의' 평등을 외쳤던 것이다. 그는 순진무구한 이상주의자였다. 하나님께서 베푸시는 자유의 삶은 평등한 천국에 다름 아니리라. 그것이 이 땅에서 이루어지리라.[44]

정치학자 로버트 달(Robert A. Dahl)은 민주주의의 핵심을 정치적 평등[45]과 완전한 수용(full inclusion)이라고 말한다. "민주적으로 통치되는 국가의 시민 집단은 … 그 국가의 법에 예속되는 모든 사람을 수용하여야만 한다".[46] 이는 자유의 평등을 말함과 다름없다. 고영근은 정치적 평등을 평등한 직접 선거의 원칙 속에서 추구했고,[47] 완전한 수용을 민족목회의 이상에서 추구했다. 그는 민족목회에 관해 다음과 같이 적었다.

---

44 고영근, 『민족의 나아갈 길』, 57.

45 로버트 달/김왕식 외 옮김, 『민주주의』 (서울: 동명사, 1999), 57.

46 위의 책, 110-111.

47 고영근, 『민족의 나아갈 길』, 362-363; 『우리 민족의 나아갈 길』 2권, 51-59.

> 우리 목민선교회에서는 민족의 지도자와 의인 그리고 국민에게 모범된 상록수에게 뜨거운 격려를 보내는 운동을 전개하는 한편, 고난받는 민중과 억울함을 당한 민중을 위하여 변호하며, 봉사하며, 지도하는 데 최선을 다할 것입니다.
> 특별히 노동자 농민과 빈민의 인권을 옹호하며 사회사업을 장려하고 성원하여 고난받는 동포를 사랑하고 봉사하며, 또 한편 인재 양성을 위한 장학비 성원에 힘쓰고자 합니다. 여러 가지 면으로 국민의 생활을 지도하면서 편의를 제공하여 동포를 그리스도의 사랑으로 따뜻이 감싸주는 민족목회를 통하여 하나님께 영광을 돌리고자 합니다.
> 예수님께서 민중들을 사랑하고 가르치시며 복음을 전파했듯이 그리고 민중들에게 땀과 눈물과 피를 부어주었던 그리스도의 심장을 가지고 7천만 우리 민족을 사랑하고 가르치며 복음을 전파해야 할 것입니다. 마치 어버이가 자녀를 사랑하듯이(살전 2:7-8) 암탉이 병아리를 품듯이(마태 23:27) 목자가 양을 위하는(요 10:11) 심정으로 민족을 위한 목회를 실시하도록 최선을 다해야 할 것입니다. 아 - 민족목회, 민족목회를 반드시 실현해야만 할 것입니다.[48]

항소이유서의 마지막 세 번째 부분은 취조 과정에서 검경이 제기한 공박에 대한 해명이다. 경찰과 검찰은 그가 국가의 분열을 조장하였으며, 성직자의 사명을 망각했다고 공박했다. 고영근은 국론이 분열된 것은 "박정희씨 장기집권 문제"[49] 하나뿐이라고 일갈한다.

---

48 고영근, 『죽음의 고비를 넘어서』 2권, 352.
49 고영근, "항소이유서".

국론 분열은 박정희가 하고 있는데, 왜 나한테 그걸 묻느냐는 반문이다. 또한, 그는 성직자로서 큰 죄인 정치악을 보고 책망하지 않을 수 없었으며 이것이 성직자의 사명이라고 강조하면서, 다음과 같이 항소이유서를 마무리한다.

> 그런데 경찰과 검찰은 성직자의 사명을 망각하고 정치비판만 하는 양 기소하였으며, 애국하는 방법이 공화당과 같지 않다고 해서 반국가행위인 양 범죄시하는 것은 심히 왜곡된 일이다. … 지금 박 정권이 탈선된 길을 가고 있는데 누가 감히 박 정권을 충고하겠는가. 성직자들이 십자가를 지는 심정으로 간곡한 충고를 해야 할 것이다. 피고인은 하야 문제를 거론하면 무슨 구실을 붙여서라도 긴급조치위반으로 구속하여 상기형을 과할 줄 알고 있었지만, 성직자의 사명이기에 말하였던 것이다. 결코 ,유신헌법을 비방한 바도, 왜곡되게 설교한 바도 없다.
>
> 마지막으로, 어느 사회나 모든 것이 부패해도 종교계와 법조계만 살아 있으면 희망이 있다. 피고인이 보고 느낀 대로는 긴급조치위반자에 대한 판결에 행정부의 간섭이 있는 듯 느껴져 우려를 금할 수 없다. 그러나 하나님과 역사의 준엄한 심판은 공명정대할 것을 믿고 안심한다.[50]

결국, 징역 6년의 항소심 판결을 받고 복역하였다. 유죄판결의 이유는 긴급조치 9호를 명백히 위반했다는 것이다.[51] 이 와중에 78년 8

---

50 고영근, "항소이유서".

51 고영근 목민연구소 편, 『목사 고영근의 시대를 향한 외침 1』, 247-248.

월 30일에는 추가 기소 공소장이 송달되었다. 지난 1차 투옥에서 집필한 『설교자료집』[52]도 긴급조치 9호에 걸린 것이다. 5년여를 더 수감되어야 하는 상황에서 추가기소까지 더해진 것인데, 그 사이 78년 9월 26일 대법원은 상고를 기각하여 6년 형을 확정했다. 광주교도소 수형번호 994번.

고영근은 옥중에서도 독재를 향한 투쟁을 쉬지 않았다. 79년 3월 1일을 기해 21일에 걸쳐 나라의 복음화와 민주화를 위해 그리고 교도소 내 집필 허가를 요구하며 단식에 들어갔다. 2차 단식은 광주교도소의 수감자 처우에 분개하여 재소자의 인권 보장, 부당징벌과 인권탄압 취소, 한 시간 이상 운동시간 보장의 세 가지 요구사항을 내걸고 5월 10일부터 두 번째 단식농성을 했다. 이번엔 단체 단식이었다. 1979년 6월 1일부터 8일간은 미국 카터 대통령의 방한에 맞춰 첫째로 미국 정부는 박정희 독재정권을 방조하지 말 것, 둘째로 긴급조치로 구속된 양심수 석방, 셋째로 박정희의 즉각 하야를 요구하며 세 번째 단식에 들어갔다. 8월 1일부터 시작된 4차 단식투쟁은 한국기독교계의 각성과 양심수에게 각서 강요 금지 및 즉각 석방, 박정희 즉각 하야, 미국의 박정희 정권 방조 철회를 요구하며 실행하였고, 예장총회 기간에 맞춰 9월 20일부터 24일까지 5일간 4차 단식과 같은 내용으로 5차 단식에 들어갔다.

그 후 한 달여 뒤, 1979년 10월 26일, 박정희는 김재규의 총탄에 맞아 사망했다. 예언자의 예언을 듣지 않은 독재자의 종말은 그렇게 왔다. 그러나 이러한 종말은 예언의 성취가 아니다. 예언이 미완결로

---

52 고영근, 『설교자료집; 사도행전(옥중수기)』 (서울: 한국목민선교회, 1977).

끝난 종말은 독재의 끝이 아니라, 또 다른 독재의 시작을 열었다. 예언은 멈출 수 없었고, 옥중에 있던 고영근의 단식투쟁 또한 멈출 수 없었다. 옥중에서 또 다른 독재와의 싸움이 시작되는 순간이었다.

고영근의 6차 단식기도는 11월 26일부터 12월 7일까지 12일간 계속됐다. 기도 제목은 총 일곱 가지였다: 정부의 민주회복 선언과 이행, 국회 해산과 민주주의 회복을 위한 국가비상대책위원회 구성, 공화당의 대국민 사과와 해산, 군인의 정권 개입 금지, 하나님 정의 실현을 위한 기독교인의 궐기, 자유민주주의 쟁취를 위한 민중의 총궐기, 긴급조치 해제와 양심수 석방.

12월 8일 0시. 긴급조치 9호가 해제되었다. 독재자의 종말 이후, 독재자가 드리웠던 그림자가 사라지는 순간이자, 새로운 독재자의 여명이 밝아오는 순간이었다. 고영근은 6회에 걸쳐 60일에 이르는 단식투쟁을 끝내고 감옥에서 석방되었다. 77년 11월 27일에 투옥된 지 만 2년이 지나서였다. 하지만, 그가 감옥에서 석방되어 나온 곳은 또 다른 독재정권의 철권적 감시 체제가 작동하는 더 거대해진 감옥은 아니었을까?

2. 반복되는 독재체제와 우리 민족의 나아갈 길(1980~1987)

긴급조치 9호로 상징되는 유신독재 체제가 종말을 맞이한 후에 이어진 것은 하나회를 주축으로 한 신군부세력을 등에 업고 12.12 군사 쿠데타를 일으켜 정권을 잡은 전두환의 군사독재정권이었다. 독재가 또 다른 독재로 이어지는 악순환이 일어난 것이다. 이와 함께, 고영근의 민주화를 향한 예언자적 삶은 계속될 수밖에 없었고,

그와 더불어 경찰과 안전기획부의 감시와 연행, 납치와 감금, 투옥과 석방이 수도 없이 반복된다.

긴급조치 9호의 효력 정지로 석방 후, 고영근이 복음화, 즉 민주화를 위해 동지들과 함께 설립한 것은 한국목민선교회다. 1980년 3월 1일, 이해학, 임영천, 송정홍, 김동엽 등 뜻있는 신앙 동지와 함께 설립한 이 선교회는 이후 고영근의 예언자적 삶의 기반이 되었다. 이 선교회의 창립취지문을 구하지는 못했으나, 10주년 기념 선교사업보고서에서 선교회의 창립 취지와 선교 방향을 읽을 수 있다. 여기에 그 일부를 싣는다.

> 70년대의 한국교회는 양적으로 급성장했으나 질적으로는 오히려 물량주의와 기복신앙으로 타락하는 양상을 나타내었습니다. 한국교회는 역사적 사명을 망각하고 극단적인 이기주의로 불의한 세력 앞에 아부하며 조국과 민족의 대과제인 정의화, 자주화, 민주화, 통일을 외면하고 개인 구원에만 치우친 나머지 1,000만 신도를 자랑하는 한국교회는 사회 앞에 규탄과 비판적 대상이 되고 있습니다. 많은 성직자들은 제사장적 사명에만 치우쳐 개교회 목회에만 전력을 바칠 뿐, 7,000만 민족을 위한 민족목회에는 관심이 없고 정의를 외치는 예언자적 사명을 소홀히 하는 고로 우리는 부득이 민족목회를 실시하며 또 한편 이 시대의 예언자의 사명을 다하려고 한국목민선교회를 창립하게 된 것입니다.
>
> 정권욕에 눈이 어두운 일부 군인들이 군사 반란을 일으켜 민주주의를 파괴하고 집권하려는 무서운 공작이 점점 노출되기 시작할 무렵 1980년 3월 1일 고영근, 이해학, 임영천, 송정홍, 김동엽 목사

를 주축으로 목민선교회가 창립되게 되었습니다. 돌이켜보면 우리 선교회가 이 시대의 등불이 되려고 불의를 질타하며 정의를 외치다가 회장 고영근 목사는 21회에 걸쳐 연행과 투옥을 당해야만 하였고 우리 임원들도 갖은 고난을 겪어야만 했습니다.[53]

이 글에는 한국교회의 기복신앙, 이기주의, 개인 구원, 권력에의 아부와 개신교 목회자들의 개교회주의를 탈역사화된 타락으로 판단하고 이에 대응하여 정의, 자유, 민주, 통일을 추구하는 민족목회를 통해 예언자적 사명을 수행하고자 목민선교회를 창립하였음이 나타나고 있다. 이를 위해 고영근과 한국목민선교회는 군사독재정권에 저항하다가 숱한 고초를 겪었다.

사실, 박정희 통치하에서 2번의 옥고를 치르고 나온 이후 그의 목회자로서의 삶은 정권의 탄압과 교계의 외면과 질시로 인해 정신적으로, 경제적으로 상당한 어려움을 겪었던 것으로 보인다. "당국의 핍박이 아무리 강해도 견딜 수 있으나 가장 참기 어려운 고통은 교계가 주는 고통이었다".[54] 전두환 정권하에서 그가 겪은 실제적 어려움은 교회 외부가 아니라 내부에서 나왔다. 물론, 정권이 그 환경을 제공했다. 하지만, 한국교회는 독재정권 순응에 빨랐고, 고영근과 같은 이를 외면하는 일에도 익숙했다.

전두환 정권이 점점 공고해지자 나를 부흥회 강사로 초청하는 교

53 고영근, 「민족목회 10주년; 한국목민선교의 창립 10주년 기념 선교사업보고서」(1980~1989), 1989. 12. 25.

54 고영근, 『죽음의 고비를 넘어서』 4권, 184.

회가 점점 적어지고, 혹시 초청한다 하여도 작은 교회에서만 초청하고 큰 교회에서는 거의 외면해버렸다. 더군다나 82년 5.18 광주의거 추모예배 설교로 연행되었다가 석방된 후부터는 여러 교회에서 약속한 부흥회를 취소한다는 통지가 연달아 오는가 하면 새로이 초청하는 교회도 없고 심지어 하루 부흥회와 헌신예배도 초청하기를 꺼려하여 내가 설 자리가 한국교회에서 없어지고 말았다. … 축복과 성령을 말하는 강사는 후한 대접을 받는 데 비해 십자가를 져야 한다고 말하는 강사는 대접이 말이 아니어서 십자가 지는 아픔을 겪었다.[55]

그럼에도 불구하고, 고영근의 예언자적 행보는 거침없이 계속되었다. 이 행보들을 여기에 모두 다 적을 수는 없다. 몇 가지만 나열해 보자.

1980년 5.18 광주민주화운동 직후인 5월 26일에서 30일까지 그는 부산 대연교회(황병보 목사 시무)에서 부흥회를 인도했다. 경찰과 정보기관이 나와 교인들의 책가방을 일일이 뒤지는 등 감시와 탄압은 물론, 무장한 계엄군이 교회 근처에서 경계를 하는 상황이었다. 그는 이 부흥회에서 교인들의 만류에도 불구하고 "정의롭고 합법적인 정권안보는 국가안보와 연결되지만, 불의한 독재정권, 불법으로 집권한 비민주적 정권은 오히려 국가안보를 위하여 불의한 정권은 속히 무너져야 한다"[56]는 내용으로 설교했다.

1981년 11월 13일에서 15일에는 청주노동교회(정진동 목사 시무)

---

55 고영근, 『죽음의 고비를 넘어서』 4권, 187, 188-189.

56 위의 책, 84.

에서 부흥회를 인도했다. 30여 명의 경찰이 교회 밖에서 감시하는 상황이었고, 청주 경찰 5~6명이 예배에 진입해서 감시하고 상부에 보고했다. 얼마 후, 고영근은 안기부에 불려가서 문책을 받았다.

1982년 4월 19일 광주 한빛교회에서 격려사를 한 내용 때문에 경찰에 연행되어 하루 동안 심문을 받는다. 이어 5.18 광주의거 2주기 추모예배에 "순국열사의 핏소리"라는 제목의 설교로 안기부 수사국에서 1주일을, 같은 해 8월 19일, 전북 동노회(기장) 주최 8.15 광복절 기념예배 및 선교자유 수호 기도회(전주)에서 "우리 민족의 나아갈 길"이라는 제목으로 설교하면서 전두환 군사정권 퇴진과 비판한 사건으로 경찰에 연행되어 3일 동안 구금되어 조사를 받고 풀려났다.

1983년 2월에는 문부식 구명운동 사건으로 경찰, 검찰, 안기부에서 41일 동안 심문을 받았다. 같은 해 9월 16일에는 부산에서 민주헌정연구회 세미나에 초청받아 "우리 민족의 살 길"이라는 제목으로 강연을 했다. 김대중의 복권 및 정중한 사과, 대통령 직선제로 개헌, 불법으로 집권한 군벌정치 퇴진이 민주화의 지름길, 학원 안정화를 위해 군벌은 군대로 돌아가고 정치는 정치인에게 맡기는 민주화가 필요함 등을 역설하는 강연을 했고, 이것이 문제가 되어 구류 10일을 선고받고 서부경찰서 유치장에 구금됐다.

이러한 과정에서 고영근을 찾는 교회는 점점 사라져갔다. 교계에서 그에게 붙인 별명은 이른바 '정치목사'였다. 한국교회의 주류를 이루고 있는 "교권주의자는 항상 독재자와 야합하여 예언자를 핍박"[57]하는 데 거리낌이 없었다.

---

57 고영근, 『우리 민족의 나아갈 길』 4권 (서울: 한국목민선교회, 1985), 11.

이렇게 여러 차례 고난을 받으니 고영근 목사는 정치목사라는 악평을 받게 되어 점점 부흥회 길이 막히고 말았다. 그렇지 않아도 교계 부조리를 말하므로 교계에서도 부흥회 초청을 꺼려하는 데다가 감옥 출입을 자주 하니 교계 부조리 문제로 양심이 찔리던 인사들은 나를 정치목사로 악평하며 매도하였다.[58]

민족목회를 위해 교회 밖으로 나선 선교활동이 여의치 않게 된 상황에서, 고영근은 본격적으로 문서선교에 뛰어들기 시작했다. 1984년 2월 1권을 필두로 1987년 6월 6권에 이르기까지 "우리 민족의 나아갈 길" 집필을 통한 문서선교가 이루어졌다. 이 연작의 1권 서문에는 정치적 민주화를 향한 예언자 고영근의 독특한 정치적 입장이 잘 드러난다. 여기에서 그는 한국 사회 정치 운동의 양상을 다음과 같이 정리한다.

공산주의 독재에게 놀란 반동 작용으로 우편에 치우쳐 자본주의 독재에 기울어지고 그 반면 자본주의 독재에 대한 반동 작용으로 좌에 치우쳐 공산주의를 동경하는 양상들이 우리 사회에 나타나기 시작합니다.

극좌나 극우에 치우치는 일들은 민주주의 실현을 위하여 둘 다 바람직하지 못한 자세입니다. 우리는 어디까지나 좌우에 치우치지 말고 반공 반독재적이며 자유민주주의이어야 합니다.[59]

---

58 고영근, 『죽음의 고비를 넘어서』 4권, 192.

59 고영근, 『우리 민족의 나아갈 길』 1권, 1-2; 5권, 41-44.

보수와 진보, 우파와 좌파 어디에도 속하지 않은 제삼지대의 정치적 운동은 과연 성공할 수 있을까? 이러한 그의 정치적 입장은 주한미군 주둔에 대한 견해에서도 독특한 제삼의 길을 갔다. 그는 주류 민주화 운동권의 주한미군 철수론에 반대하여 주한미군 활용론을 제안한다.[60] 현실적으로 주한미군의 철수는 북한과 일본의 이중의 적을 만들게 되는 것이며, 주한미군으로 인해 공산주의의 남침이 억제되고 독재정권을 제어하여 민주화와 번영에 역이용할 수 있다고 본 것이다.[61] 여기에 더하여 그는 신학적으로도 제삼의 길을 걷는다. 기독교는 사랑과 구원의 종교로서 보수주의도 인본주의도 아니라고 보았다.[62] 그는 보수주의자는 복음을 전통으로 대체한 전통주의자로 예수의 진정한 뜻에는 관심 없고 문자주의에 얽매여 있으며, 배타적이고 독선적이라 분열이 심하고, 권력에 아부하며, 성서를 빙자해 자신의 범죄를 합리화하는 비인간적 독선주의자라고 비판한다. 반면 인본주의자는 자유주의 신학에 치우쳐서 내세 구원은 경시하고 지나치게 사회개혁만 주장한다고 비판한다. 교계 권력 지형에 있어서 보수주의가 대체로 강한 세력이고 그에 대응하는 진보주의가 약한 세력이라고 할 때, 고영근은 강한 세력이나 약한 세력 모두의 편에 설 수 없는 제삼의 지대를 찾아가려고 했다. 이렇듯 정치적으로나 신학적으로나 세력화된 양단을 모두 벗어나고 있는 그의 정

60 1980년대는 자주, 민주, 통일이라는 민주화운동의 3대 과제가 체계화되던 시대였다. 이 중에서도 자주는 반외세자주투쟁으로 나타났는데(강만길 외 편, 『한국사』 20권 (서울: 한길사, 1994), 87), 고영근의 경우에는 민주화운동의 이러한 주류 속에서 '외세의 지혜로운 이용'이라는 견해로 민주화운동 주류와 결을 달리했다.

61 고영근, 『우리 민족의 나아갈 길』 1권, 18-20; 5권, 20-40.

62 위의 책, 40.

치적, 신학적 위치가 안정적이거나 세력을 확장할 수 있는 상황은 전혀 되지 못했을 것이다.

주로 박정희 정권을 사후적으로 비판하며 당시의 정권을 우회적으로 공박하는 1권에서는 정치의 근간이 바로 목민이나, 목민을 실천하는 정치인이 없음을 한탄한다. "무릇 정치인은 국민 사랑하기를 부모가 자녀를 사랑함 같이, 목자가 양무리를 사랑함 같이 해야 함이 마땅하거늘 그러한 사랑을 발견할 수가 없다".[63] 이들은 남북통일은커녕, 분단의 슬픔을 정권연장에 악용하고 있으며, 이를 위해 위기와 긴장을 조장하거나 증폭하여 국민을 우롱한다.

이상주의자 고영근은 자유민주주의가 하나님의 뜻을 이루는 수단이자 목표라고 생각했다. 그렇다면 그의 민주주의는 틸리히가 말하는 신율주의인가? 그런 것 같지는 않다. 그는 "민주주의라 함은 국민이 그 사회구성의 주인이라는 뜻인바 국민의 국가에 대한 주인의식이 철저해야"[64] 한다고 말하고 있기 때문이다. 그의 민주주의 이해는 고전적 민주주의 개념을 거의 그대로 수용하고 있었다고 보면 될 것 같다. 자유와 개인의 가치를 강조하고 있기 때문이다. 그럼에도 불구하고, 이러한 가치들이 신의 뜻인 평등한 사회구조 속에서 희구되어야 함을 동시에 강조함으로써 "구조적인 집단선"[65]을 강조한다. 그에게 천국은 단지 신에게 복종하는 수동적인 인간들의 모임이 아니라, 자신의 자유를 집단의 평등하고 선한 구조 속에서 누리는 인간들의 모임이었다. 이러한 천국에 신의 위치는 어떠해야 하는가를

63 고영근, 『우리 민족의 나아갈 길』 1권, 16-17.

64 위의 책, 38.

65 위의 책, 40.

그는 말하지 않는다. 이 점에서 그는 신의 뜻을 전하는 예언자이지, 신의 속성을 정하는 교리학자는 아니었다.

2권에서는 민족의 나아갈 방향을 제시해야 할 사회지도층에 대한 비판이 두드러진다. "독재정권에 아첨하는 아부배에게 경고한다"는 제목하에 네 부류의 사회지도층을 향해 비판적인 요청을 가한다. 먼저, 지식인은 "그 지식을 바탕으로 현실을 분석하고 비판하여 민중들이 '나아가야 할 방향'을 바르게 제시하는 것이 학자의 사명이며 도리"[66]임을 천명한다. 둘째, "언론인은 국내외의 크고 작은 사건들을 신속, 정확, 공정하게 보도하며 비판하여 민중들이 '나아가야 할 방향'을 바르게 제시하는 것이 언론인의 사명"[67]이라고 주장한다. 셋째, "참된 종교인은 하나님을 대신하며 민중에게 위기를 경고해 주며(겔 33:7) 민중이 '나아가야 할 방향'을 제시해 주는 파수꾼과 예언자의 사명을 다해야"[68] 한다고 요구한다. 넷째, "현 정권하에서는 참 야당이 존재하지 않고 관제 야당만이 존재하여 야당이 있는 듯이 보이지만 사실은 야당 부재의 정치를 하고 있다"[69]고 비판한다.

2권은 고영근의 이상주의적이고 미래지향적인 전망이 잘 드러나 있다. 사실 그의 숱한 책이 "~의 나아갈 길"이라는 제목으로 되어 있다는 사실에 주목해야 한다. 지금 논의하고 있는 연작 "우리 민족의 나아갈 길"을 비롯해서, "기독교인의 나아갈 길", "한국교회의 나아갈 길", "우리 민족의 나아갈 길" 등의 제목이 많이 보인다. 이 책들의

---

66 위의 책 2권, 32.

67 위의 책, 33.

68 위의 책, 34.

69 위의 책, 36.

제목이 표시하는 바는, 첫째, 고영근 자신이 방향을 제시하는 예언자라는 자의식을 가지고 있었다는 점, 둘째, 한국 사회와 교회가 여전히 많은 과제를 해결하지 못하고 있을 뿐만 아니라 방향조차도 제대로 파악하지 못하고 있었다는 점이다.

한국 사회에 산적한 많은 문제 사이에서, 올바른 방향을 제시하고 민중을 이끌 수 있는 지도자는 가능할까? 고영근은 그러한 지도자 그룹의 존재를 긍정하고 갈망했다. 그 그룹은 잘하면 지식인, 언론인, 종교인, 정치인 그룹들에서 나올 수 있었다. 그러나 유감스럽게도, 한국의 지식인 그룹은 독재자를 찬양하고, 사실을 왜곡하며, 진실을 감추고 거짓을 말하는 사이비들이다. 유감스럽게도 한국의 언론인 그룹은 독재자의 시녀로 전락하여 독재자들의 말을 받아쓰며 사실을 왜곡하고 불공정한 보도로 독자의 판단을 흐리는 사이비들이다. 유감스럽게도 한국의 종교인은 민중을 깨우치고 정의를 말하기는커녕 불의한 자를 합리화해주고 축복을 비는 사이비들이다. 정치는 더욱 비관적인데, 한국에는 그냥 "정치인이 없다."[70] 온통 사이비 정치인들뿐이었다.

고영근이 그나마 희망을 걸었던 것은 정치인이 아닌, 지식인, 언론인, 종교인이었다고 할 수 있다. 하지만, 그러한 그룹에서조차도 희망이 잘 보이지 않았다. 고영근 자신은 젊어서의 실력 배양도 부족하고, 민족에 대한 자각에도 눈을 늦게 떴고, 이렇다 할 스승을 만나는 행운도 없었던 부족한 사람이지만,[71] "나아갈 길"을 마땅히 제시하는 이 없는 광야 한복판에서 부족한 붓이라도 들고서 예언자의

70 위의 책, 36.

71 고영근, 『우리 민족의 나아갈 길』 1권, 31-35.

사명을 외롭게 다해야 하는 상황에 있었던 것이다. 고영근은 이러한 자의식과 시대의식 속에서 격동의 시대를 열정을 다해 살아냈다.

문제의 "우리 민족의 나아갈 길," 3권은 전두환 정권 한가운데서 전두환 정권을 본격적으로 비판하기 시작한 글이라는 점에서 주목해야 한다.[72] 그는 이 글에서 전두환 군벌 정권이 쿠데타 정권으로 그 정당성이나 정통성을 인정하기 어려우며, 광주학살을 통해 집권한 불의한 정권일 뿐만 아니라, 100% 관제 야당을 만들어 놓고 민주적인 선거원리를 전혀 따르지 않는 등 민주주의 질서를 파괴하는 정권이며, 경제적인 무능, 공산주의에 빌미를 주는 독재 등을 일삼고 있기 때문에 합당한 회개와 함께 퇴진하라고 요구했다.[73] 이 책은 그 이듬해인 1985년 2월 12일 국회의원 선거와 맞물려 국내외적으로 많은 반향을 불러일으켰으며, 서둘러 제4권을 집필하게 된 계기가 되기도 했다.

제4권은 2월 12일 총선을 다각도로 평가하면서 국회의원에 당선된 야당의 정치인들과 전두환 정권에게 권고하는 글, 독자들에게 요청하는 글을 싣고 있다. 이 책에서도 전두환 정권을 광주시민 학살자이자 박정희보다 더 심한 독재를 일삼는 독재정권으로 규정하고 퇴진을 요구하고 있는데, 이로 인해 1985년 4월 2일부터 4일까지 만 3일 동안 안기부 수사국으로 연행되어 조사를 받았다.

5권은 다른 무엇보다도 고영근의 대외정책에 관한 이해가 덜 드러나 있다는 점에서 주목할 만하다. 그는 한국의 민주화를 가장 우선적인 과제로 놓고서 대외정책을 판단하려고 했다. 우선 그는 주한

---

72 실제로 고영근은 이 책의 집필로 인해 1984년 11월 23일, 안기부로 연행되어 2일에 걸쳐 13시간 동안 모진 심문을 받았다.

73 위의 책 3권, 22-38.

미군의 문제를 거론하면서 '선민주화 후철수론'을 내세웠다. 동시에, 소련과 북한, 일본과 미국의 외세가 모두 한국의 민주화를 방해하는 외부세력이라고 보았다. 특이한 것은 미국을 바라보는 태도인데, 미국은 가장 친근한 우방이면서도 독재정권을 비호하고 있다는 사실로 인해 지탄받아야 마땅하다는 입장을 보인다. 다른 모든 외세는 단지 적이지만, 미국은 잘못된 길을 가고 있는 친구로서 바라보고 있다는 점에서 미국을 신제국주의 세력으로 평가하는 민주화운동 주류와 생각을 달리하고 있음을 확인할 수 있다.

마지막 6권은 1987년 6월 27일에 발행한 것으로 되어 있다.[74] 6.10 호헌철폐 운동 뒤이자 6.29선언 이틀 전이다. 6.29선언 전이므로 이 책에는 6.10 호헌철폐 투쟁 및 대통령 직선제 요구의 기운이 가득 담겨 있다. 특히 관심을 끄는 것은 그가 글의 가장 앞머리에 올린 게 "한국교회는 왜 민주화운동을 해야 하는가?"였다는 점이다. 당시에는 박종철 고문치사 사건으로 촉발된 대한민국 전 민중의 분노와 민주화의 열망이 거의 모든 거리를 메울 때이다. 그럼에도 불구하고, 한국교회는 역사적인 부름에 어떤 형태로도 나서지 않았다. 탈역사화된 채 개인의 기복신앙과 권력의 아부에 길들여진 한국교회는, 역사의 흐름을 읽을 능력도, 그 흐름을 주도하기는커녕 올바르게 탈 능력도 없는 몰역사적 광신자들의 집단으로 변화해가고 있었다. 고영근의 이 책은 이러한 한국교회에 대해 냉정함을 잃지 않고 요구한다. 하나님의 뜻은 이 땅 위에 이루어야 한다. 기독교는 정의의 종교가 아닌가. 기독교는 십자가를 '통한' 부활의 종교가 아닌가. 한국교

74 고영근, 『우리 민족의 나아갈 길』 6권 (서울: 한국목민선교회, 1987), 140.

회의 사명은 복음화가 아니었던가. 기독교는 사랑의 종교이지 않은가. 그렇다면, 이 모든 이유는 한국교회가 민주화에 나서야 할 마땅한 이유들이 아닌가. 하지만, 정교분리라는 뿌리 깊은 거짓 신앙관과 이 신앙관에 의해 유발되는 비겁함, 나아가 독재자의 앞잡이를 자처하는 독재정권의 하수인 목사들이라는 삼중의 장애가 한국교회의 예언자적 삶을 가로막고 있다. 1987년 서울의 봄을 앞두고 작성된 "우리 민족의 나아갈 길" 마지막 연작은 민주화 물결의 예감 속에서 향후 교회의 운명[75]을 직감한 것이자, 민주화운동의 새로운 전환점에서 이 전환의 축을 확인한 것이었다고 할 수 있다.

이렇게 고영근의 "우리 민족의 나아갈 길" 6권 연작은 80년대 중반을 관통하여 민주화운동에 참여하면서 시대와 함께 호흡한 책이라고 할 수 있다. 하지만 시대와 호흡하는 그의 활동이 문서선교에만 머문 것은 아니다. 아무리 설교의 길이 막혔어도, 그의 복음화 열정이 민주화운동의 현장으로부터 러브콜을 받는 것은 아무도 막을 수 없었다. 이 중 몇 가지만 정리하고 이 절을 마무리하자.

1985년 5월 18일에는 한국기독교교회협의회(NCCK) 주최 광주민주항쟁 5주년 추모예배 설교자로 초청되었다. 그러나, 안기부 직원이 당일 아침에 들이닥쳐 강화도로 납치, 강제로 강화도 관광 후 밤 10시 귀가하여 설교를 못 하게 되었다. 1986년 1월 16일에는 목요예배 헌금기도에서 전두환 정권을 비판하고 악당이라고 표현한 바 있

75 1989년에 창립된 한국기독교총연합회는 서울의 봄 이후 정교분리의 원칙을 벗어나 정치화된 기독교 보수주의의 한계를 명확하게 보여준다. 이들은 근대 개신교 정교분리의 역사를 반성하며 등장한 것이 아니라, 그 오욕의 역사를 합리화하거나 정당화하며 등장하였다는 점에서 정교분리의 정신을 계승한 정치집단, 그리하여 그 어떤 합리적 운동의 지점도 찾기 힘든 괴물 같은 광기의 집단이 되었다.

는데, 이것이 문제가 되어 20일 강서경찰서로 연행, 10일간 구류 선고를 받은 후, 강서경찰서에서 강동경찰서로 이감되어 유치 생활을 하기도 했다.

1980년대는 고영근에게 본격적인 삶의 곤경과 이러한 곤경에 굴하지 않고 두 번째 독재정권에 항거한 열정의 시대였다. 신학적으로는 보수주의와 진보주의, 정치적으로는 독재의 자유민주주의와 주류 민주화 운동권의 자유민주주의 사이에서 독자적인 행보를 보인 그의 독특한 신앙관과 정치관은 두 거대한 대립의 어느 한쪽에 포함되지 않는 독특한 영역을 형성하면서 한국 기독교 민주화운동사에 한 획을 그었다.

III. 목민선교: 예언자직을 말하다

이제 고영근 생애의 핵심적 화두라고 할 수 있는 '목민'(牧民)을 얘기하는 것으로 이 장을 마무리하도록 하자. 목민사상은 그가 한국 근대 역사상 두 번에 연이은 독재체제에 맞서 구조 복음화의 일환으로 민주화운동에 참여하도록 한 중심적인 생각이라고 할 수 있다. 그는 1989년 성탄절에 즈음해서 한국목민선교회 10주년을 맞아 다음과 같이 목민선교회의 선교방향을 설명하고 있다.

> 1980년 3월 1일 고영근, 이해학, 임영천, 송정홍, 김동엽 등 뜻있는 신앙 동지와 함께 한국목민선교회를 창설했습니다. 오늘 한국교회는 신자만을 위한 교회로서의 역할에만 치우쳐 있기 때문에 7천만

민족을 구원하고 지도하기 위한 선교전략이 결여되어 있으며, 그리스도의 진리와 사랑이 7천만 국민과 정치, 경제, 문화, 사회에 그 영향력이 골고루 미치지 못하고 있습니다.

그러므로 나는 지역중심과 신자중심의 목회를 지망하는 목사가 많지마는 전체 민족을 사랑하고 지도하고 구원하기 위한 목회자는 너무나 적기 때문에 이 방면에서 선교하여 하나님의 뜻을 이루고자 한국목민선교회를 창설하였습니다.

한국교회의 풍토는 지역교회를 담임하지 아니하면 목사로 여기지 아니하고 무시하는 경향이 많습니다. 그래서 목민선교회는 너무나 교계의 이해가 부족하여 일하기가 어려웠습니다. 그러나 최선을 다하여 10년간 목민선교회를 중심하여 변함없이 일하여 왔습니다.[76]

이 설명에 의하면, 목민선교는 민족목회를 추구한다. 지역교회에 머무르지 않고 한반도의 전 인민을 대상으로 하는 목회를 추구한다는 것이다. 이에 대한 대략적인 계획은 이미 그가 서울서노회 전도목사이자 한국목민선교회 회장으로 재임하면서 작성한 1981년의 사업보고서에서 찾아볼 수 있다. 1976년부터 1980년도까지의 선교사업을 정리하여 보고한 이 보고서에서 그는 자신의 선교목표 마지막으로 "목민선교회를 승화시킴"이라는 계획을 제시한다. 그 내용의 전문은 다음과 같다.

76 고영근, 『죽음의 고비를 넘어서』 1권, 338.

五. 牧民宣教會를 승화시킴

목적: 한국교회가 국민을 위해 목회할 수 있도록 중재하며 본 선교회에서 민중을 사랑하고 가르치고 전도하므로 민중을 위해 목회하는 일을 실시하여 하늘나라가 이 땅에 임재하게 한다.

방법: 정확하고 신속한 시사정보를 입수하여 분석연구하고 선교전략을 수립하는 한편 민중과 정치, 경제, 문화, 사회, 종교계에 깊이 침투하여 소금과 빛의 사명을 다 하도록 최선을 다할 것임.[77]

여기에서도 확인할 수 있는 것은 목회의 범위를 개체교회에서 국민으로 확대함으로써 현실 세계에서 하늘나라 공동체를 이루겠다는 의지다.[78] 또한, 그 구체적인 방식이 사회구조적인 분석을 통한 접근이라는 점에서 대단히 현실적인 접근을 하고 있다. 고영근은 현실을 바탕으로 이상을 꿈꾼 이, 굳이 말을 만들자면, 현실주의적 이상주의자였다고 하겠다.

그런데, 1977년 긴급조치 9호로 1차 수감되던 당시, 옥중에서 집필한 글 중에서 목민선교에 관한 가장 젊은 생각을 엿볼 수 있다. 그 글에서 그는 목민선교를 다음과 같이 말한다.

예수께서 전도하실 때 큰 교회를 세우시고 민중들을 교회로 오라고 한 것이 아니었고 민중 속에 깊이 침투하셔서 그들을 사랑하고

77 고영근, 「선교구국: 민족복음화할 선교전략, 1976~1980년도 사업보고, 1981년 선교사업계획」, 1981. 1. 1., 7.

78 고영근, 『기독교인의 나아갈 길』 (서울:목민출판사, 1981), 83.

> 가르치면서 복음을 전파했던 것입니다(마 9:35-40). 지금도 목사는 교인만을 위한 목사가 되지 말고 전체 국민을 위한 목사가 되어 목자가 양을 치는 심정으로 목민 선교하는 국민 목회자를 하나님이 원하시며 또 이 시대가 요청하고 있는 것입니다. 그러기에 나도 牧民하는 심정으로 우리 민족의 현재와 미래를 염려하면서 하나님 말씀으로 민중을 지도하고자 애를 쓰며 정치, 경제계 실무자에게 건설적인 건의도 하게 되었던 것입니다. 옛날 선지자들은 민중의 생활 전체를 지도하며 삶의 방향을 명확히 제시하였습니다(아모스 5장). 그러기에 나도 예언자의 사명을 갖고 지금까지 일해 왔으며 앞으로도 일할 것입니다.[79]

이 글에 의하면 예언자적 삶은 목민하는 삶과 다르지 않다. 예수가 민중 속으로 들어가 그들과 어울리며 사랑하고 가르치며 복음을 전파했듯, 오늘날의 목회자도 국가 단위로 목회의 영역을 넓혀야 한다는 것이다. 이들 글에서 다음 몇 가지를 결론적으로 제시할 수 있다. 첫째, 고영근의 목민선교는 계몽적 선교다. 복음으로 깨우친 자가 아직 깨우치지 못한 민중에게 사랑으로 다가가서 깨우치는 선교다. 따라서, 민중신학의 민중과는 그 결이 전혀 다르다. 둘째, 고영근의 목민선교는 목회자 삼중직에 관한 그의 이해 연장선에 있다고 할 수 있다. 하나님 나라를 이상향으로 한 사회를 구조적으로 형성하고자 했던 츠빙글리-칼뱅 개혁주의 신앙의 구현으로서 목민선교는 기독교 개혁주의 전통에 굳건하게 서 있다. 하지만, 여전히 궁금

79 고영근, 『설교자료집: 사도행전(옥중수기)』, 295.

증이 남는 것은 셋째, 그는 민중과 민족을 분리해서 사용하고 있지 않다는 점이다. 또한, 넷째, 그의 목민선교는 신학적으로도 정치적으로도 제삼의 지대, 보수도 아니고 진보도 아닌, 독재자의 자유민주주의도 아니고 이 독재자에 대항하는 자들의 저항적 자유민주주의도 아닌 그런 지대에 있다는 점에서, 이러한 운동을 이끌어온 힘은 무엇인가 하는 점이다. 이 마지막 두 질문적 특징에 대한 답을 다음에서 찾아보도록 하자.

1. 민중으로서의 민족

고영근이 민중이나 민족을 명확하게 정의하면서 글을 쓴 적은 없다. 그가 이 두 개념에 대해 어떻게 생각했는가는 그의 행간을 읽어냄으로써 어렴풋이 밝힐 수 있을 뿐이다. 우선, 그는 "고난받는 민중"[80]을 말한다. 민중의 범위에 있어서는 "민중이라고 할 때도 민주화운동에 앞장서고 있는 소수만을 민중이라고 하고 침묵을 지키는 80%의 대중을 민중에서 소외시키지 말아야"[81] 하며 "독재자를 제외한 전체 국민을 모두 민중"[82]이라고 해야 한다고 주장한다. 또한, 민족의 범위도 함께 정의하고자 하는데, 그는 "남한의 4천만에 국한하지 말고 북한 동포와 해외 교포까지 우리 민족으로 간주"[83]해야 한다고 말한다. 그런데, 이렇게 되면 그에게서 민중과 민족을 분리해서 이해해야 하는

---

80 고영근,「설교문」, 1986. 9. 11;『우리 민족의 나아갈 길』6권, 13;『죽음의 고비를 넘어서』1권, 352.

81 고영근,「설교문」, 1986. 9. 11.

82 위의 설교문.

83 고영근,『우리 민족의 나아갈 길』2권, 47.

이유를 찾기 힘들어진다. 독재의 영향 하에서 통치받고 있는 모든 인민은 민족이자 민중[84]인 것이다. 하지만, 다른 곳에서 그는 "자유민주주의를 실현하려는 민중"(고영근, 1984a, 38)이야말로 하나님의 도움을 받을 수 있다고 함으로써 '올바른' 민중이 따로 있음을 얘기한다.

정리하자면, 고영근에게 일반적으로 민중 또는 민족은 한반도에 살거나 한반도에 뿌리를 두고서 그 정체성을 인지하고 있는 전체 인민으로서 당대 북한의 공산정권과 남한 독재정권의 통치 영향 아래 있는 모든 사람을 말한다. 하지만, 복음화와 민주화운동의 관심 대상으로 부를 때는 이러한 민중 중에서도 고난에 처한 민중을 일컬었고, 특히 민주화운동에 투신한 민중을 신의 뜻을 따르는 민중으로 평가하고자 했다.

사실, 일제와 한국전쟁을 지나면서 한반도에 사는 이들 전체가 하나의 고통 받는 공동체로 살아왔던 만큼, 민중과 민족의 구분은 이 시대를 살아온 사람들에게는 큰 의미가 없는 것으로 다가왔을 것이다.

2. 남은 자의 투쟁

이제 마지막으로 남은 물음은 목민선교의 실제가 어떠했느냐는 점이다. 그 어떤 정치적, 교권적 헤게모니도 거부한 운동체가 10년 이상을 지속할 수 있었던 저력은 무엇일까? 한 가지 일화가 이에 대한 답을 찾을 수 있는 단서를 준다. 고영근과 한국목민선교회는 1986년, 국내 정세의 급박한 위기감 속에서 교역자와 평신도가 함께 하

84 위의 책 1권, 38.

는 나라를 위한 기도회를 전국 단위로 열고자 수개월을 기획해서 진행하였다.[85] 그런데 막상 모이고 보니 협조를 요청한 목사들의 60%가 불참한 상황에서 약 1,400여 명이 모인 가운데 집회를 열게 되었다. 일개 교회가 교회 성장 세미나를 열면 순식간에 3,000명이 모이는 교계 현실과 비추어 볼 때 실망스러운 일이었을 것이다. 더 한심한 마음이 들었을 모임은 이보다 3년 전 김병서, 장기려, 박상선 등과 함께 교역자 수련회를 개최했던 일이다. 6월 7일에 거행된 이 수련회에 참석한 교역자는 불과 30여 명, 같은 기간 광림감리교회(김선도 목사)나 여의도순복음교회(조요한 목사)에서 진행한 교역자 수련회에는 약 3,500여 명의 목회자가 모였다. 무려 100배가 넘는 인원차에 고영근은 한탄을 금할 수 없었는데, 그는 이어서 다음과 같이 말한다. "그러나 나는 위로를 받았습니다. 엘리야 때는 바알의 선지자 850명, 하나님 선자지 엘리야는 하나였고, 미가야 때는 하나님의 선지자 미가야 한 사람이 되며 거짓 선지자는 400명이었으니 그래도 지금은 그때보다 낫지 아니한가 하고 위로를 받았습니다."[86]

교계에서의 소외는 민주화운동의 소외까지도 이어졌다. 그에 의하면, 극우와 극좌는 모두 반민주주의 세력으로 자유민주 세력은 이 양극단의 와중에 중도(中道)의 길을 가는 세력이라고 할 수 있다. 이 중도의 세력이 가장 큰 헤게모니를 가지고 있어야 안정적인 민주사회를 이루리라고 역설하면서 고영근은 그럼에도 김일성과 전두환의 독재 권력이 중도세력인 자유민주주의 세력을 쉼 없이 몰아치며 탄압하고 있다고 말한다.[87] 이러한 상황에서 자유민주주의는 소수로

85 고영근, 『죽음의 고비를 넘어서』 4권, 92-94.

86 위의 책 2권, 209.

남아 있을 수밖에 없는 것이다.

고영근은 자유민주주의가 모든 패권을 장악하고 다른 체제의 존립 여지를 제거하는 극단주의적 체제로 남는 것을 상상하지 않고, 자유민주주의 세력이 우세한 가운데 나머지 세력이 고르게 공존하는 경우를 가장 이상적인 사회체제로 보았다는 점에서 기독교 극단주의자나 정치적 근본주의자가 아니었다. 그런데 이러한 경우라도, 현실을 볼 때 소수는 극우나 극좌가 아닌 고영근이 말하는 자유민주주의가 아닌가. 1987년 6.29 선언이 이루어질 때까지, 고영근을 비롯한 많은 민주인사들이 어려운 싸움을 하고 있다는 의식 속에 있었을 것이다. 1980년 이래 햇수로 8년이며, 박정희 독재시절까지 생각하면 20년의 세월이다.

그럼에도 불구하고, 고영근이 민주화와 복음화를 기치로 자신의 길에 매진할 수 있었던 것은 바로 '남은 자' 사상 때문이 아니었을까 한다. 남은 자 사상은 기본적으로 순교자 사상과 예언자 사상의 중첩 지대에 있는 사상이라고 할 수 있다. 고영근은 자신에게 처음 세례를 베푼 심을철 목사에게 순교자의 신앙을 실천적으로 배운 바 있다.[88] 또한, 그는 문자 그대로가 아닌 본문 본래의 의미를 파악하는 성서읽기 속에서 예언자의 삶을 살아간 예수에 대해서 많은 이야기를 한 바 있다. 본 연구에서는 순교와 예언이 중첩되는 지점을 '남은 자'(롬 11:5)라고 보고자 한다. 남은 자는 순교와 예언이 일어나는 현장에서 그 일을 겪고 있는 당사자가 아니다. 순교와 예언이 일어나는 현장에서 고대하는 희망으로서의 남은 자다. 그들은 교회와 역사

87 고영근, 『우리 민족의 나아갈 길』 6권, 61-83.

88 고영근, 『죽음의 고비를 넘어서』 2권, 48-49.

의 현장 사이사이에 모습을 숨기고 있으나, 순교자나 예언자의 삶과 목소리에 아멘으로 화답하며 때를 기다리는 동지들, 언젠가 큰 함성으로 모든 교권주의와 독재체제를 단번에 무너뜨리기 위하여 "무릎을 꿇지 아니한 사람 칠천 명"(롬 11:4)이다. 고영근과 목민선교회가 숱한 연행과 투옥을 마다치 않고, 교계에서 쏟아지는 비난과 어려움에도 굴하지 않고[89] 자신의 자리를 지켜온 것은, 바로 이 '남은 자'에 대한 희망 때문 아니었을까?

IV. 나가는 말

두 개의 거대한 독재체제에 맞서 한 치 물러섬 없는 예언자의 정신으로 삶을 살아간 목사 고영근에게서 우리는 무엇을 배울 수 있을까? 그가 말하고 위해서 살았던 목민선교? 아니면 목민선교를 살아간 삶의 방식? 이 모든 것은 참으로 소중하고 배울 필요가 있다. 물론, 그는 대학에서 깊은 연구를 한 학자도 아니고, 깊은 산속에서 홀로 고행을 하며 깊은 영성을 연마한 이도 아니다. 그는 이러한 모든 일을 찾아다니거나 참고할 여유도 없이 숱하게 눈앞에서 벌어지는 폭력과 고난이 뒤섞인 현장을 살아낸 '신앙인'이다.

많은 신앙인이 역사를 버리고 초연한 탈역사의 어딘가에서 몽환

89 "한국교회의 풍토는 지역교회를 담임하지 아니하면 목사로 여기지 아니하고 무시하는 경향이 많습니다. 그래서 목민선교회는 너무나 교계의 이해가 부족하여 일하기가 어려웠습니다. 그러나 최선을 다하여 10년간 목민선교회를 중심하여 변함없이 일하여 왔습니다"(고영근, 『죽음의 고비를 넘어서』 1권, 388).

적 천국에 위안을 삼고 있을 때, 그 천국이 주는 달콤한 권력과 금력을 뿌리치고 역사 한복판으로 달려 나올 수 있었던 힘은 무엇일까? 나는 고영근에게서 신앙인이 가질 수 있는 '용기'를 본다. 신앙을 살아내려면 용기가 필요하다. 고영근은 우리에게 신앙인이 세상에 나서는 용기란 무엇인가를 보여주었다. 그러나, 모든 용기는 독단적이지 않았다. 고영근에게도 그랬다.

> 내 아내는 감옥에 면회를 올 때마다 항상 태연하고 여유있는 모습으로 나를 만나 주었습니다. 그리고 항상 나에게 용기를 주었습니다. 그러기 때문에 나는 많은 고난을 가볍게 감내할 수 있었던 것입니다.[90]

---

90 고영근, 『죽음의 고비를 넘어서』 2권, 273.

참고문헌

강만길 외 편. 『한국사』 20권. 서울: 한길사, 1994.

고영근. 『韓國敎會의 나아갈 길』. 서울: 한명문화사, 1972.

______. "항소이유서." 1978.03.27.

______. 『說敎資料集: 사도행전(옥중수기)』. 서울: 한국목민선교회, 1977.

______. 『기독교인의 나아갈 길』. 서울: 목민출판사, 1981.

______. 「宣敎救國: 民族 福音化할 宣敎戰略, 1976-1980年度 事業報告, 1981年 宣敎 事業 計劃」, 1981.01.01.

______. 『죽음의 고비를 넘어서』 1권. 서울: 한국목민선교회, 1981.

______. 『민족의 나아갈 길』. 서울: 한국목민선교회, 1982.

______. "순국열사의 핏소리." 광주 NCC·광주 EYC·기독교장로회 전남노회 교사위원회 주최, 광주의거 희생자 2주기 추도예배 설교문, 1982.05.18.

______. 『우리 민족의 나아갈 길』 1권. 서울: 한국목민선교회, 1984.

______. 『우리 민족의 나아갈 길』 2권. 서울: 한국목민선교회, 1984.

______. 『우리 민족의 나아갈 길』 3권. 서울: 한국목민선교회, 1984.

______. 『우리 민족의 나아갈 길』 4권. 서울: 한국목민선교회, 1985.

______. "느헤미야의 구국운동." 한국목민선교회 주최, 나라를 위한 기도회 설교문, 1985.09.02.

______. 『우리 민족의 나아갈 길』 5권. 서울: 한국목민선교회, 1986.

______. "회개하라 천국이(민주화가) 가까우니라." 고난받는 이와 함께 하는 목요예배 설교문, 1986.09.11.

______. "한국교회의 나아갈 길." 「고난받는 이와 함께 하는 목요예배 설교문」, 1986.10.30.

______. 『우리 민족의 나아갈 길』 6권. 서울: 한국목민선교회, 1987.

______. 「民族牧會 十週年: 韓國牧民宣敎會創立 十週年紀念 宣敎事業報告書(1980~1989)」. 1989.12.25.

______. 『죽음의 고비를 넘어서』 2권. 서울: 목민출판사, 1989.

______. 『죽음의 고비를 넘어서』 4권. 서울: 목민출판사, 1997.

고영근 목민연구소 편. 『목사 고영근의 시대를 향한 외침 1』. 서울: 도서출판 새롬, 2012.

고영근 목사님 석방을 위한 기도회 참가자 일동. "고영근 목사님 구속에 대한 우리의 입장." 1977.12.16.

김동춘. 『대한민국 잔혹사: 폭력 공화국에서 정의를 묻다』. 서울: 한겨레출판, 2013.

로버트 달/ 김왕식 외 옮김. 『민주주의』. 서울: 동명사, 1999.

오영석. "예수 그리스도의 삼중직론-예언자직과 제사장직을 중심으로." 「신학연구」 31 (1990), 333-374.

주재용. "한국교회 부흥운동의 사적 비판." 「기독교사상」 22(1978.9), 62-72.

한나 아렌트/ 김선욱 옮김. 『칸트 정치철학 강의』. 서울: 푸른숲, 2002.

한완상. "참 부흥사를 애타게 기다린다." 「기독교사상」 22 (1978.9), 18-20.

Daum 백과. "대통령 긴급조치 제9호." 2020. https://100.daum.net/encyclopedia/view/60XX69700032. 최종접속일 2020. 10. 5.

긴급조치 9호 1차 구속에 대한 병보석 석방 직후 (1977. 7. 14.)
충북 단양군 단양장로교회 설교 내용이 문제가 되어 1976년 3월 구속되었다. 대법원 이일규 판사가 무죄판결을 내렸지만, 고등법원에 환송되었고 형기를 1달여 남기고 병보석으로 석방되었다. 이내 1977년 11월 전남 강진군 강진읍교회 부흥회 중 농민을 위한 기도회 설교 내용이 문제가 되어 징역 6년형을 선고받고 옥고를 치르다가 1979년 12월 15일 석방되었다.

광주항쟁 추모 2주기 예배 그는 '순국열사의 핏소리'를 설교하였다. 그의 특성상 설교원고를 보고 설교한 적이 드물지만 2주기 추모예배 설교는 달랐다. 아무도 설교하려 하지 않은 그 자리. 그는 설교 듣는 자보다 감시하려는 자들이 몇 겹으로 둘러싸 있음에도 "살인자 전두환!"을 외치면서 원고를 되씹으며 소위 "아벨의 핏소리"를 외쳤다. 그는 이 설교 이후 안기부에 끌려가 모진 고문을 당했다.

한국목민선교회 주최 '나라를 위한 기도회'(한국기독교회관, 1984년)
한국목민선교회는 민주시민교육의 일환으로 '현대인을 위한 교양강좌회'(1981~83년, 총 19회, 기독교회관)를 실시하였다. 그 뒤를 이어 1984년부터 '나라를 위한 기도회'를 열었다(1984~85년까지 총 17회, 기독교회관). 고영근은 '나라를 위한 기도회' 설교로 3회나 연행되었다. 1986년부터는 전국 집회로 '나라를 위한 기도회'를 개최하였다.

고난받는 이와 함께 하는 목요예배(한국기독교교회협의회 주최)
고영근은 목요예배 주요 설교자였고 설교와 헌금기도 등으로 4회 연행되었다.

매국적 방일 반대 시위
1984년 9월 6일, 전두환이 일본 수상의 초청을 받아 방일에 오를 것이라는 보도에 방일 반대 투쟁이 확산되었다. 함석헌 선생을 비롯한 재야인사 77명은 종로 5가 인권위원회에서 단식 농성을 실시하였다. 고영근은 9월 6일 오전 10시 정각에 구 대한일보 문 앞 돌탑 위에 서서 성명서를 읽었다. 성명서를 읽어내려가는 중에 경찰과 몸싸움이 벌어졌고 이내 남대문경찰서로 강제연행되었다.

4.13 호헌조치철회를 요구하며 삭발 단식하는 예장 인권위원들과 예배(1987.5.7. 예장 총회 사무실)

1987년 8월 12일, “미국 정부의 불의하고 간악한 대한정책을 규탄한다” 성명서를 발표하였는데 초기에는 1,050명 성직자 공동서명으로 시작하여 추가 서명자를 합해 총 1,400명이 서명하였다. 그는 이 성명서 발표와 함께 9월 ‘나라를 위한 기도회’에서 노태우 방미규탄 성명서를 또 발표하면서 일주일간 구류처분을 받았다.

예장 목회자 호헌철폐를 위한 기도회(1987. 6. 22. **새문안교회**)
전두환 정권의 4.13 조치에 항거하여 예장 목사 800여 명이 나라를 위한 기도회를 가졌다. 고영근은 삭발 단식 후 짧은 머리의 모습으로 교역자에게 '우리 민족의 나아갈 길'이란 강연을 하였다.

제5장

고영근의 통일운동 (1988~1999)

| 고성휘 |

고영근의 '조국의 정의화, 자주화, 민주화, 통일' 운동*
(1988~1999)

I. 들어가는 말

1988년에서 1990년대는 한국 사회 민주진영에 급격한 지각변동이 있었던 시기였다. 6월 항쟁으로 얻어낸 대통령 직선제는 군사정권에 저항하여 일궈낸 민주 시민의 쾌거였다. 민주적 제도를 국민의 힘으로 쟁취한 승리의 경험은 각 부문 운동의 성장을 가져왔으며, 국가 주도적 통일논의를 민(民) 주도적 통일논의로 전환할 수 있는 자신감을 갖게 하였다. 1980년 광주민주화항쟁 이후 민족의 자주화와 통일의 필요성을 절감하며 꾸준한 논의로 집약시켜 온 통일논의는 1988년 한국기독교교회협의회의 '88선언', 1989년 1월 문익환 목

---

* 이 글은 「신학사상」 189집(2020, 여름) 305-343에 게재된 "고영근의 '조국의 정의화, 자주화, 민주화, 통일'을 향한 목민사역 연구 - 1988~19999년을 중심으로"를 수정, 보완하였다.

사, 서경원 의원의 방북과 연이은 임수경, 문정현 신부의 방북, 1990년 범민련 결성 등으로 이어져 민주화 투쟁을 통일 운동으로 급선회하는 계기가 되었다. 국가의 성립 과정에서, 민족주의의 성장을 거쳐 시민사회로 진입했던 서구 유럽과는 달리 우리나라는 일제강점기를 거치면서 미 군정, 군사정권의 오랜 집권에서 금압되었던 민족주의의 부재 현상이 80년대 후반 반제민족주의로 나타났다. 반제민족주의는 반봉건적 과제의 청산과 결합하여 '반제반봉건'의 기치하에 반미 운동, 민족 해방 운동으로 개념화되었다. 이러한 과정은 민족 자주 정권의 수립을 가장 중요한 운동 과제로 설정하고 통일된 주권 국가의 수립을 지향하도록 이끌었다.[1]

한편 1990년대는 독일의 통일과 동구권의 몰락으로 변혁 운동의 이론적 근거였던 마르크스, 레닌주의 사상에 회의를 품게 되면서 정치, 경제적 현실보다 문화 현상, 담론적 질서에 매력을 느끼는 시대로 전환되어 갔다. 환경, 여성, 인권운동이 등장하였고 각 부문별 노동운동이 활성화되고[2] 비합법 노동운동이 공개운동으로 전환되어 갔다.[3] 운동권의 정치참여 또한 확대 양상을 보였고 3저 호황의 호

1 김동춘, "80년대 한국의 민족주의", 『근대의 그늘』 (서울: 당대, 2000), 353.

2 7~9월까지 3개월 동안 노사분규로 구속된 사람이 525명에 달한다. 이는 1985년 노동문제와 관련되어 구속된 수(81)의 6배가 넘는 수치인데 3,600여 건의 폭발적인 노동쟁의가 일어났고 13.5%의 임금 인상을 쟁취하였다. 6.29선언 당시 2,725개였던 단위노조가 88년 5월 74%가 증가된 4,729개에 이른 것을 보면 6.29선언 직후 노동운동은 폭발적 성장을 하였다. 한국기독교사회문제연구원, 『군부독재 종식과 선거투쟁』 (서울: 민중사, 1987), 140; 김상근, 『다시 하나로 서기 위하여』 (서울: 현존사, 1994), 84.

3 "민주화운동이 대중적 실천으로 정착되어 갔으며 정치적 지향이 내용적으로 폭넓어지고 체계화되었다는 것입니다." 전국민족민주운동연합, 『90년대 한국 사회와 변혁 운동』 (서울: 민중사, 1990), 17.

기가 90년대까지 지속되면서 중산층이 실질적으로 확대되었으며 생존에 대한 절박성보다 경제적인 여유를 갖게 되면서 이와 함께 시민운동이 확대되는 시기이기도 했다. 이제 민중·민주운동은 대통령 직선제와 함께 쟁취한 지방자치제의 부활과 아울러 풀뿌리 시민운동이라는 새로운 운동으로 방향을 선회하였고[4] 시민사회의 다양성이 평화, 인권, 성, 환경, 생태 등의 가치를 중심으로 활성화하는 토대를 형성하게 되었다.

반제민족주의에 집중했던 경향과 중산 시민사회로의 진입의 흐름 속에 기독교는 새로운 과제에 직면하게 되었다. 1970년대와 1980년대 초반 각 영역의 운동 세력이 자기 독자적 세력을 확보하기 어려웠을 때 기독교는 그들의 보호막이 되어 주었다. 하지만 1990년대로 넘어오면서 민중 운동 세력은 각 부문 운동으로 분화되고 활성화되면서 각자의 영역에서 성장할 기반을 마련하게 되었다. 이로써 기독교는 한국 현대사에 있어서 각 부문의 진보 세력들을 보호하고 그들이 성장하도록 돕는 일을 통해 종교가 해야 할 사회적 공공성의 역할에서 근본적인 자기 혁신의 운동 관점과 방향을 설정해야 하는 과제에 직면하게 된다.[5]

---

4 구 국가 권력을 지탱하고 있었던 거대 조직들의 장악력은 약화되고 작은 조직들, 풀뿌리 조직들의 목소리와 위상이 강화된다. 이러한 풀뿌리 정치 혹은 생활 정치의 활성화는 시민 정치의 강화로 말할 수 있다. 조희연, "시민, 사회운동과 정치; 한국정치와 NGO의 정치개혁운동", 시민 사회포럼·중앙일보 시민사회연구소 엮음, 『시민사회와 시민운동』(서울: 아르케, 2002), 271.

5 1970년대 한국교회의 일부인 산업선교회가 그때 아무 의지할 데가 없던 노동자들, 특히 여성 노동자들을 돌보았다. 그러나 노동자들이 서노협(서울노동조합협의회), 인노협(인천노동조합협의회), 전노협 (전국노동조합협의회) 그리고 그 후신인 전국민주노동조합총연맹 (민주노총) 혹은 한국노총의 이름 아래 보호받고 조직되면서 더 이상 산

이러한 객관적 상황 속에서 고영근은 민주화운동을 함께 했던 사람들과의 운동 노선에 대한 갈등과 선택 앞에 독자적인 행보를 갖는다. 그의 행보는 크게 세 가지로 요약된다. 한국교회갱신 운동, 공정언론촉구성직자회 결성, 비전향 장기수 후원 사업이 그것이다. 세 가지 사업은 따로 떨어져 있는 것 같이 보이지만 그의 '조국의 정의화, 자주화, 민주화, 통일'의 관점에서 긴밀히 연결되어 있다. 이는 1980년대 그의 관점을 전제할 필요가 있다. 왜냐하면, 1978년 광주고등법원 상고이유서에 보이는 관점에서 일보 진전된 미국에 대한 인식과 대응 방안의 독자성 그리고 1980년대를 관통하는 그의 민주주의에 대한 기독교적 접근과 시각이 1990년대에 조국의 정의화로 구체화되고 있기 때문이다. 이는 1980년대 당시 민주화운동을 함께 했던 수많은 동지와도 상이한 관점을 보여 왔는데[6] 1990년대로 넘어오

업선교의 도움이 필요하지 않게 되었다. 교회와 목회를 목적으로 하지 않고, 오직 노동자들의 주체성과 삶의 질의 회복과 정당한 대우를 위해 산업선교는 시대적 사명을 다했으며 새로운 진로를 모색하게 되었다. 권진관, "1970년대의 산업선교 활동과 특징", 『1960-70년대 노동자의 작업장 문화와 정체성』 (파주; 한울아카데미, 2006), 223.

6 이에 대한 비판은 그의 『우리 민족의 나아갈 길』에서부터 출발한다. 그의 논지의 순서는 늘 규격화되어 있다. '복음화운동을 위한 좌표, 민주화운동을 위한 좌표, 한국교회의 회개운동, 북한 김일성 정권과 남한 독재정권에 대한 비판, 미국 정부의 반성 촉구' 등이 주 내용이다. 그의 저서나 설교문에는 반공의식이 깊게 깔려있었고 남북한 독재정권의 동시 비판으로 출발하는 시도가 반제민족주의적 관점에서는 걸림돌이 될 수밖에 없었다. 하지만 북한 역시 60년대까지 마르크스주의적 민족론에서 70년대 이후 주체사상의 정립을 계기로 '혈연적' 민족론을 거쳐 90년대의 문화적 민족론으로 입장을 수정하면서 김일성 중심의 사회주의 체제를 공고히 하고 민족통일의 필요성과 당위성을 정당화하였으며(김동춘, 『근대의 그늘』, 321) 내부의 단결을 위한 통치 이데올로기로서 성격을 지니고 있었다는 것은 부정할 수 없는 사실임을 감안할 때, 고영근의 양정권에 대한 동시 비판은 시대착오적 비판이라 할 수 없다. 다만 그의 지나친 반공의식의 표출이 당시 시대적 조류에 부응하지 못하는 한계로 지적된다. 과잉 민족주의와 과잉 반공주의는 공정한 민주주의 국가를 정립하고 평화를 이루는 데 있어서 배타적이라

면서 반제민족주의와는 사뭇 다른 민주주의 제절차를 통한 국가 수립에 중점을 두고 있어 더욱 상이한 관점으로 괴리되어 갔다.

따라서 본 연구는 그의 관점, 즉 개인(주체)주의, 민족주의와 세계주의의 시각 등을 통해 그가 주장한 '조국의 정의화, 자주화, 민주화, 통일'로 확산되는 과정을 살펴보고 그 관점 하에서 활동하였던 다양한 영역의 내용들이 하나의 맥락으로 이어지고 있는 과정을 살펴보는 데 목적이 있다. 이는 당시 '선민주, 후통일'의 관점과 '민족 자주화' 관점의 이분된 양상으로만 분류할 수 없는 문제로 그의 사역을 살펴보고자 하는 것이다. 또한, 그의 1960년대부터 1990년대 말까지 이어지는 평생의 목회 관점인 개별자로서의 민중을 향한 목민운동이 '비전향 장기수 후원 사업' 등으로 이어지는 과정을 통해 기독교적 통일 운동의 실천적 대안의 유의미성을 살펴보고자 한다.

II. 조국의 정의화, 자주화, 민주화, 통일의 관점

1. 주체로서의 민중

1990년에 그가 표방하기 시작한 목민사역의 핵심 어휘는 '조국의 정의화, 자주화, 민주화, 통일'이다. 이를 기초로 10년간의 목민사역을 지향하였는데 이 네 가지 개념 안에 내포되어있는 그의 민중과 민족주의에 대한 시각이 당시 1990년대 기독교 운동의 큰 흐름이었던

는 한계를 갖고 있다.

통일신학과 주체 사상적 접근의 시도들과 관점의 차이를 보이고 있으며 그 관점이 목민사역을 진행함에 있어서 독자적 양상을 나타내게 하였다. 따라서 고영근과 민중신학의 민중 관점의 차이를 비교하고 또 통일신학의 민족주의와의 견해 차이를 비교함으로 그의 사역의 맥락을 살펴보고자 한다. 그의 민중에 대한 시각은 1958~1971년 갈담리, 백운, 북아현 사역을 중심으로 얻은 경험을 바탕으로 하여 1982년에 정초하고 90년대에 확장한 시각이다. 그의 목민사역의 핵심은 '개별자로서의 민중'이다.

> 개인은 사회의 기본 단위요, 의식의 통일체요, 개성의 존재이며 자율적 책임과 자유와 인격의 주체입니다. 이러한 속성을 지니고 개인의 가치를 역설하고 개인의 독립성, 평등성, 존엄성을 강조하는 것이 개인주의 사상입니다. 개인은 의무나 권리의 주체가 되고 자유와 책임의 존재가 될 수 있습니다. 그는 자각하고 자율하고 자치하고 자주합니다. 그러기에 여러 개인이 사회에서 같이 공존공영하는 원리를 알게 됩니다. 그는 사회적 공공정신이 투철하기 때문에 법을 지킬 줄도 알고 협동할 줄도 아는 것입니다. 그는 자기 의무를 알고 수행하며 또한 자기의 권리를 알고 수호합니다.[7]

고영근의 개인(주체)에 대한 시각은 1970, 1980년대를 관통하던 민중신학의 민중과 1990년대 주체사상과 통일신학의 접근을 시도하였던 시각과의 '주체'와 분명한 차이를 보이고 있다. 박재순은 "주체

---

7 고영근, 『민족의 나아갈 길』 (서울: 일맥사, 1982), 42-43.

사상과 민중신학"[8]을 통해 민중신학의 주체와 주체사상의 주체 개념을 비교하였는데, 본 연구자는 그의 연구에 기반하여 기독교 통일 운동과 다른 길을 갔던 고영근의 사역을 살펴보고자 한다. 주체사상은 유물론적 세계관을 전제하면서 인간을 중심에 놓고 민중의 주체적 역량과 의식을 최대한 강조함으로써 사회변혁 운동 과정과 운동 주체들에 주목할 수 있는 안목을 열어준다고 보았다. 그는 또 민중신학과 유물론적 세계관의 원론적 대화가 상호접촉점을 찾지 못한데 반해 민중신학과 주체사상은 쉽게 접촉점을 찾을 수 있음을 전제하면서 자주적인 통일 민족 공동체의 실현이라는 지대한 민족사적 과제 앞에서 한국의 기독교가 반공의식을 떨쳐버리고 한반도의 분단 체제를 돌파하는 변혁 운동에 동참하기 위해서도 주체사상과 민중신학을 비교 검토하는 일은 중요한 의미를 지님을 전제하였다.[9]

분류	목민사역	민중신학	주체사상
핵심 용어	개인, 민중을 혼용	민중	인민
범위	개별자로서의 민중	역사 변혁자로서 민중 (집단)	인민 대중(집단)
변혁 가능성	개인의 자주, 자치, 자립과 상호 연대	상호성과 공동 주체성	자주성, 창조성, 사회 역사성의 유일한 지배자, 개조자
하나님과의 관계성	개인은 하나님의 수평적 피조물, 인간 존중이 창조 원리	그리스도와 민중의 동일시	
실천	주체 각 사람을 찾아가	역사변혁의 주요 주체	사상적 각성, 혁명 투쟁과

8 박재순, "주체사상과 민중신학," 『한국민중론과 주체사상과의 대화』 (서울: 풀빛, 1989), 103-147; 한국기독교사회문제연구원 편, 『남북교회의 만남과 평화 통일신학』 (서울: 민중사, 1990), 185-202.

9 박재순, 『남북교회의 만남과 평화 통일신학』, 187.

분류	목민사역	민중신학	주체사상
형태	사랑, 그리고 회심	세력으로 전환, 하지만 사발성이 중요	사회주의 건설에 조직적 동원
구원	오직 하나님으로부터 소수자에 내리는 축복-개별적 해석	고난받고 투쟁하는 민중 삶 자체(고난받는 민중의 메시아 상) 집단적 해석-민중 구원론	주체사상으로의 지도
죄악	정치, 경제, 사회, 문화, 종교 5대 구조악	구조적, 집단적 죄악	
회복의 방법	개별자의 상호연대, 파괴된 개인의 존재 가치 회복과 하나님 관계회복	공동체 회복의 길, 파괴된 공동체성 회복	조직적 결집과 연대로 정치 사회적 세력화
개인과 공동체	개인은 민주주의의 기본 단위, 개인으로 구성된 공동체가 의미, 자각과 자치 중심	서구의 개인주의적 사고 비판, 개체적 인격 개념을 넘어서 집단적, 역동적 관계에 중점, 저항 중심	김일성 주석의 지도 원칙을 중심으로 한 인민 공동체, 지도 중심
만남의 방식	찾아감	변혁 운동 선상	동원
상호적 관계	소외된 개별자와의 수평적 관계 속에서 목회자의 목민 목회적 헌신	민중을 비참하고 소외된 존재라고 보는 지배자 중심적 사고 지양	인민의 자주성, 사람이 모든 것의 주인이고 모든 것을 결정

이상의 분류와 차이점 비교는 지극히 도식적이며 세세한 논점이 표출되지 못하는 한계가 있으나 상호 비교를 통해 본 연구자의 의도는 주체의 단위를 개별자로 본 고영근의 민족주의 과제 실현 방법이 출발지점, 원심적으로 확대되는 방향성이라는 독특한 특성을 갖고 있음을 보고자 하는 것이다.

그는 개별자를 역사의 주체로 세우는 과정, 즉 그들의 자치, 자립, 자주, 연대하는 과정을 가장 중요하고 기초적인 전제로 보았다. 이에 따라 개별자들이 정의로운 주체가 되어 각각의 삶의 영역인 정치, 경제, 사회, 종교 등의 분야에서 하나님의 정의를 구조적으로 이뤄가기를 희망하였다. 따라서 하나님의 정의라는 상위 개념위에 자주, 민주, 통일을 개별자로서의 주체가 상호연대를 통해 이뤄야 한다고 보았다.

민중이 주체가 되어야 하는 시각은 함석헌, 문익환, 안병무[10], 강희남[11] 등 당대의 재야 및 기독교 운동가들에게 공통적으로 나타나는 시각이다. 특히 함석헌에게 큰 영향을 받은 것으로 추측되는 것은 함석헌의 인간의 이해에 대한 부분이다. 함석헌은 인격이란 자아의식과 자주적 의지 위에서 자기를 완전에 이르도록 실현해 나아가는 활동의 주체라고 보았다. [12] 또한, 전체 속에서 자기를 이해하는 주체의 자기의식에는 단순히 회상과 욕구만이 아니라 사명의 자각이 포함된다. 그러므로 자기를 인식한다는 것은 자기의 할 일 곧 자기의 역사적 사명의 자각을 의미하기 때문에 하나 됨의 세계를 위해 정말로 필요한 것은 민족을 해체하는 것이 아니라 오히려 참된 의미의 '민족적 자각', 곧 민족이 '전체로서의 세계'를 위한 자신의 사명을 자각하는 것이라 보았다.[13] 자각하고 자율하고 자치하고 자주하는 개인이 주체가 되어야 한다는 고영근의 관점이 드러나는 시기가 80년대 초, 중반인데 그의 활동영역 안에 함석헌과의 '재야간담회'[14]를

---

10 문익환은 민중의 개념을 노동자, 농민, 소시민 등 피지배층을 포함한 광의적 의미로 보았는데 안병무는 특정인을 지칭하는 것이 아니라 독재정권의 피해자들을 모두 민중이라고 보았다. 이유나, "문익환의 평화, 통일사상 담론과 성찰", 「신학사상」 188집 (2020 봄), 209.

11 "민중은 불쌍한 존재다. 민중인 농민은 권력자들에게 갈취를 당하고 서러움과 눌림을 받은 존재들이다. 민중들은 재벌과 다국적 기업과 초국적 기업들의 불의에 저항하며 투쟁하는 존재들이다. 민중의 얼은 혼이며 역사적 생명의 씨앗이다." 홍성표, "흰돌 강희남 목사의 민중통일론", 「신학사상」 182집 (2018 가을), 272.

12 양현혜, "역사 철학적으로 본 함석헌의 통일에 관한 사유", 「신학사상」 188집 (2020 봄), 136.

13 위의 글, 148.

14 1985년 1월 7일 김재준 목사는 재야인사 20여 명을 중심으로 '재야간담회'를 결성하였다. "… 우리는 이 나라의 민주화의 염원이 몸부림쳐 온 일치된 힘으로써 어려운 일이 생길 때마다 대처해 나갈 것이다"라는 시국 취지문을 시작으로 중요한 시국사건이

위시한 지속적인 민주화운동 선상에서의 만남은 고영근에게 큰 영향을 주었을 것이라 추측된다.

또한, 고영근은 국가관 확립의 필요성을 강조하면서 국가지상주의, 개인과 세계주의의 조화가 없는 민족주의에 대해 경고하였다. 서구 선진국의 표준을 추종하는 것을 지양하고 우리다운 정신 사상, 문화, 정치, 경제의 길을 지향하여 민족을 단위로 삼지만 좁은 민족주의나 국가지상주의로 전락되어서는 안됨을 강조하였다. 조국을 주체로 삼는 선한 의미의 민족주의를 강조하였다.[15] 일제 강점하의 역사와 독재정권의 민족주의 금압의 역사로 인해 근대적 민족주의의 절차를 밟지 못한 우리 민족에게 있어서 민족주의란 민족적 특수성과 세계주의적 보편성 모두를 지향해야 하며 이를 위해 정치 민주화와 남북통일이 성취되어야 함을 주장하였다. 특히 한국이 견지해야 할 세계주의와 민족주의의 조화 선상에서 국가주의를 극복[16]하는 문제와 민족 자주화[17]를 이뤄야 하는 문제의 선결 지점을 내부의

발생할 때마다 입장표명을 통해 민주화운동의 선두가 되었다. 현재 남아있는 성명서는 6편이 있다('양심수는 지체없이 석방되어야 한다', '현 시국에 대한 우리의 입장', '조국의 위기 타개를 위한 우리의 제언', '개헌 정국을 보는 우리의 입장', '권양에게'). 구성원은 함석헌, 김재준, 홍남순, 조아라, 조남기, 박세경, 김성식, 지학순, 이돈명, 송건호, 안병무, 이문영, 고은, 윤반웅, 고영근, 이우정, 장기천, 은명기, 박형규 등 19인에서 22인으로 확대되었다.

15 "세계주의를 주장하는 나라들은 오랫동안 민족주의의 강한 인상으로 세계주의를 실현할 만한 힘을 키워왔습니다. 반면 우리 민족은 아직도 국가 단위로 근대사를 살아오지 못했습니다. 우리다운 정신, 사상, 문화, 정치, 경제의 길을 찾지도 못하고 있으며 아무런 건설도 남기지 못했습니다. 그러기 때문에 우리도 민족을 단위로 삼고, 조국을 주체로 삼는 선한 의미의 민족주의를 버리지 못하는 것입니다. 우리는 결코 좁은 민족주의나 국가지상주의를 찬양하지 않습니다." 고영근, 『민족의 나아갈 길』, 45.

16 위의 책, 44.

17 그는 80년 광주 민주화 항쟁 이후로 광주학살의 책임이 미국에게 있음을 강조하며 조

개혁과 민주화의 철저한 실현으로 보고 있었다. 따라서 그의 90년대 활동은 지방자치제 수립을 위한 노태우 고소 고발 사건, 철저한 언론감시를 통한 민족 언론의 지향, 시민 강좌회를 통한 민주 시민 교육 강화, 각종 성명서와 설교문을 통한 문서선교 활성화 등의 사업들이 대부분을 이룬다.

2. 정의의 내재화와 기독교 통일 운동

그는 부흥사이자 성서에 철저히 기초한 설교자였다. 26회에 달하는 연행과 구속기록에도 불구하고 전국 부흥회를 멈추지 않았는데, 전국 곳곳을 다니면서 민중들의 구체적인 삶의 현장을 가까이 볼 수 있었기 때문에 개별자로서의 민중에 대한 목민사역의 관점을 확고

국의 자주화가 우선되어야 함을 지적하였다. "4. 미국 정부의 회개를 촉구하는 바입니다. 독재정권을 방조하고 있는 정책을 회개하기 바랍니다, 광주시민 학살에 동참한 죄를 회개하기를 촉구합니다, 주한 미국대사 워커의 회개를 촉구합니다." 또한, 문부식 구명을 위한 설교, "정의를 확립하자"에서도 미국 정부의 불의에 대한 문제를 제기하였고, 그의 『우리 민족의 나아갈 길 1』에서 8. 미국 정부의 반성을 권고한다. 태프트 밀약, 38선 분할, 미군정의 친일파 등용, 6.25 전쟁의 책임, 독재 방조 등의 이유를 꼽고 있다. 그는 더 나아가 1986년 8월, '레이건 정부에게 보내는 공개 권고문'을 보내고 이에 대해 목회자들의 서명(발기인; 이두수, 조화순, 고영근, 장성룡, 허병섭, 이해학, 임영천, 이호석, 정동수 목사 외 서명자 300명)을 받아 반미의식을 결집시켰으며, 또 『민주화냐 독재연장이냐 4』에서는 교활한 대한정책을 비판하며 "역사의 심판자이신 전능한 하나님의 이름으로 경고하노니 미국 정부는 회개하라. 세계 인류의 18배의 부를 차지하고도 경제적 착취를 강행하는 미국 정부는 회개하라. 독재정권을 방조하면서 무기판매에 여념이 없는 미국 정부는 회개하라" 등에서 조국의 자주화 문제를 지적하였다. 고영근, "순국열사의 핏소리"(광주항쟁 2주기 추모예배 설교), 『광야에 외치는 소리』 (서울: 목민출판사, 1993), 28-31; 『우리 민족의 나아갈 길 1』 (서울: 한국목민선교회, 1984), 28-36; 『우리 민족의 나아갈 길 6』 (서울: 한국목민선교회, 1987), 37; 『민주화냐 독재연장이냐 4』 (서울: 한국목민선교회, 1989), 17-27.

하게 세웠다. 개별자로서의 민중 한 사람 한 사람에 대한 그의 접근 방법은 형편과 처지의 파악에 있다.[18] 민중의 삶에 대한 세세한 파악으로 출발하는 목회 방식이 그의 저서에도 드러나는데, 1968년에 출판된 『한국교회혁신과 사회정화방안』에서 그는 개인 구원과 사회 구원이 분리될 수 없음을 강조하면서 한국교회가 자체 혁신뿐만 아니라 사회 혁신에 헌신해야 하는 이유를 설명한다.[19] 그는 1989~1990년에 걸쳐서 『민주화냐 독재연장이냐 1~7』을 출판하면서 조국의 정의화는 왜 중요한가를 설명한다.[20] 그는 통일된 조국을 이룩하기 위해서 선결되어야 할 가장 큰 문제를 정의화, 즉 정의의 내재화에 두었다. 정치, 경제, 사회, 문화, 종교에 걸쳐 하나님의 정의가 내재화될 때 자주화와 민주화와 통일을 이룰 수 있는 토대를 형성할 수 있

---

18 고성휘, "1960년대 백운교회 지역선교 사역을 통한 고영근의 목민목회연구", 「한국기독교와 역사」 51호 (2019.9), 281.

19 "필자는 4년에 걸친 경찰 전도 중 이런 질문을 받은 적이 있다. 어느 형사가 유창한 어조로 질문하기를, "목사님 저는 형사 생활 10년에 아직도 봉급이 9,000원에 불과하고 식구는 아홉 식구입니다. 월급으로 쌀을 사면 다른 생활비는 어떤 방법으로 충당하면 좋겠습니까? 저에게 부수입이 있다면 범죄자를 눈감아 주는 일이나 공갈치는 일밖에 없는데 이런 비양심적 일을 어떻게 하면 좋습니까?" … 오늘 우리 사회는 많은 모순 속에 살면서 양심의 고통을 받으며 몸부림치는 자가 얼마나 많은가? 신앙을 지키자니 배가 고프고 부정을 하자니 양심이 아프고! … 사회 속에 있는 교회가 어찌 사회에 대하여 무관심할 수 있으랴?" 고영근, 『한국교회혁신과 사회정화방안』 (초안판, 1968), 11-12.

20 "필자는 교도소 안에서 4년간 수감되어 있는 동안 자신이 죄인이라고 자인하며 반성하는 수감자를 한 번도 본 일 없다. "김종필은 200억, 이후락은 190억, 정래혁은 180억 부정했는데도 그들은 하룻밤도 감옥살이를 시키지 않고 10만 원 도적한 나는 7년 징역에 처하니 이 어찌 억울하지 않겠습니까? … 전쟁이나 꽝하고 터져라. 하늘 땅이 빡빡 맷돌질이나 해라. 내가 나가면 닥치는 대로 죽이고 또 들어 온다"라며 분노에 가득 차 하는 모습을 보았다." 고영근, 『민주화냐 독재연장이냐 4』 (서울: 목민출판사, 1989), 5.

음을 강조하였다. '조국의 정의화, 자주화, 민주화, 통일'을 강조한 시기를 살펴볼 필요가 있다. 왜냐하면 『우리 민족의 나아갈 길 1~6』이나 『민주화냐 독재연장이냐 1~3』은 출판 간격이 촘촘하게 1987~1988년 초에 출판되었지만 4권은 89년 3월에 출판되었다. 1988년 벽두부터 물밀듯 불어오는 통일 운동에 대해 그의 고뇌는 더욱 깊어졌고 다소 관망하는 자세로 고뇌하며 그동안 친분이 남달리 깊었던 문익환 목사의 방북 문제나 기타 통일 지향 문제에 대한 고뇌가 더욱 깊었을 것이라 추측된다. 이 시기는 NCCK의 88선언, 글리온 선언을 비롯한 기독교 운동과 학생 운동이 통일로 급격하게 향하였던 시기였다. 기독교 운동 내에서는 신학자들의 분단 신학의 극복[21]으로서 평화 통일신학을 집중적으로 연구하였는데 분단은 모든 구조악의 원인이라는 인식하에 상호 증오와 적대적 관계에 대한 죄책 고백과 민족분단의 아픔에 동참하는 죄책 고백적 행동의 신학적 조명이었다.[22]

80년대 통일 운동과 민족주의는 주로 학생과 지식인, 특히 문인과 개혁적인 기독교 인사, 재외한국인에 의해 주도되었고 80년대 후반에 이르러서는 기독교 운동은 민족주의 운동의 선두에 서 있게 된다. 피억압 민족에게 민족이라는 상징은 수난과 부활의 신앙과 부합되었고 '공동체'로서 민족의 개념에 더 밀착된 신앙적 체계를 갖고

21 서광선, "통일신학: 분단신학을 넘어서", 한국기독교교회협의회 통일위원회 편, 『남북교회의 만남과 평화 통일신학』 (서울: 민중사, 1990), 114.

22 이에 대한 논문은 다음과 같다. 서광선, "통일신학: 분단신학을 넘어서"; 박종화, "민족통일의 성취와 통일신학의 성립"; 노정선, "통일신학을 향하여"; 서광선, "저의, 평화, 창조의 보전"; 박순경, "통일신학의 정초를 위하여"; 김용복, "평화와 통일"; 홍근수, "기독교 사회윤리학적 입장에서 본 통일" 등 수많은 논문들이 통일신학에 집중하던 시기였다.

있었다. 특히 민중신학적 관점으로 보았을 때 통일 문제는 민중의 변화하는 실체적 규명을 위한 노력이었다.

> 현 단계 한국 사회변혁 운동의 성격에 근거한 사회과학적 민중의 정의는 민중신학의 발전적 전개를 위한 좌표로 수용돼야 할 것이다. 즉 한 사회 성의 역사적-총체적 과정에 의해 생성된 주요모순의 담지자이며 동시에 그것을 구체적으로 극복해내 주체적 존재로서의 민중, 노동자-농민을 중심으로 한 계급 동맹 혹은 연합으로서의 민중, 계급 모순과 민족 모순이 중첩되어 나타난 주요모순을 극복할 담당 세력으로서의 민중이 민중신학의 주체인 것이며, 이들 민중의 새로운 세계관에 기초한 신학, 현 단계에서 한국 사회변혁 운동이 제기하는 자주-민주-통일의 과제를 주제로 한 신학이 바로 민중신학인 것이다.[23]

이러한 상황 속에서 고영근은 개별자로서의 민중에 더욱 천착한다. 민중신학이 지향하는 민중과는 달리 그의 시선은 오히려 깨우치지 않은 민중, 한완상의 민중 분류에 의하면 즉자적 민중에 모든 시선이 집중되어 있다. 그들 개인 단위가 자주와 자립의 기초 위에 단단히 세워져야 민주, 통일, 민족의 문제를 해결할 수 있을 것이라 확신했기 때문에 그들을 위한 교육과 절차, 단계에 더욱 집중하여 90년대 사역을 계획하였다.

---

23 한국기독교사회문제연구원, 『기사연 리포트 6: 노 정권의 출범과 민족민주 운동의 진로』 (서울: 민중사, 1988), 174.

III. '조국의 민주화'의 실천적 접근

1. 시민운동의 일환으로서 '공정언론촉구성직자회'

1990년대는 시민사회 운동 세력이 형성되는 시기이다. 1987년 노동자 대투쟁[24] 이후 각 부문 운동이 활성화되고 3저 호황의 지속적 호기, 지방자치제의 부활 등은 시민사회를 형성, 발전시키는 중요한 기반이 되었다. 국가의 권위주의, 억압적이고 비민주적 행태가 보다 유연한 형태로 바뀌고 시민사회가 상대적으로 강화되는 시기였다.[25] 이 시기는 특히 1980년대부터 누리던 3저 호황이 1990년대에도 지속되면서 80년대와는 다른 중산층의 대거 확장이 있었던 시대였다. 1960년대는 농촌 하층 계급이 주도적 생산 계층이었다고 한다면 1970년대 중반 이후부터 1980년대는 근로계급, 즉 노동자 계층의 급성장을 보인 시기였다.[26] 하지만 90년대에는 신 중간 계급과 구 중간

---

24 노동자 대투쟁은 노동운동의 정치적, 조직적 발전의 출발점이었고 노동자가 거대한 사회적 세력으로 성장하는 계기가 된다. 1987년 7, 8, 9월 노동자 대투쟁 이전의 민중운동에서는 노동운동이 민중 운동 내에서의 중심성과 주도성이 강력하지 않았다. 하지만 노동자 대투쟁 이후 노동조합운동이 대중적인 운동으로 전개됨에 따라 민중 운동 내에서 노동 정치의 중요성이 더욱 강화되었다. 조희연, "시민, 사회운동과 정치; 한국정치와 NGO의 정치개혁운동", 271.

25 1990년대 10년 동안 한국 사회에 나타난 두드러지는 변화는 관료적 권위주의의 해체와 시민 참여 운동의 태동이라 말할 수 있다. 심의기, "1990년대 한국의 형사사법 개혁운동의 성과와 전망 -권위주의의 해체와 시민참여운동의 태동-", 「형사정책」 13권 1호 (2001, 제1회 국제학술대회), 356.

26 기사연 측에서는 이러한 현상을, "전체적으로 말해 노동 운동의 수준은 아직 초보적이다. 국가 권력과의 싸움으로 되었음이 명백했음에도 정치 투쟁으로 나아가지 못했다"고 평가한다. 87년 노동자 대투쟁의 경향이 계급투쟁으로서보다 임금 인상 등의 개별 사업장 복지 요구로 일관하고 있다는 것에 대한 지적인데 이는 같은 상황을 서로

계급이 동시적으로 성장세를 보였다. 다시 말하면 1990년대 초, 중반에는 중산층의 대거 확장으로 인해 사회 계층 변화 추이가 극명하게 변화되면서 시민사회 운동의 활성화를 가져왔다. 이것은 다른 무엇보다도 구조적 맥락에서 신자유주의 시장화 경향과 신보수주의의 정치 경향에 대한 적응성이 그만큼 높아졌다는 것을 의미한다.[27]

계급 구분	1960	1970	1975	1980	1990	1995
중상계급	0.9	1.3	1.2	1.8	1.9	3.6
신중간계급	6.6	14.2	15.7	17.7	26.1	25.5
구중간계급	13.0	14.8	14.5	20.8	19.6	22.2
근로계급	8.9	16.9	19.9	22.6	31.3	27.7
도시하층계급	9.6	8.0	7.5	5.9	4.2	8.2
독립자영농	40.0	28.0	28.2	23.2	13.0	12.1
농촌하층계급	24.0	16.7	12.9	8.1	4.9	0.6
합계	100	100	100	100	100	100

자료; 홍두승(1983; 1992); 홍두승/김병조/조동기(1999)에서 종합[28]

다른 평가로 마주하고 있었다. 세계총서 27의 『민족민주 운동의 전망; 88년 상반기 운동의 평가』에서는 87년 노동자 대투쟁의 기본 의미는 노동 대중의 자주성이 전면적으로 실현되는 출발이라는 점에 있다. 또한, 대중적 진출은 명실상부하게 전 노동자계급의 투쟁으로서 노동 대중의 자주성을 실현하려는 투쟁이었음을 말해준다. 대중성에서 볼 때 40년 한국 노동 운동사에서 초유의 일인 것이다. 투쟁에 있어 지속성과 완강성이 뚜렷이 나타났으며 계급적 이해로 결집하고 있음을 보여주었다. … 이 두 가지 상이한 상황 평가는 당시 88년 전후로 소소한 관점의 차이도 받아들여지지 않을 정도의 첨예한 논쟁들이 정국을 주도하고 있었음을 볼 수 있다. 두 책 모두 민족 자주화의 관점을 표방함에도 불구하고 상황 평가가 상이한데 NL과 PD의 대립은 얼마나 첨예하게 진행되었을지를 예측할 수 있다. 다양성을 포용하기엔 역부족인 시대였음은 분명하다. 한국기독교사회문제연구원, 『기사연리포트 4: 군부독재 종식과 선거투쟁』 (서울: 민중사, 1987), 143; 편집부 엮음, 『민족민주 운동의 전망; 88년 상반기운동의 평가』(서울: 세계, 1988), 43-45.

27 조대엽·김철규, 『한국시민운동의 구조와 동학』 (파주; 집문당, 2008), 5.

28 유팔무, "한국에서의 계급양극화와 중산층 개념", 유팔무·김원동·박경숙, 『중산층의

위의 통계에 의하면 1970년대에 30% 정도밖에 안 되던 도시 중산층 계급이 1995년에는 거의 50%에 육박하는 수치를 보인다. 이는 급격한 중산층의 확대로 사회의 계급 구성이 크게 변화하고 있음을 보여준다. 이러한 객관적 상황에서 가장 큰 변화는 '국민'에서 '시민'으로의 질적 변화이다. 이른바 근대적 주체가 등장한 시기가 바로 1990년대의 가장 획기적인 변화, 발전의 요소이다. '백성적 주체'에서 '근대적인 시민 주체'로 변화한다는 것[29]은 비판적 정치의식을 갖는 공민(公民)으로 탄생한 것을 의미한다. 과거와 달리 고문 및 투옥 등 극단적인 희생을 무릅쓰고 저항해야 할 조건이 없어지고 '합법적인' 공간이 확장되면서 대중적 운동을 전개할 수 있었던 것[30]이 시민운동이었다. 지역 시민 운동, 지방자치 단위의 시민 참여 운동과 같은 시민 권력을 창출하기 위한 운동과 대안 교육 운동, 협동조합 운동, 공동체 운동과 같이 새로운 질서를 지향하는 운동도 있었다. 한국여성민우회(1987년), 환경운동연합(1993년), 참여연대(1994년), 녹색연합(1994년) 등 한국의 주요 NGO가 이때 출범하였고 민주사회를 위한 변호사모임(1988년), 인도주의실천의사협의회(1987년), 민주화를 위한 전국교수협의회(1987년) 등 전문가집단의 운동 지향적 분화도 나타나기 시작한다. 시민운동 초반, 즉 노태우 정부하의 시민사회는 국가에 의해 여러 가지 제약을 받았을 뿐만 아니라 담론과 행위 양 측면에서 제도적, 문화적 토대가 매우 빈약하였다.[31] 그러나

몰락과 계급양극화』(서울: 소화, 2005), 115 에서 재인용.

29 조희연, "민주항쟁 이후 사회 운동 변화와 그 특징: 4가지 측면을 중심으로", 『한국시민 사회 운동 15년사; 1987~2002』(서울: 시민의 신문, 2004), 39.

30 위의 책, 40.

31 박상필, "1990년대 이후 한국 시민 사회의 발전 -정부와 시민 사회와의 관계를 중심으

김영삼 정부가 집권 초기부터 공직자윤리법 개정(1993년), 금융실명제 실시(1993년), 정치관계법 개정(1994년), 지방자치제 전면실시(1995년), 5.18 특별법 제정(1995년) 등을 추진하면서 이를 계기로 시민운동은 급성장하게 되었다.

80년대 한국의 시민사회가 사회운동을 중심으로 한 '정치적 행위자'(운동으로서의 시민사회)로 강조되었다면 90년대, 특히 90년대 후반에 들어서는 다양한 집합적 구성체들 사이의 정치 사회적 이해관계의 복잡성이 대립과 공존의 양상으로 표출되는 '정치적 공간'(제도로서의 시민사회)의 속성이라는 이중적 의미들을 내포하고 있다.[32] 이로써 90년대의 시민운동은 전통사회에서 일어났던 지식인의 여론호소 방식의 개혁 운동이나 지식인의 정치적 사회운동의 연속 선상에 서서 정부 정책에 대한 비판, 여론 호소, 공공 가치의 옹호 등의 성격을 담고 있다. 그러면서도 과거의 운동과 차별되는 것은 국가권력의 획득을 목표로 하기보다 권력의 감시와 비판에 활동의 초점을 두고 있으며 참여자의 자발성에 의존하는 네트워크형 조직 모델을 취하고 있고 중간층 지지에 기초해 있다는 점이다. 새로운 사회권력을 창출하려는 사회운동의 맹아라 볼 수 있다.[33]

이러한 흐름 속에 고영근은 1990년 '공정언론촉구성직자회'를 창립한다. 그는 1987년 6월 항쟁으로 얻어낸 직선제와 지방자치제의 부활, 그리고 각 운동 세력의 분화와 발전 양상을 보았을 때 크게 성

로-", 「기억과 전망」 제27호 (2012, 민주화운동 기념사업회 한국 민주주의연구소), 169.

32 홍성태, 신종화, "한국 시민사회의 정치과정과 성격 변화 -1990년대 이후 시민사회의 갈등적 제도화-", 「민주주의와 인권」 제7권 1호 (2007, 전남대학교 5.18연구소), 324.

33 김동춘, "한국의 근대성과 사회운동", 『근대의 그늘』, 227-228.

장한 민주 세력의 힘으로 정권 교체가 목전에 있었지만, 정권 교체를 못 이루고 노태우의 당선으로 군부 정권을 종식시키지 못한 원인을 사이비 언론에 두었다. 그는 남북대화, 평화 통일 운동을 성급하게 먼저 하려는 뒤바뀐 운동권의 오판이라 판단하고 민주화운동의 전략을 재정비하여 180명의 성직자 서명을 받아「공정언론촉구 성직자회」를 결성하였다. 시민운동의 차원에서 보면 언론에 대한 압력 집단으로서 시민운동이요, 기독교적 측면에서 볼 때 기독교의 예언자적 사명에 따라 하나님의 정의를 선포하는 예언자 집단의 움직임이라 할 수 있다. 그는 1987년 직선제 개헌 투쟁으로 인해 교계 의식이 급진전된 것을 기회 삼아 기독교 내의 시민운동을 시도하였다. 그의 창립 취지문을 보면,

> 언론인들이 정론을 펴지 못하고 왜곡된 보도를 일삼아 왔고 외세와 독재자에게 아부하여 분단과 군사독재를 합리화하므로 자주화 정신과 민주화 정신을 소멸시켰기 때문이라 할 수 있습니다. 그러므로 우리 조국의 정의화, 자주화, 민주화, 통일을 조속히 실현하려면 언론계가 크게 반성하고 다시 태어나서 정론을 펼 수 있도록 혁신을 일으켜야 한다고 판단하였습니다. 하나님의 정의를 구현하려는 성직자들이 예언자의 집단이 되어서 바른 언론인에게는 격려를 보내고 그 반면 사이비 언론인에게는 각성을 촉구하기 위하여 "공정언론촉구성직자회"를 조직하였습니다. 그리하여 1990년 8월 13일부터 이 업무를 시작하여 오늘까지 약 7개월 동안 180명의 성직자가 가입했습니다. 1991년도에는 회원 300명은 돌파해야 하겠기에…[34]

시민감시운동으로서 '공정언론촉구성직자회'는 언론 자유를 틈타 근거 없는 추측 기사를 크게 보도한다거나 공신력 없는 보도를 일삼는 언론의 행태를 날카롭게 지적하고 정론을 펼치는 일이 민주화와 통일을 위한 첫 과제임을 강조하였다.[35] 고영근은 목회자를 시민 단체로 불러 모아 언론이 정론을 펼칠 것과 조국의 민주화와 통일을 위한 중지를 모아가는 것에 "귀하께서 본 회에 가입하시면 예언가의 집단이 되어 구조선(構造善)으로 구조악(構造惡)을 정복할 수 있는 막강한 힘이 될 것입니다. 이 얼마나 보람된 일이겠습니까"[36]라고 의미 부여를 하며 기독교의 공공성과 시민 운동성 그리고 목회자의 예언자적 정체성 의미를 제시하였다. 3년 뒤인 1993년에도 그가 보낸 공문에는 집단적 예언자의 역할이 시대적 요청임을 명확히 하였다.

> 우리들은 하나님을 대신하여 파수꾼 곧 예언자의 사명으로 정의를 외쳐야 할 것입니다. 그러나 예언자 한 사람의 외침보다는 여럿이 뭉쳐서 집단적으로 외쳐야만 위력이 있어… '예언자의 무리' 곧 집단적 예언자의 역할이 이 시대의 긴박한 요청입니다. 우리 모두 이번 총회에 참석하여 '예언자의 집단'을 형성합시다.[37]

---

34 "'공정언론촉구성직자회'란 무엇인가?", 「공정언론촉구성직자회 공문」 1991.3.15.

35 이는 오늘날에 있어서도 그 의미가 크다. 오늘날 가짜뉴스가 시민들을 현혹하고 비판적 사고를 할 수 없게 하는 일들이 비일비재하게 늘어나면서 사회적 문제로 대두되고 있는 오늘의 현실에 있어서도 압력 집단으로서 공정언론촉구는 중요한 사업이라 할 수 있다. 더구나 보수 기독교가 가짜뉴스의 온상이 되고 있는 현실에 있어서도 공정언론을 만들어 가는 일에 기독교는 자기쇄신이 필요한 시기이다.

36 "친애하는 동역자님께 드립니다. 공정언론촉구 성직자회에 가입하여 주십시오", 「공정언론촉구성직자회 공문」 1991.4.19.

1990년대 초반, 시민운동이 성장하는 초기에 결성된 공정언론촉구성직자회는 기독교 성직자들이 언론감시 시민운동을 통해 기독교의 사회적 공공성을 실천적으로 드러나게 한 일이었다. 각 지역의 목회자들을 일깨워 집단 지성의 힘뿐 아니라 기독교의 예언자적인 사회의 역할을 할 수 있는 기틀을 마련하였다는 점에서 의의가 있다. 공정언론촉구성직자회는 정론을 위한 활동뿐 아니라 미국 정부에게 보내는 공개 권고문을 목회자 301명 회원 명의로 미국 정부 대통령과 장관, 540명 상하원 국회의원, 미국 주요 언론인, 주한 대사 60명에게 1991년 6월 30일 발송하였다. 또한, 1992년 8월 3일 2차 공개 권고문을 307명의 목사와 신부의 서명으로 받아 발송하였다. 결성 초기 170명에서 출발한 공정언론촉구성직자회는 1992년에는 300여 명을 넘어섰고 1993년에도 활동을 이어갔다. 활동을 위해 매달 실행 위원회[38]를 거쳐 공개 권고문을 토론, 수정 작업을 하였고 각 언론과 교계에 발송하고 전국의 각 회원들에게 보고하여 상호간 의견 일치와 공감대를 확보하여 '집단'으로서의 성직자 시민운동과 공공성을 확보하였다. 고영근은 3년의 회장직 수행 기간 동안 대통령선거법위반으로 구속 수감되었지만,[39] 옥중에서도 계속 활동을 이

---

37 "회원에게 드리는 편지", 「공정언론촉구성직자회 공문」 1993.9.16.

38 90.11.2/ 91.4.15/ 91.5.25/ 91.5.30 (성직자대회)/ 91.6.6/ 92.1.30/ 92.7.11/ 92.10.4 (총회 및 공정언론촉구대회)/ 93.6.11/ 93.8.15 (창립3주년)/ 93.10.4/ 93.11.22까지 회의를 알리는 공문이 남아 있다.

39 1992년 11월 23일부터 1993년 4월 27일까지 대통령선거법 위반으로 구속·수감되었다. 이때 변호를 맡은 변호사 한승헌은 "한국목민선교회장 고영근 목사만큼 유신독재에 정면으로 맞서 싸운 성직자도 드물다. 연행 투옥 26회, 공판 횟수 50회, 옥중생활 4년 2개월, 실로 놀라운 투쟁이자 수난이었다. 나는 그중 세 건의 사건을 변호했다. … 세 번째 사건은 1992년 11월에 있었던 유인물사건. 민자당 김영삼 대통령 후보의 무

어나갔다. 3년 연임으로 회장직을 수행하고 93년 12월 정관에 따라 박상증 목사가 회장으로 단체를 운영하게 되었고 고영근은 수석부회장으로 자리를 옮기게 되었는데 아쉽게도 이후로는 지속적인 활동을 전개하지 못했다. 단지 두 편의 공개 권고문만이 남아 있다.[40] 1995년 이후의 활동은 찾아볼 수 없으며 그는 1995년 이후부터는 목민선교회 명의로 공개 권고문을 이어갔고 언론에 대한 압력 집단으로서의 공식적인 활동은 멈추게 된다. 공정언론촉구성직자회 활동은 두 가지 측면에서 의미가 있다. 첫째, 기독교의 공적 책임의식을 시민운동의 장으로 이끌어 내고자 하였다. 내부적으로는 '예언자 집

능과 부도덕을 지탄하는 유인물을 배포했다 해서 구속·기소되었다. 죄명은 대통령선거법 위반. 1심에서는 징역 10월의 실형이 떨어졌고 2심에 가서야 겨우 집행 유예가 되었다. 그러나 1992년 같은 대통령 선거 때 야당의 김대중 후보를 용공주의자로 몰아붙인 사람들은 누구 한 사람 선거법 위반으로 처벌받은 일이 없었다"고 회고하였다(한승헌, 『불행한 조국의 임상노트』[서울: 일요신문사, 1997], 163-165). 그의 변호를 맡은 한승헌 변호사 외에 강철선, 강명준, 강수림, 김동현, 노무현, 박명수, 박상천, 박성귀, 박원철, 박형상, 신기하, 심규철, 안동주, 오정현, 오 탄, 용남진, 윤 학, 이상수, 이원형, 장기욱, 장석권, 정기호, 조승형, 조소현, 조찬형, 최경원, 허경만, 홍영기 등이다. (「서울지방법원 남부지원 제2형사부 판결문」, "주문. 피고인을 징역 10월에 처한다." 판사 김학대, 여훈구, 이은경. 1993. 1. 29, 검찰은 이 판결에 항소하였다. 1993. 3. 3 검사 권상훈은 "징역 10월은 너무 가벼워 부당하다"는 사유로 항소하였고 이에 1993. 4. 27 서울고등법원 제3형사부는 집행 유예를 선고하였다. 이때 변호인은 한승헌, 강철선, 강수림, 강명준, 노무현, 박상천, 이원형, 장기욱, 장석화, 정기호, 허경만, 홍영기 등이다). 당시 고영근의 구속에 민주인권변호사들의 변호와 정치권의 관심이 있었지만 정작 교계에서는 고영근에 대한 평가는 냉정했다. 특히 그의 구속 문제로 4월 29일 서울서노회에서 무임 목사로 처리된 일은 그에게 있어 큰 상실감을 주었던 일이라 회고된다. 이후 그는 전북노회 전도목사로 청빙되었다. 그는 1998년 8월 15일 사면 복권되었다(「복권장」, "사면법 제5조 제1항 제5호의 규정에 따라 복권하는 대통령의 명령이 있으므로 이에 복권장을 발부함." 1998년 8월 15일 법무부 장관).

40 "김영삼 정부와 언론인에게 보내는 공개 권고문"(1994.4.11), "한국일보는 어찌하여 12.12 군사반란자에 대한 기소유예를 옹호하는가"(1994.11.7) 두 편의 성명서가 존재한다.

단'이라는 용어를 통해 올바르지 못한 언론과 정권을 감시하고 비판하는 일이 곧 이 시대의 예언자가 할 일임을 강조하였다. 외부적으로는 기독교가 종교로서 가져야 할 사회적 책임의식을 갖고 시민사회와 연대하려는 능동적 시도였다. 둘째, 수평성에 기초한 조직운영 방식의 선진성이다. 이른바 수평적 네트워크형 조직 모델을 지향하고 있다는 점이다. 중앙과 지역간, 임원과 회원간 격차를 해소하고 모든 회원이 언제 어디서든 수평적 의사결정을 할 수 있는 토대를 만들고자 하였다. '예언자 집단'으로 자처하는 자신들이 먼저 민주적 의사결정 방식에 익숙해지도록 조직 내부에서 실현하고자 하였다. 공식회의, 쉼 없는 보고, 내부교육, 회의참여 독려 및 위임장 수령 등을 통해 회원 개개인의 참여의식과 자발성의 권리를 갖도록 유도하였다.

2. 노태우 고소 고발 사건과 지방자치제

고영근의 1990년대 활동 중에 또 하나 핵심적 부분은 정부를 향한 국민 주권의 철저한 요구를 통해 민주화의 실질적인 과정을 밟아나갔다는 것이다. 1992년 그는 국민의 주권에 입각하여 노태우를 고발한다. 고발 죄명은 지방자치제법 부칙 제2조 2항 위반이다. 그의 고발 내용은 다음과 같다.

> 1990년 12월 31일자로 공포된 지방자치법 부칙 제2조 2항에 "이 법에 의한 최초의 시, 도지사 및 시장, 군수 자치구의 구청장 선거는 1992년 6월 30일 이내에 실시한다"라고 제정 공포되었다고 법에 명

시되었다. 위와 같은 법률이 여야 합의하에 합법적으로 제정 공포되어 엄연한 대한민국의 실정법인데도 불구하고 1992년 1월 10일 노태우 민자당 총재는 이 법에 대한 아무런 개정의 절차를 밟지 않고 일방적으로 단체장 선거를 연기하겠다고 발표하여 대통령인 노태우 자신이 실정법을 위반하였다. 이로 인하여 "대한민국의 주권은 국민에게 있고 모든 권력은 국민으로부터 나온다"라고 명시되어 보장된 바 있는 국민의 권력 창출 권한이 박탈되었다. 그러므로 본 고발인은 민주 국민의 권력 창출권을 박탈한 노태우를 고발하는 바이다. … 그러기에 자치단체장 선거는 우리나라 민주화를 위한 기초적 선거이며 민주 국민의 당연한 권리인데 노태우 총재는 입으로만 민주화를 내세우고 실제적으로 민주화를 역행하고 있으니 고발인은 대한민국 국시인 민주주의를 위반한 민주 반역자 노태우를 고발하는 바이다. 1992년 8월 26일 고발인 고영근.[41]

좀처럼 발전의 계기를 마련하지 못하던 대한민국의 지방자치제는 1991년 노태우 정부에 의해 부활하게 된다. 하지만 노태우는 지방 단체장 선거를 미루고 비타협적 태도를 견지하였고 1992년 12월에 김영삼이 대통령으로 당선되었다. 그는 95년 단체장 선거 실시를 공약했고 1995년 6월 27일에 역사적인 4대 지방 선거가 실시되었다. 이로써 지방의회는 제2기의 출범을 기록했고 지방자치단체장 선거는 1960년대 이후 30여 년 만에 부활했다. 지난 1991년 지방의회 선거는 부활되었으나 지방자치단체장 선거가 없는 반쪽 지방자치제였

41 고영근,『광야에 외치는 소리 2』(서울: 한국목민선교회, 1999), 261-262.

다.[42] 고영근과 민변, 평민당 국회의원들의 지방자치단체장 선거에 대한 끈질긴 요구가 마침내 빛을 발하게 된 것은 1995년에 이르러서였다. 고영근의 고소 고발장에 대해 김영삼 정부는 고영근을 대통령 선거법 위반으로 구속, 수감하였다가 석방된 지 사흘만인 1993년 4월 30일 '혐의없음' 처분 통지서를 보냈다.[43]

IV. '비전향 장기수 후원' 사업의 실천적 유의미성

1. 개별자로서의 민중을 향한 '찾아감'

1990년대 고영근의 활동에서 대표되는 사역은 '비전향 장기수 후원' 사업이다. 1988년 급격히 제기된 통일논의가 진보 운동 세력에 확산되면서 통일 운동의 시대라 칭할 만큼 중대한 사안이었을 때 그는 통일논의의 시기상조를 꾸준히 주장하였고 "조국의 정의화, 자주화, 민주화, 통일"을 외치면서 '선민주, 후통일'의 주장에 밀착된 접근을 하였고 그에 대한 실제적인 접근방식을 고민하였다. 기독교 내부로서는 '한국교회 갱신 운동'을, 기독교 외부로서는 시민운동의 일환으로 '공정언론촉구성직자회'를 발족한 일은 이미 서술한 내용이다. 지방자치단체장 선거요구를 통해 완전한 지방자치제 확립을 요

---

42 정우열, "한국 지방자치제도의 발달과정에 관한 연구", 「한국행정사학지」 제38집 (2016), 204.

43 「통지문」 수신: 고영근, 발신: 서울지방검찰청, 제목: 고소고발사건처분결과통지, "피의자 노태우에 대한 고소고발 사건에 관하여 아래와 같이 처분하였으므로 통지합니다. 지방자치법 혐의없음" 검사 황교안. 처분 일자 1993. 4. 29.

구하였고 국민의 주권 문제를 정면으로 들고나와 노태우 정부를 곤혹스럽게 하였다. 조국의 정의화와 민주화에 가장 큰 관심과 많은 활동을 보였던 그에게 있어 통일은 민주화 생취 이후의 일임을 분명히 하였다. 이러한 맥락에서 한편으로는 1990년에서 1999년에 이르기까지[44] '비전향 장기수 돕기 운동'을 벌이면서 일반 교회와 비전향 장기수와 소통의 문을 열었다. 기독교의 통일 운동은 '사랑'이어야 함을 강조하였다. 하나님의 자녀인 우리가 상호이해와 사랑으로 소통되어야 비로소 민족의 통일을 이룰 수 있음을 바라보았다.

그는 비전향 장기수 돕기 운동을 전개하기 위해 협조 공문을 서울지역 5,000 교회에 보낸다.

> 그리스도의 고난과 부활에 동참하려고 기도하고 준비하는 귀 교회 위에 하나님의 은총이 충만하기를 기원합니다. 지금 감옥에는 305명의 정치범이 처절한 고난을 받고 있습니다. 정치적 죄가 있거나 없거나 논란하기 전에 그들은 하나님께서 자기 형상대로 창조한 하나님의 백성이며 또한 대한민국 우리 동포이기에 한국교회는 저들을 사랑하고 따뜻하게 품어주는 것이 주님의 뜻인 줄 믿습니다.[45]

그의 시선은 이미 갈담리와 백운사역에서도 언급한 바와 같이 개별자로서의 민중에 있었다. 그는 70년대로 넘어오면서 지역 목회를

---

44 정확히는 1988년부터 2005년까지인데 1999년에 대부분의 비전향 장기수가 석방, 북송되었고 시국 관련 사건 수감자도 많은 수가 석방되어 2000년 이후로는 일반사범들이 대부분이었기 때문에 비전향 장기수와의 대화를 중점적으로 본다면 1990~1999년까지로 제한하고자 한다.

45 「한국목민선교회 제907호 공문」 1989. 3. 8.

넘어 민족목회를 자청하였고 80년대로 넘어오면서는 민족목회를 위한 반정부 투쟁에 나섰다. 민중의 목덜미를 움켜잡는 구조 악에 저항하기 위해서 민주화 투쟁은 필수적인 과정이었기 때문이다. 그러나 그의 대정부 투쟁과 병행되는 활동은 늘 개별자로서 민중을 돌보는 일에 있었다. 명예 선언 사건으로 구속된 장교 가족 돕기 운동[46], 이문옥 감사관 가족 돕기 운동[47], 시국사범 석방 운동[48], 강희남 목사 가족 돕기 운동[49][50], 무기수 문철태 석방 청원서[51]를 비롯해서 민주단체 및 고난받는 자들을 찾아가 위로하고 후원하는 일을 게을리하지 않았다. 그의 목민운동은 민중의 상태를 파악하는 일 그리고 찾아가는 일에서부터 시작됨은 개별자로서의 민중을 바라보는 그의 시선에

---

46 「한국목민선교회 공문」 1989.2.6.

47 「한국목민선교회 공문」 1990.6.4.

48 그는 시국 사범 석방 운동에 찬성 서명엽서를 활용하였는데 그 내용은 다음과 같다. "본인은 귀 발기인이 발송한 8.15해방 50주년을 맞이하여 감옥에서 고생하는 무기수와 시국사범 전원을 석방시키자는 건의안에 찬동하여 이 선한 일에 동참하고자 이에 서명하여 우송합니다"(서명 우송자는 한정일, 강만길, 김지길, 한명희, 강문규, 송봉규, 윤기석, 김석태, 강원용, 송기숙, 김정명, 김소영, 장기표, 정상복, 박근원, 고철환, 조승혁, 이중표, 황상근, 김승훈, 조경철, 안광수, 김용복, 안병무, 박순경, 임택진, 박연철, 김중배, 이문옥, 신창균, 이효성, 김경식, 곽태영, 신인령 등이다).

49 「한국목민선교회 공문」 1997.1.13.

50 "많은 목사들이 교인의 초청을 받아 이집 저집 다니며 고급음식으로 천사의 대접을 받을 때, 문 목사님과 강희남 목사님은 콩밥과 썩은 냄새 나는 된장국을 잡수셨으며 어떤 때는 그것마저도 사양하고 20~30일이 넘도록 단식하며 기도하지 않았던가? 한국교회 목사 1,000명이 나라를 위해 흘린 눈물을 모두 모아도 문익환 목사님이 감옥에서 7년간 흘린 눈물에 미치지 못할 것이다. 감옥에서 철창을 붙들고 온몸을 떨면서 흐느껴 울 때 흘린 눈물과 교회에서 기도하며 흘린 몇 방울의 눈물과 뜨거움을 어찌 비교할 것인가? 한국교회와 여러 목사들이 우리를 대신하여 십자가를 지고 70 고령에도 불구하고 감옥에서 고난받던 문익환 목사님이나 강희남 목사님을 얼마나 도와 드렸는가 반성해 보자." 고영근, 『민주화냐 독재연장이냐 4』, 61.

51 한국목민선교회 공문, 1998.7.20.

기초되어 있다. '찾아감'의 목민이 그가 주장하던 선교방식이다. 현재 상태를 파악하고 찾아가서 돌봐주고 사랑하는 일이 목민임을 그의 1990~2005년까지 재소자 후원 운동에서 증명하고 있다.

고영근 목사님
79년에는 게브랄티라는 종합비타민을, 작년에는 책을, 이번에는 전남 지역 신도들의 성금을 보내주시어 목사님이 베푸신 큰 은혜와 기원 매우 고맙습니다. **식구통으로 내놓은 고인이 된 김병곤님의 팔과 목사님의 팔이 감기어 하나의 사슬이 되고 목사님의 카랑카랑한 목소리가 분위기를 압도하던 광경이 지금도 선명합니다.** 1991. 안영*[52]

목사님 70년대 초에 대전 강당에서 뵙던 날들 회상하면서 이 편지를 쓰고 있습니다. 그때로부터 몇십 년이 지났습니까. 많은 세월 빨리도 흘렀습니다. 그 기간 항상 잊지 않고 매년 격려의 편지와 위안을 보내니 감사한 마음 금할 길 없습니다. 이번에도 바쁜 일정에도 찾아주어 접견물을 넣고 가셨으니 대단히 감사합니다. 하나님의 축복으로 생각하겠습니다. 1997.2.1. 최수*

바쁘신 중에도 이곳 광주교도소를 오셨더군요. 1월 22일 해질녘, 목사님께서 넣고 가신 접견물을 받고선 알았습니다. 고영근 목사님! 기억하시는지요. 20년 지난 저쪽 세월 광주교도소 개심료(改心寮) 2사를, 춥고 배고플 때였습니다. 당신께선 들어온 접견물 하나

---

52 비전향 장기수의 성함은 다 밝히지 않는다. 그들의 의사를 허락받지 않은 채로 성함을 밝히는 것이 옳지 않다 생각하였고, 시국 사범의 경우 타계하신 분의 성함은 밝혔다.

도 잡수지 않으시고, 관식 실리밥만 씹으시면서, 다 이웃 수인(囚人)들에게 나누어 주셨던 때를, 저는 그때를 떠올리며 이번 넣고 가신 접견물을 맛나게 먹었습니다. 1997.1.24. 양희*

계절 따라 찾아오는 철새들 오고 간지 몇 해던가 생각하니 목사님 뵈온 지 20여 년이 지났습니다. 그 기간 세상도 변하고 산천도 변하고 사람들 변하고 그 속도 앞으로 더해 가리라 생각하면서 그러나 바쁘신 속에서 마음만은 변함없이 잊지 않으시고 염려를 보내주어 감사합니다. 자기만 아는 세상, 돈 믿는 세상인데 목사님은 조건 없는 사랑을 보내주어 더욱 감사히 생각합니다. 광주에서 1997.5.16. 최수*

개별자로서의 민중을 찾아가는 일에 또 하나 주목할 수 있는 것은 그의 사람을 대하는 수평적 방식이다. 비전향 장기수들의 구속연도는 대부분 1950~1970년대 사이에 있다. 그 안에는 인민군의 신분으로 구속된 장기수부터 빨치산, 혹은 대남 간첩으로 남파된 이들이 대부분이다. 고영근과 거의 동년배인 그들은 전혀 다른 이념을 가지고 있지만, 오랜 수감 기간에도 의지를 포기하지 않는 삶의 가치 그 자체를 사랑하고 그리스도로 인도하고자 하는 철저한 목회자로서의 마음으로 그들을 보았다. 사선을 넘고 포로 수용소에서까지도 좌우 이념 논쟁으로 목숨을 잃을 위기에 처하기도 하였으며 군 생활 역시 험난한 시절을 보냈던 그가 장기수들의 삶을 사랑할 수 있다는 것은 '목민'의 마음이라 할 수 있다.

인생의 황금기인 청년 시절과 장년 시절을 옥중에서 보낸 귀하에게 무슨 말로 위로를 드려야 할지 모르겠습니다. 귀하께서 옥고를 겪으면서 탄식하신 한숨 소리와 흘리신 눈물을 하나님께서 들으시고 반드시 통일을 주실 것입니다…(1992.6.25.).

따라서 '찾아감'의 방식은 존중과 사랑의 방식이다. 재소자들을 일일이 찾아가서 영치금을 넣어주는 그의 '찾아감'의 사랑 실천은 재소자들 모두가 수긍하는 바이다. 비록 면회는 되지 않는다 해도 그들의 배고픔을 알고 그들의 추위를 알기 때문에 속옷과 간식 그리고 영치금을 넣어주고 일일이 건강을 확인하는 그는 비전향 장기수들의 목자였다. 비록 그가 장기수들에게 보낸 편지들 안에는 북한 정권에 대한 날 선 비판도 있다. 시국을 바라보는 시각 차이가 엄연히 존재함에도 그는 아랑곳하지 않고 자신의 저서와 북한 정권, 남한 정권에 대한 동시 비판 글을 서슴없이 보냈다. 그럼에도 불구하고 장기수들의 반응은 고영근을 그리워했다. 광주교도소에서 만난 그들은 고영근의 '목민'의 마음을 알고 있었다. 물론 손성모와의 오가는 편지는 날 선 대립으로 수차례 논쟁이 있었다. 하지만 그 안에는 한민족으로서 평화와 통일을 바라는 같은 마음과 동질성을 재확인하는 과정이 있었기에 서로의 신뢰는 더욱 깊어졌다. 내용적 한계는 있다. 고영근의 특성상 편지글의 무미건조함을 벗어나기는 어려웠고 그들이 끝까지 의지를 굽히지 않았던 북한 체제에 대한 신념을 생각한다면 북한 정권에 대한 비판의 글을 조금이라도 지양하고 화해와 상호이해를 통해 더 많은 소통의 문을 열었을 것이라는 아쉬움이 남는다. 또한, 손성모의 지적처럼 후원하는 교회 평신도들과의 편지 소통이 원활하지 못했다는 아쉬움도 남는다.

2. 비전향 장기수 후원 사업의 실천적 유의미성

고영근은 기독교가 먼저 접근해야 할 통일 운동의 출발지점을 그리스도의 사랑으로 연결된 형제애로 공감의 폭을 열고 상호이해와 화해함에 있음을 비전향 장기수 후원 사업을 통해 실천적으로 증명한다. 1990년부터 비전향 장기수들이 북송되었던 1999년 사이에 총 285통의 편지가 남겨져 있다. 그들의 편지에서 공통적인 핵심어를 10가지로 정리하면 사랑, 통일, 평화, 정의, 이해(화해), 자유, 자주, 해방, 신뢰, 회복(동질성의 회복)을 들 수 있다. 그 중 '사랑'은 가장 많이 등장하는 언어였고 화해와 상호 신뢰, 동질성의 회복은 의미심장한 핵심어이다. 평화의 경우는 통일에 대한 수식어로 자주 등장하는데 이는 평화가 통일에 대해 하위 개념으로 쓰여 1990년대의 평화는 평화 그 자체의 가치보다 통일의 하위 개념으로 쓰였음을 알 수 있다. 눈에 띄는 것은 사랑과 이해(화해) 그리고 자유와 정의를 통일을 위한 선결 조건으로 입을 모았다는 것이다. 민족의 동질성을 회복하는 일, 통일은 화해가 우선임을 빈번하게 언급하고 있다.

> 우리의 기구한 만남도 서로를 이해하고 사랑하는 방향으로 이념의 대결을 지양하고 기꺼이 손잡고 같이 살아가는 나라를 건설하는데 모든 것을 마쳐 나갑시다.

민족이 서로 사랑하고 단결하며 서로 내왕하고 대화하며 상호이해하고

신뢰하는 것이야말로 통일로 가는 첩경일 것입니다. 이 길을 개척하는 데서 교회와 여신도님들의 역할이 매우 크리라고 생각합니다.

분단된 땅에서 사는 우리가 하나의 인간석인 정으로 맺어질 때 이 땅에서 분단의 상처는 가셔지는 것입니다.

'사랑'은 후원금의 모금 방식에 대한 감사의 마음으로 나타났다. 비전향 장기수 후원 사업에 적극 후원한 교회는 광림교회, 목민교회, 여수은현교회, 신정동교회, 예본교회, 강원도 덕천교회, 벌교제일교회, 과역중앙교회, 미국 LA교포 김영철 목사, 캐나다 교포, 독일 토요기도회, 독일 복흠교회, 기북교회, 독일 서범석 성도, 미국 에덴교회, 미국 에녹회, 독일 베를린 정의평화위원회, 현대교회 등 크고 작은 교회들이 적극 후원하였다. 특히 1998년과 1999년은 IMF위기를 맞아 대부분의 교회가 예산을 감축하거나 후원을 중지하는 데 비해 비전향 장기수 후원 사업은 규모가 줄지 않고 꾸준히 지속하고 있었다. 이는 후원하는 교회와 교포들이 이 사업에 대한 확고한 의지를 갖고 있었음을 단적으로 보여주는 예이다.

특히 독일에 계시는 서범석 형제의 조국과 이 땅의 민중에 대한 따뜻한 사랑에 감사드리며 그분의 정성이 헛되지 않도록 비록 옥담 안에 갇혀 있지만, 조국과 민중 앞에 부끄럼 없이 살아가도록 스스로를 단련해나가겠습니다. 1992.1.7. 영등포 교도소에서 최한*

겨울 징역을 살아가는 갈한 사람들에게 제일 따뜻한 건, 물이 끓는 연탄난로도 두툼한 솜이불도 아닙니다. 창살 사이로 기어이 찾아

드는 맑고 다사로운 햇살처럼 갈한 사람들의 언 손과 발을 어루만져주는 소중한 사람들의 진실 어린 사랑과 관심이지요. 낯모르는 이에게 정성 어린 애정을 보내준 그곳의 사람들에게 진한 감사의 마음을 전합니다. 참 세상을 일구어가는 사람들은 겨울에도 성실히 봄을 준비합니다. 봄을 그저 기다리기만 하는 게 아니라 싹을 피우고 기르고 가꾸어 내는 거라 생각합니다. 다시 한번 그곳 〈참다운 하나님의 아들과 딸〉로서 실천하고 계시는 분들께 감사드립니다. 통일 염원 49년 2월 19일 의정부 교도소에서 규* 드림

분단된 땅에서 사는 우리가 하나의 인간적인 정으로 맺어질 때 이 땅에서 분단의 상처는 가셔지는 것입니다. 저는 종교인은 아닙니다. 그러나 분명한 것은 무슨 인이든, 무슨 주의자든, 좁은 땅에서 어울려 같이 살아야 할 운명 공동체입니다. 또한, 평화를 사랑하는 마음은 하늘의 뜻과 다를 바가 없습니다. 1996. 3.1. 이공*

예수님처럼 남을 위해, 특히 고난받는 이웃을 위해 봉사한다는 것은 자기희생 없이는 불가능하다는 것을 잘 알고 있는 우리는 여신도님들의 이타주의 정신에 감명하고 있습니다. 오늘 이 땅의 교회가 지난날의 사도를 교훈 삼아 오직 정도를 걸음으로써 예수님의 참교회로 거듭되어 나려는 운동은 한 시점에서 매우 바람직하다고 생각됩니다. 1996.3.18. 전주에서 손성*

이 땅의 곳곳에서 조국의 새날을 위해 사람들의 존엄을 위해 애쓰시는 분들이 많다는 것을 새삼스레 확인하기에 또한 이곳에서도

결코 외롭다거나 고립되어 있지 않다는 것을 느끼게 되기에 드는 마음일 것입니다. 1992.2.11. 홍용*

인간에 대한 고귀한 사랑의 힘이 이곳 온기 없는 독방에도 훈훈함을 느끼게 했습니다. 1996년 3월 11일 김동*

위의 편지들은 재소자(시국 사범 및 비전향 장기수)들의 편지이다. 그를 1970년대 초반에 재소자와 설교자로 만난 경우, 1970년대 후반 광주교도소에서 같은 재소자로 만난 경우, 1980년대 민주화운동 과정에서 만난 경우, 전혀 알지 못했으나 고영근의 재소자 조사과정에서 만난 경우 등 다양한 경우의 만남으로 1990년대까지 연결되었다. 서로의 생각과 견해, 사상은 다를지라도 한 사람 한 사람 찾아가서 안부를 묻고 영치금과 생활용품을 넣어주는 관심과 사랑은 사상을 뛰어넘어 서로가 한민족임을 재확인하는 과정이다. 이념과 주장 이전에 공감과 상호이해, 화해의 과정이 먼저 이루어져야 함을 그의 비전향 장기수 후원 사업은 말해주고 있다.

또한, 각 지역에 흩어져있는 교회들이 시국 사범뿐 아니라 생소하기만 한 비전향 장기수와의 교류를 할 수 있는 통로를 만들었다는 것 역시 비전향 장기수 후원 사업의 큰 의의라 할 수 있다. 고영근은 보수적인 교회를 망라해 후원 사업에 동참하게 하였다. 투명하고 꼼꼼한 재정관리는 후원 교회로부터 우선적인 신뢰를 확보하는 동기가 되었고, 그의 호소는 후원 교회의 마음 문을 열게 하고 비전향 장기수와의 교류에 적극성을 띠게 하였다.[53] 장기수들에게는 후원하는 교회에 대한 세세한 정보를 공유하고 후원 교회는 장기수들의 편지를 주고받게 하여 서로 간의 이질적인 문화 차이를 넘어서 그리스도 안에 한 형제자매로서, 혹은 한민족으로서 공감대를 형성하게 함으로 가까운 미래에 다가올 통일의 의지를 확인하는 물꼬를 텄다.

> 이번 성탄절을 맞이하여 독일에 계시는 서범석 형제께서 정의를 위하여 옥중에서 고난받는 분을 위하여 1,000마르크를 보내왔습니다(1991.12.25). 수일 전 기북교회에서 부흥회를 인도하는 중 여러 신도들이 고난받는 의인을 위하여 기도하고 10만 원을 헌금하였습니다. 농촌 교회 신도들의 헌금이니 격려하는 뜻으로 기쁘게 받으시기 바랍니다(1992.1.20). 전남 고흥군과 보성군 내의 기독교인권선교협의회에서 인권선교대회를 실시하면서 인권선교위원장인 윤구현 목사님께서 성금을 헌금하며 옥중에서 고난받는 이들을 위해 송금하기를 원하여 그 뜻대로 송금합니다(1993.9.22). 벌교제일교회에서 설교하면서 고난받는 이들에 대하여 기도하면서 성원하자고 호소한바 20만 원의 헌금이 각출되었습니다(1993.9.24). 성탄절을 앞두고 신정동 장로교회에서 50만 원의 성금으로 장기간 고난받는 이에게 전달해달라는 요청을 받고(1993.11.26), 지난 1월 강원도 횡성군 덕천교회에서 고난받는 이들을 위해서 기도하자 했더니 얼마의 성금을 건네주어서 영치금으로 차입합니다. 40명 모이는 농촌 교회에서 성의를 다하여 보내는 성금이니 위로가 되기를 바랍니다(1994.1.18). 지난 부활 주일에 목민교회에서 고난받는 이를 위하여 써달라고 50만 원을 기탁하기에 전달합니다(1994.4.15). 광림교회에

53 "덕천교회 선교부께 드리는 감사의 편지. 은밀한 중에 선을 행하는 귀 교회에 주님의 은총이 충만하기를 기원합니다."「한국목민선교회 보고서」1993.2.10.

서 본 선교회에 기탁한 선교비 100만 원을 우송하게 되었습니다(1994.12.18). 독일 교포들의 성금으로 보내드립니다. 독일에는 조국의 민주화와 통일을 열망하는 애국자들이 매달 첫째 토요일마다 기도하는 단체가 있습니다(회장 인소천). 간단한 편지라도 주시면 독일에 전달하겠습니다(1995.1.4). 여러분의 고난을 항상 마음 아프게 염려하시던 대덕교회 이중삼 목사님과 신도들이 영치금 50만 원을 차입시키기를 원함으로… 사정이 어려우셔도 편지를 자꾸 교환하시면 피차에 유익이 많으리라 사료됩니다(1995.8.31). 여수은현교회 김정명 목사님께서 부활절 헌금 중에 100만 원을 할애하여 고난받는 형제님께 보내달라고 위탁하셨기에…(1997.4.15.).

V. 나가는 말

이상으로 1980년대 후반에서 1990년대 이르기까지 고영근의 활동을 정리하였다. 크게 세 가지, 즉 한국교회 갱신과 공정언론촉구성직자회 그리고 비전향 장기수 후원 사업으로 정리하였지만 10년 동안 그가 벌인 사역은 이보다 훨씬 더 많았다. 그래서 그가 남긴 사료는 방만하게 많다. 연구자의 시각 안으로 들어오지 않는 그의 다양한 사역 때문에 이 논문은 전체를 들여다보지 못한 한계가 있다. 하지만 큰 흐름은 변하지 않는다. '선민주 후통일'을 주장했던 그였지만 자세히 들여다보면 '선민주 후통일'은 단순한 단계적 발상도 아니요, 통일을 회피하는 보수주의적 발상이 아니라 기독교적 정체성을 가지고 풀어낸 방식이었다. 그가 강조한 '조국의 정의화, 자주화,

민주화, 통일'의 상위 개념은 '하나님의 정의'이다. 하나님의 정의를 거시적 관점뿐만 아니라 미시적 관점으로 이끌어내어 개인 삶에서의 정의 확립부터 내 가정, 내 이웃, 내 사회, 내 국가로 확대되어 가는 '정의화'를 강조하였다. 사소하게는 내 삶에서부터 크게는 사회와 국가에 이르기까지 정의로움이 확립되지 못한다면 민주화도, 통일도 이룰 수 없음을 강조하였다. 개인이 자주, 자립, 자치해야 하는 민주주의의 자주성의 원리를 국가로 확대하였을 때 그는 미국에 대해 강한 저항을 할 수밖에 없었다. 하지만 그는 반미가 아니라 늘 용미(用米)를 강조하였다. 독특한 그의 실용주의적 시각이다.

그는 선교사업 보고를 철저하게 했던 것으로 유명하다. 선교비 1만 원도 지나치지 않고 편지로 설명하고 영수증 처리를 하고 보고하였다. 그래서 그의 10년 동안의 선교사업 보고서는 책으로 출판할 정도로 세심하게 기록되어 있다. 그 선교사업 보고서를 보면 지출 내역의 절반은 문서선교이며 나머지 절반은 고난받는 자들을 '찾아감'에 있다. 오랜 기간 '찾아감'으로 위로와 사랑의 사역을 하였지만 돌아오는 것은 없다. 그 역시 돌아오는 무언가를 바라지 않았으리라. 오히려 '찾아감'의 사역은 동역자를 모이게 하였고 혼자가 아닌 오랜 기간 함께 후원 사역을 하였던 많은 수의 동역자들에게 서로가 서로를 바라볼 수 있게 하여 고난받는 자들에게 힘이 되어주는 일에 의미를 갖게 하고 감사함을 갖게 하였다. 아무것도 돌아옴이 없어도 '찾아감'으로 힘이 되어주는 일, 이것이 기독교가 해야 할 자기 사명이 아닐까. 무언가 성과를 바란다면 그것은 이미 선교라 할 수 없다. 예수의 피 흘림은 무조건적 희생이었으며 아들의 생명을 기꺼이 내어주면서까지 인간을 사랑하시는 하나님은 지금도 그가 사랑하시는 인류를 말없이 바라보고 계시지 않는가. 무언가 내놓으라 하지 않으신다.

자기의 자리를 내어주고 타자를 내 안에 들이는 일은 '돌아옴'을 바라지 않는 사역에서부터 시작할 수밖에 없다. 돌아옴이 없어도 내가 가진 것을 내어주는 일, 이것이야말로 목사 고영근의 목민선교인 '내어주는 선교'이다. '자기 자리를 비우는 선교'는 구체적인 실천에서부터 시작되는 것임을 고영근은 이미 그의 사역에서 말해주고 있다.

참고문헌

〈저서 및 논문〉

고성휘. "1960년대 백운교회 지역선교 사역을 통한 고영근의 목민목회연구." 「한국기독교와 역사」 51호 (2019.9).

고영근. 『광야에 외치는 소리 2』. 서울: 목민출판사, 1999.

______. 『한국 기독교는 어디로 가고 있는가』. 서울: 목민출판사, 1997.

______. 『광야에 외치는 소리』. 서울: 목민출판사, 1993.

______. 『민주화냐 독재연장이냐 6』. 서울: 한국목민선교회, 1990.

______. 『민주화냐, 독재연장이냐』. 서울: 한국목민선교회, 1989.

______. 『우리 민족의 나아갈 길 6』. 서울: 한국목민선교회, 1987.

______. 『우리 민족의 나아갈 길 1』. 서울: 한국목민선교회, 1984.

______. 『민족의 나아갈 길』. 서울: 일맥사, 1982.

권진관. "1970년대의 산업선교 활동과 특징." 『1960-70년대 노동자의 작업장 문화와 정체성』. 파주: 한울아카데미, 2006.

김동진. "한반도 평화구축과 기독교 에큐메니칼 운동 연구, 1945-1992." 북한대학원대학교 박사학위논문, 2010.

김동춘. 『근대의 그늘』. 서울: 당대, 2000.

김상근. 『다시 하나로 서기 위하여』. 서울: 현존사, 1994.

박상필. "1990년대 이후 한국 시민 사회의 발전 -정부와 시민 사회와의 관계를 중심으로-." 「기억과 전망」 제27호 (2012, 민주화운동기념사업회 한국민주주의연구소).

박재순. "주체사상과 민중신학." 『한국민중론과 주체사상과의 대화』. 서울: 풀빛, 1989.

서광선. "통일신학: 분단신학을 넘어서." 한국기독교교회협의회 통일위원회 편, 『남북교회의 만남과 평화 통일신학』. 서울: 민중사, 1990.

심의기. "1990년대 한국의 형사사법 개혁운동의 성과와 전망 -권위주의의 해체와 시민참여운 동의 태동-."「형사정책」 제13권 1호 (2001, 한국형사정책학회).
양현혜. "역사 철학적으로 본 함석헌의 통일에 관한 사유."「신학사상」 제188집 (2020 봄).
유팔무. "한국에서의 계급양극화와 중산층 개념." 유팔무·김원동·박경숙,『중산층의 몰락과 계급양극화』. 서울: 소화, 2005.
이만열. "한국 기독교 통일 운동의 전개과정."「신학정론」 제14권 1호 (1996.5, 협동신학대학원대학교).
이유나. "문익환의 평화, 통일사상 담론과 성찰."「신학사상」 제188집 (2020 봄).
______. "'88선언' 전후시기 한국기독교교회협의회의 통일 운동과 제 세력의 통일 운동 전개."「한국기독교와 역사」 제32호 (2010.3).
전국민족민주 운동연합.『90년대 한국 사회와 변혁 운동』. 서울: 민중사, 1990.
정우열. "한국 지방자치제도의 발달과정에 관한 연구."「한국행정사학지」 제38호 (2016.6).
조대엽·김철규.『한국시민운동의 구조와 동학』. 파주; 집문당, 2008.
조희연. "민주항쟁 이후 사회 운동 변화와 그 특징: 4가지 측면을 중심으로."『한국 시민 사회운동 15년사; 1987~2002』. 서울: 시민의 신문, 2004.
______. "시민, 사회 운동과 정치; 한국정치와 NGO의 정치개혁 운동." 시민 사회 포럼, 중앙일보 시민사회연구소 엮음,『 시민 사회와 시민운동』. 서울: 아르케, 2002.
편집부 엮음.『민족민주 운동의 전망; 88년 상반기 운동의 평가』. 서울: 세계, 1988.
한국기독교사회문제연구원.『기사연 리포트 6: 노 정권의 출범과 민족민주 운동의 진로』. 서울: 민중사, 1988.
______.『기사연 리포트 4: 군부독재 종식과 선거투쟁』. 서울: 민중사, 1987.
한승헌.『불행한 조국의 임상노트』. 서울: 일요신문사, 1997.
홍성태 · 신종화. "한국 시민 사회의 정치과정과 성격 변화 -1990년대 이후 시민 사회의 갈등적 제도화-."「민주주의와 인권」 제7권 1호 (2007, 전남대학교 5.18연구소).

홍성표. "흰돌 강희남 목사의 민중통일론." 「신학사상」 제182집 (2018 가을).

〈비간행물 및 공문〉

「현대인을 위한 교양강좌회」, 한국목민선교회 교육부, 1983, 제10호.

「민족목회」 1997년도 선교사업보고서.

"한국교회의 삼대사명." 「글로 외치는 설교(紙上說教)」 제3호.

「영음애도」 55번 기도문.

"공정언론촉구 성직자회란 무엇인가?" 「공정언론촉구성직자회 공문」 1991.3.15.

"친애하는 동역자님께 드립니다, 공정언론촉구 성직자회에 가입하여 주십시오." 「공정언론촉구성직자회 공문」 1991.4.19.

"회원에게 드리는 편지." 「공정언론촉구성직자회 공문」 1993.9.16.

「서울지방법원남부지원 제2형사부 판결문」, 1993.1.29.

「서울고등법원 제3형사부 판결문」, 1993.4.30.

「통지문」 수신; 고영근, 발신; 서울지방검찰청, 제목; 고소고발사건처분결과통지, 1993.4.29.

「복권장」, 1998.8.15.

「한국목민선교회 제907호 공문」 1989.3.8.

「한국목민선교회 공문」 1989.2.6.

「한국목민선교회 공문」 1990.6.4.

「한국목민선교회 공문」 1997.1.13.

「한국목민선교회 공문」 1998.7.20.

비전향 장기수 서간문 (1990~1999년).

이철규 열사 사건(1989. 6.)
이 사건은 노태우 정권의 전형적인 의문사 사건이다. 이철규 열사는 경찰관의 검문을 피하다가 행방불명되었다가 사체가 저수지에 버려진 상태로 발견되었다. 한국목민선교회 임원 전원은 자식의 죽음을 애통해하는 부모에게 조의를 표하고 망월동 묘지에 참배하였다. 노태우 정권하에서의 의문사, 폭행사, 분신, 투신, 유서대필 조작사건 등으로 희생당하는 민주화를 위한 젊은이들의 행렬은 그치지 않았다.

1989년 6월, 민주화실천유가족협의회의 장기복역 양심수석방운동에 함께하였다. 그의 목민목회의 가장 기초사업인 사회적 돌봄이다. 선교사역 50년 동안 변치 않는 일은 약자를 찾아가 돌봐주는 일이다. 이러한 꾸준한 활동은 1995년에 이르러서 8.15 해방 50주년을 맞이하여 감옥에서 고생하는 무기수와 시국사범 전원을 석방시키자는 동참서명엽서를 전국에 보내고 이를 취합하여 시국사범 석방운동을 전개하였다. 우리 민족의 희년의 해인 1995년에 가장 먼저 그가 해야 할 일은 장기복역자들의 무조건적 석방이었다.

장기수 석방환영 예배를 드린 후 장기수와 기념촬영 (1989.11. 22.한국교회백주년기념관)

비전향 장기수 석방 직후 목민선교회는 이들을 환영하는 예배에 초청하였다.
일부는 목민선교회에 일부는 여수 은현교회, 목민교회, 광림교회 등으로 환영회에 참석하여 감사의 뜻을 전했다.

1991년 4월 21일 경찰의 쇠파이프에 맞아 숨진 강경대 열사 조문하며 국가폭력에 대한 비판의 강도를 높였다. 특히 1990년대 고영근의 대부분의 사업은 시국사범, 국가보안법으로 장기 구속된 이들의 석방운동과 후원사업, 민주열사 가족들에 대한 위로와 돌봄이었다.

1990년 1월 21일 민정당, 민주당, 공화당이 밀실야합으로 민자당을 출범시키자 전국목회자정의평화실천협의회는 반정의, 반민주적 공작정치를 강력히 규탄하였다.

12.12. 전두환 · 노태우 기소유예 반대 시위

2001년 11월 22일, "박정희 기념관 건립은 민족정기를 궤멸하는 처사이니 즉시 중단하여야 마땅하다" 성명서 발표 및 시위 1987년 후반, 그는 김대중 대통령을 민주화 실현의 현실적인 대안으로 여겼다. 그를 절대적으로 지지했던 오랜 기간에도 불구하고 박정희 기념관 건립 문제에 직면했을 때 그는 다시 반정부 시위에 나서게 되었다.

고 발 장

고 발 인	성명	고 영 근
	주소	서울시 강서구 화곡동 344-6
피고발인	성명	노 태 우
	주소	종로구 세종로 청와대

고발인은 피고발인을 다음과 같이 고발하오니 엄정이 조사하여 법에 정한 처벌을 내려주시기를 바랍니다.

고발 죄명, 지방자치제법 부칙 제2조2항 위반

고 발 사 실

1990년 12월 31일자로 공포된 지방자치법 부칙 제2조 2항에 "이법에 의한 최초의 시.도지사 및 시장. 군수 자치구의 구청장 선거는 1992년 6월 30일 이내에 실시한다"라고 제정 공포되었다고 법에 명시되었다.

위와 같은 법률이 여야 합의하에 합법적으로 제정공포되어 엄연한 대한민국의 실정법인데도 불구하고 1992년 1월 10일 노태우 민자당 총재는 이 법에 대한 아무러한 개정의 절차를 밟지 않고 일방적으로 단체장 선거를 연기하겠다고 발표하여 대통령인 노태우 자신이 실정법을 위반하였다.

이로 인하여 "대한민국의 주권은 국민에게 있고 모든 권력은 국민으로부터 나온다"고 명시된 (헌법 1조 2항)에 보장된 바 있는 국민들의 권력창출 권한이 박탈되었다. 그러므로 본 고발인은 민주 국민의 권력창출권을 박탈한 범법자 노태우를 고발하는 바이다.

그리고 대통령이며 집권당 총재가 준법의 모범을 보여야 함에도 불구하고 오히려 실정법을 고의적으로 범법하므로 많은 국민들의 준법정신이 해이해지게 되었다.

이로 인하여 사회질서가 문란해지고 가공할 범죄사건이 격증하여 고발인과 많은 국민이 피해를 받고 있음으로 위법풍조를 유발한 범법자 노태우를 고발하는 바이다.

대한민국 건국이후 44년 동안 국민의 투표행사로 한번이라도 정권을 교체하지 못하였다. 이는 집권당이 임명한 단체장이 주축이 되어 관권 선거를 자행하고 여당의 선거법 위단은 처벌되지 않는 등 불공정한 부정선거 때문이었다.

그러므로 지방단체장 선거를 실시하지 않은 체제에서 대통령 선거를 실시하게 된다면 또다시 관권 선거 그리고 불공정한 선거를 허용해주므로 공명정대한 민주적 선거는 실시하기가 어렵다.

그러기에 자치 단체장 선거는 우리나라 민주화를 위한 기초적 선거이며 민주국민의 당연한 권리인데 노태우총재는 입으로만 민주화를 내세우고 실제적으로 민주화를 역행하고 있으니 고발인은 대한민국 국시인 민주주의를 위반한 민주반역자 노태우를 고발하는 바이다.

노태우 총재는 소위 6.29선언에서 자치단체장 선거를 실시하겠다고 공약하였고 세차례에 걸쳐 여야 합의의로 제정한 실정법을 시행치 않는 기만통치를 자행하여 信義를 짓밟아서 우리나라에 불신풍조를 만연케 하였다.

대통령이며 집권당 총재가 거짓말을 일삼아 온국민이 기만풍조 곧 不信풍조로 인하여 받는 피해는 너무나 엄청나다. 그러므로 피해자인 고발인은 불신풍조를 만연케하여 사회악을 격증시킨 기만자 노태우를 고발하는 바이다.

1992년 8월 26일

고 발 인 고 영 근 

주소 : 서울시 강서구 화곡동 344-6

서울특별시 서초구 서초동

서울지방 검찰청 검사장 귀중

존경하는 지도자님께 드립니다.

이제 우리는 조국 해방 50주년을 1개월여 앞두고 있습니다. 그동안 우리는 조국과 역사 앞에서 민주화와 통일의 대업을 수행하지 못한 채 해방 50주년을 맞게 되었습니다. 더구나 감옥 안에는 남북 대립과 사상적 갈등으로 40년의 긴 세월 동안 옥고를 겪는 이들이 50명 가까이 있으니 이는 세계 인류에게 우리 민족의 부끄러움이 아닐 수 없습니다. 그러므로 우리 재야인들이 시국사범에 대한 대석방을 관계 당국에게 건의하고자 하오니 귀하께서 다음 몇 가지 사항을 협력해 주시기를 앙망합니다.

1. 여기 보내는 석방 건의서에 찬성하시면 서명하는 뜻으로 엽서에 서명하여 우송해 주시기를 바랍니다.(가급적 7월 10일 도착하도록 우송해 주십시요)
2. 석방 건의문을 발표할 때 기자회견을 하고자 하오니 반드시 참석해 주시기 바랍니다.(정장하시고 시간 엄수를 바랍니다)
   일시 : 1995년 7월 15일(토요일) 오전 10시~11시
   장소 : 종로 5가 기독교회관(구 기독교방송국 건물) 2층 대강당
3. 기자회견 후에 잠시 토론회에 참석하시기 바랍니다. 재야인이 나라를 위하여 봉사할 수 있는 방안을 토의하고자 합니다.

1995. 6. 28

발기인 : 박세경, 이문영, 한승헌, 김승훈, 김상근, 지선, 고영근 드림

이문영 박사 및 발기인 귀하

본인은 귀 발기인이 발송한 8·15 해방 50주년을 맞이하여 감옥에서 고생하는 무기수와 시국사범 전원을 석방시키자는 건의안에 찬동하여 이 선한 일에 동참하고자 이에 서명하여 우송합니다.

시국사범 석방운동에 찬성하여

서명자

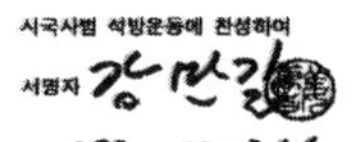

자택전화번호: 993-4034
직장전화번호: 920-1236
우편번호:
주 소: 강북구 수유동 극동Ⓐ 1-605

이문영 박사 및 발기인 귀하

본인은 귀 발기인이 발송한 8·15 해방 50주년을 맞이하여 감옥에서 고생하는 무기수와 시국사범 전원을 석방시키자는 건의안에 찬동하여 이 선한 일에 동참하고자 이에 서명하여 우송합니다.

시국사범 석방운동에 찬성하여

서명자

자택전화번호:
직장전화번호: 754-2895
우편번호:
주 소:

이문영 박사 및 발기인 귀하

본인은 귀 발기인이 발송한 8·15 해방 50주년을 맞이하여 감옥에서 고생하는 무기수와 시국사범 전원을 석방시키자는 건의안에 찬동하여 이 선한 일에 동참하고자 이에 서명하여 우송합니다.

시국사범 석방운동에 찬성하여

서명자

자택전화번호: 525-6153
직장전화번호: 525-6151
우편번호: 500-41
주 소: 광주시 북구 운암동 703-4

이문영 박사 및 발기인 귀하

본인은 귀 발기인이 발송한 8·15 해방 50주년을 맞이하여 감옥에서 고생하는 무기수와 시국사범 전원을 석방시키자는 건의안에 찬동하여 이 선한 일에 동참하고자 이에 서명하여 우송합니다.

시국사범 석방운동에 찬성하여

서명자

자택전화번호:
직장전화번호:
우편번호:
주 소: 서울 강남구 삼성동 164-1

이문영 박사 및 발기인 귀하

본인은 귀 발기인이 발송한 8·15 해방 50주년을 맞이하여 감옥에서 고생하는 무기수와 시국사범 전원을 석방시키자는 건의안에 찬동하여 이 선한 일에 동참하고자 이에 서명하여 우송합니다.

시국사범 석방운동에 찬성하여

서명자 장 기 표

자택전화번호: 816-2981.
직장전화번호: 813.0009.
우편번호: 156-032.
주 소: 서울. 동작구. 상도2동 201. 상도아파트. 3-506.

이문영 박사 및 발기인 귀하

본인은 귀 발기인이 발송한 8·15 해방 50주년을 맞이하여 감옥에서 고생하는 무기수와 시국사범 전원을 석방시키자는 건의안에 찬동하여 이 선한 일에 동참하고자 이에 서명하여 우송합니다.

시국사범 석방운동에 찬성하여

서명자

자택전화번호: 379-7100
직장전화번호:
우편번호:
주 소:

이문영 박사 및 발기인 귀하

본인은 귀 발기인이 발송한 8·15 해방 50주년을 맞이하여 감옥에서 고생하는 무기수와 시국사범 전원을 석방시키자는 건의안에 찬동하여 이 선한 일에 동참하고자 이에 서명하여 우송합니다.

시국사범 석방운동에 찬성하여

서명자 송 기 숙

자택전화번호: (062) 226-4168
직장전화번호: (062) 520-6639
우편번호: 501-093
주 소:

이문영 박사 및 발기인 귀하

본인은 귀 발기인이 발송한 8·15 해방 50주년을 맞이하여 감옥에서 고생하는 무기수와 시국사범 전원을 석방시키자는 건의안에 찬동하여 이 선한 일에 동참하고자 이에 서명하여 우송합니다.

시국사범 석방운동에 찬성하여

서명자 안병무

자택전화번호: 571-5809
직장전화번호:
우편번호: 137-140
주 소: 서초구 우면동 603-14

이문영 박사 및 발기인 귀하

본인은 귀 발기인이 발송한 8·15 해방 50주년을 맞이하여 감옥에서 고생하는 무기수와 시국사범 전원을 석방시키자는 건의안에 찬동하여 이 선한 일에 동참하고자 이에 서명하여 우송합니다.

시국사범 석방운동에 찬성하여

서명자

자택전화번호:
직장전화번호:
우편번호:
주 소:

목민 고영근 목사 연보

고영근 목민신학의 형성기

연월	나이	활동 내용
1933. 1. 18.	1	평안북도 의주군 중단면 고관리에서 장남으로 출생
1941.	9	간이학교(2년제) 졸업
1942.	10	고관학교 4학년 편입(6개월 통학)
1943.	11	영산학교 전학
1944. 3. 15.	12	아버지 고원익 별세. 중단학교 전학 및 졸업
1946. 4.	14	중단교회(박창록 전도사) 야학 관심으로 교회 등록
1948. 4. 30.	16	중단교회에서 성령의 불세례 체험 노동교회 최항기 전도사 신앙부흥회에서 중생체험
1950. 7. 5.~8. 20. (고난1)	18	북한 공산치하에서 6.25 10일 후 인민군대 입대 정면 거부, 군사동원부 병역법 위반 46일 유치장 복역
1951. 2. 4.	19	3차 자수 기간에 가족들의 안전을 위하여 하산하여 공산당에 자수
1951. 4. 3.	19	장질부사에 걸려 기도 중에 두 차례 음성을 듣고 소명 확신: "내 복음을 전파하기 위하여 네 생명을 보존하겠노라", "네 민족을 구원키 위하여 내가 너와 함께 하겠노라."
1951. 6. 14.	19	어머니와 간절히 기도한 후 결사적으로 반대하던 인민군대를 월남할 목적으로 입대
1951. 10. 22.	19	음력 9.15일경, 양구와 인제 사이에 있는 1300 고지에서 월남 감행, 국군 3사단 18연대 귀순
1951. 10.	19	부산 포로수용소에서 2개월간 수용
1951. 12.	19	거제도 85 포로수용소에 수용
1952. 6.	20	74 포로수용소로 이동
1953. 6. 18.	21	반공포로 27,000명 석방
1954. 1. 23.	22	남한의 군대에 자진 입대, 제주도 육군훈련소 배속
1955. 11.	23	제주도 육군훈련소 해산하여 논산 제2 육군훈련소 경비대대 배속
1956. 2. 20.	24	광주교육총본부 군종 하사관으로 배속

연월	나이	활동 내용
1956. 10. 22.	24	대전에서 군대 제대
1956. 12. 20.	24	성우보육원 취직
1957.	25	검정고시 및 야간 신학교 입학 1년 수료

고영근의 목민목회

연월	나이	활동 내용
1958. 4. 30.	26	전북 임실군 갈담리 강진교회에서 첫 목회를 시작
1958. 11. 27.	26	아내 한완수와 결혼
1959. 10. 25.	27	갈담리 강진교회 사임됨
1960. 4. 30.	28	대전 백운성결교회 부임
1960. 7. 4.	28	백운성결교회 건축, 입당예배
1961. 5. 3.	29	서울신학대학 전수과 2학년 편입
1963. 2. 15.	31	서울신학대학 졸업
1964. 8.	32	대전경찰서 유치장 전도 개척
1965. 7. 22.	33	한일협정비준 반대 호소문 발송: 박정희 대통령 수신
1966. 5. 5.	34	기독교성결교 총회에서 목사 안수. 경목 제도가 생기고 서대전 경찰서 경목으로 위촉
1966. 9.	34	탄방농업학교 교목(목회와 겸임)
1967.	35	대전교도소 전도
1967. 1.	35	전국주보교류운동 전개: 한국교회 7대 당면과제, 구국운동 계획안, 목회보고서, 교회혁신방안, 백운교회 주보, 각 교회 주보 등 발송. 이 유인물들은 지방에 있는 목회자들에게 유용한 정보 소통의 도구로 쓰임
1967.	35	정치·경제·공보·수해방지 산림녹화·사회악 제지방책·국민지도이념·문교정책 등 제안서 발송, 김형욱 중앙정보부 부장 수신
1968. 8.	36	성결교회 총회 전도부 주최, 전국산상부흥회 개최: 이근경, 이만신, 고영근(삼각산기도원, 1,000여 명 회집). 이 집회로 고영근은 북아현장로교회로 사역지를 옮기게 되는 계기가 되었고 이만신 목사와의 깊은 인연이 시작됨

고영근의 목민신학

연월	나이	활동 내용
1968. 10. 20.	36	『한국교회 혁신과 사회정화방안』 출판: 이 출판을 계기로 고영근은 전국목회자로, 전국부흥사로 더 크게 입지를 굳히게 됨. 각 지의 목회자들의 동의서와 제안서들이 쇄도함

연월	나이	활동 내용
1969. 4. 27.	37	서울 북아현장로교회 부임
1969.	37	「한국교회 혁신과 재정예산에 대하여 제안합니다」 전국 배포
1970. 7. 6.~10.	38	부흥사 부흥회: 일시: 1970년 7월 6~10(4박 5일), 불광동 기독교수양관 주최: 한국기독교부흥협의회(부흥사협회) 강사: 한경직(목회자), 김정준(신학자), 지명관(평신도), 김관석(NCCK 총무) 참석범위: 매년 10회 이상 부흥회 인도하는 강사, 기독교부흥협의회 회원 자체강사: 신현균, 조용기, 임영재, 현성춘, 박용묵, 김성남, 노재남, 고영근, 조신일, 김응조 특별강사: 김관석(기관 목사 입장에서)
1971. 3. 11.	39	북아현장로교회 사임
1971.	39	대한예수교장로회 총회 전도부 목사로 시무
1971. 9. 18	39	『목회계획』 출판: 각 지역의 목회자에게 실질적인 목회적 도움이 되는 책으로서 한국기독교선교회 주최 목회자료전시회에 목회자들의 관심이 집중되는 디딤돌이 됨
1971.	39	한국기독교선교회 협동총무
1971.	39	전국 단위의 교역자 수련회 및 강좌회 시작 (29회): 각 지역순회 교역자 수련회 후 전국 단위의 교역자 수련회를 통해 중앙집중적 열기를 모으고 이를 다시 각 지역에 확산시키는 방법으로 상향, 하향식 융합형 수련회 형식을 도입
1971. 5. 9.	39	기독교인의 공명선거, 투개표 참관자 참여 호소문 발표: "지난 4.27 대통령 선거같이 수백억의 선거자금으로 민권을 매수하고 모 지역에서는 야당 부재의 투· 개표를 하였고… 지역감정을 도발시켜 남북으로 허리 잘린 조국을 또다시 동서로 대립시키는 간악한 일이 5.25 선거 때 또다시 반복되지 않도록 총궐기하여 정당하게 권리를 행사할 뿐 아니라 투· 개표에 참관자가 되시기를 간절히 호소하는 바입니다."
1972. 2. 14.	40	부흥사윤리강령 초안 통과: ① 목적: 우리는 하나님의 영광과 영혼의 구원과 시대적 사명, ② 역사의식에 불타는 능동적 신앙으로 시대적인 하나님의 메시지 전파, ③ 근거 없는 말이나 과장된 말, 비성서적 말을 삼가고 시간 엄수, 경건, ④ 교역자 위신이나 입장에 손상 안 가고 유익이 되게, ⑤ 타 교파 비난이나 인신공격

연월	나이	활동 내용
	40	삼가고 피차 상부상조 복음 전파, ⑥ 강사 사례비 외에 사사로운 물질의 수입 도모 않고 전도비에 공개사용, ⑦ 이성간에 부덕되는 일 없도록 하고 안수는 교회 공석에서, 안찰은 절대 금지, 면담은 교역자 주선으로 행할 것, ⑧ 환상이나 예언 삼가고 인위적 압박감이나 투사, 입신, 방언 절대 금지, ⑨ 성경을 근거로 한 지적인 설교, 의지적 외침으로 지·정·의를 겸비한 집회 인도, ⑩ 교계에 누적된 폐습을 건설적으로 시정, 국가 민족의 부정부패도 건설적으로 시정을 촉구, 신의제일주의로 민족을 영도한다. ⑪ 부흥회 끝난 교회, 교인과의 편지와 면회는 가급적 삼가도록, ⑫ 보다 은혜로운 부흥회가 되도록 항상 기도, 연구, 시대적 예언자로서의 사명을 다할 것이다.
1972. 3. 20.	40	『한국교회의 나아갈 길』, 『생활지침과 성경노래집』 동시 출판
1972. 7. 3~5.	40	부흥사 대수련회 주도: (불광동 수양관, 부흥사 55명 참석, 기독교부흥협의회 주최)
1972. 7. 17.~21.	40	교역자 대수련회(9개 교파, 500여 명 참가) 실시, 숭전대학교
1972. 3~10.	40	목회자료전시회(2,120여 명, 8회) 전국 실시, 전국 교역자 강좌회 (19회)
1972. 10. 3.	40	탄원문 "소위 진산계의 분당 행위를 규탄한다" 발표
1973. 6. 18.~22.	41	교역자 강좌회 장소: 중부(영락기도원), 영남(대구 청천다락원), 호남(광주 호남신학교) 내용: 목회자 좌표, 선교, 치리 심방, 지역사회 전도 방법, 한국교회 나갈 길, 한국 사회 나갈 길, 성경 연구와 사이비 지도 방안, 기독교 국민운동, 교회 행정과 재정 운영, 목회자료전시회 등
1973. 7. 2.~5.	41	부흥사 위한 수련회(100여 명 참가): 강사: 한경직, 김정준, 홍현설, 안병욱, 조종남, 양호민, 최훈, 김형석, 조용기
1973. 10. 29.~31.	41	전국교역자 수련회(새문안교회, 500여 명 참가): 강사: 한경직, 곽선회, 최양선, 김선도, 조동진, 김동수, 김시원, 이춘섭, 고영근(10강좌) 주최: 한국기독교선교회(실무 고영근)
1973. 10. 29.~11. 3.	41	목회자료전시회(새문안교회, 700여 명 참가): 전시품 내용: 교회 연혁, 교회 현황, 교회 조직, 행정 서식, 교회 재정, 교육부, 관리부, 전도부, 봉사부, 각 기관, 지역사회 전도, 외부사회 전도, 교계 대한 사업, 교회의 좌표, 내부교회 부흥계획, 지역사회 전도계획, 교계 사업 계획, 외부사회

연월	나이	활동 내용
		전도 계획, 교회혁신 위한 제안 전도지 전시품(사진 화보, 3대 완전, 3대 혁신, 캘린더 기도문, 캘린더 전도지, 아파트 전도지, 학생회 전도지, 부흥회 안내장) 서식 전시(주보, 각부 보고서와 일지, 목회보고서, 각 기관 수첩, 목회 지시, 청구서, 증명서 추천서, 장례식 기도문, 각종 봉투) 전시 품목(교회 연혁, 교회 현황, 교회 좌표, 교회 서식, 전도지, 전도용 물품, 목회 활동 사항, 교육 활동 사항, 전도 활동 사항, 재정 결산예산, 교역자 활동 사항, 각 기관 활동 사항, 새로운 계획) 주최: 한국기독교선교회(실무 고영근)
1973. 11. 1.	41	교역자부인 수련회(새문안교회), 170명 참가: 강사: 임택진, 곽선희, 김동수, 이연옥, 고영근, 주최: 한국기독교선교회(실무 고영근)
1973. 1.~11.	41	전국 교역자 강좌회 (25회)
1973.	41	한국부흥사협의회 총무, 「부흥세계」 편집, 출판, 전국 단위 배포(국판 97페이지, 1,000권 인쇄): ① 권두언(신현균) ② 논단(신현균, 고영근) ③ 설교(정석홍, 조용기) ④ 교안(오관석) ⑤ 특집-건전한 부흥운동, 후배 부흥사에게 바란다(박용묵), 목회자가 바라는 부흥사(임택진), 신학자(김정준), 평신도(지명관), 사회인(이태영), 교계(김관석), 부흥사 자신 진단(임영재, 김성남) ⑥ 부흥사가 외치며 삼가야 할 점 ⑦ 부흥계 뉴스(편집실) ⑧ 부흥협의회 규약(편집실), ⑨ 부흥협의회 회원(편집실) ⑩ 부흥협의회 사업 보고 재정 보고, 예산(신현균), 최복규, 이만신, 곽전태, 김성남, 김형식, 박경남, 김동일, 김판봉, 안종만, 김진환 ⑪ 부흥사가 외쳐야 할 메시지 요점 7항목, 부흥사가 반드시 삼가야 할 점 7항목 ※ 명부: 성명, 연령, 교회 이름, 장·유년 총재적수, 장년 평균 집회 수, 부흥경력 ⑫ 72년 집회 인도 회수, 주소, 전화, 중요사업 소개, 출판협조자 명단 ⑬ 2/4분기 재정보고서, 군 소재지 부흥회 지역
1974. 1. 2.~1975. 7.	42	성수동교회 임시 목사로 청빙
1974. 6. 17.~21.	42	교역자 부흥회(대구 청천다락원, 253명 참가 8개 교파): 강사: 강신명, 고영근, 탁명환 주최: 한국기독교선교회
1974. 6. 24.~26.	42	교역자 수련회(서울 영락기도원): 강사: 강신명, 홍현설, 이종성, 고범서, 김형석, 이규호, 이만신, 김성남, 고영근, 장일균, 김세진 주최: 한국기독교선교회

연월	나이	활동 내용
1974. 7. 1.~3.	42	부흥사 수련회(선명회수양관, 42명 참가): 강사: 이원설, 문상희, 고영근, 조용기, 정석홍, 오관석
1974. 8. 17.	42	여의도 엑스플로74 대성회 새벽설교
1974.	42	77‘ 민족복음화대성회 준비위원회 조직, 총무
1974. 10. 17.~19.	42	제1차 아시아 복음 연의회 참석(대만)
1974. 1.~12.	42	전국 교역자 강좌회 (23회, 776명 참가)
1974.	42	차지철 실장에게 권고 편지 발송 농림부 시장과에 건의서 발송(수입 절제하여 무역적자 개선 요구, 농지확장 건의)
1975. 2.	43	대한예수교장로회 총회 전도부 목사 사임
1975. 3. 1.	43	한국기독교선교회 총무 역임
1975. 6.	43	교역자 부흥회 및 목회자료전시회 4회(남경성기도원, 대구 청천다락원, 매포수양관, 서울신학대학, 11개 교파 참가): 강좌: ① 위대한 생활이념 ② 목회자의 자세와 목회계획 ③ 설교, 심방, 교육 ④ 교회 정치와 재정예산 ⑤ 지역사회 전도와 전도 훈련 ⑥ 국민윤리를 확립하자 ⑦ 죽으면 살리라 ⑧ 교계 부조리를 시정하자 ⑨ 한국 교계의 나아갈 길 ⑩ 사회 부조리를 시정하자 ⑪ 우리 민족의 나아갈 길 ⑫ 충성된 종이되자 ⑬ 교역자를 내조하는 부인의 자세
1975.	43	신우회 수양회 (2강좌), 부흥사 수련회(1975. 6. 15., 부천 다락방, 1강좌: 예언자적인 부흥사의 사명)
1975.	43	한국부흥사협회 탈퇴
1975.	43	교계 혁신, 사회정화, 국민운동을 위한 제안문 16회 교계 신문에 게재: “기독교국민운동(가칭)을 전개하자”, 크리스찬신문 1975. 4.26. “국민윤리를 확립합시다”, 크리스챤신문 1975.7.26. “불건전한 부흥회를 지양하고 건전한 부흥 운동을 전개합시다”, 크리스챤 신문 1975.9.13. (① 헌금 위주의 부흥회보다 복음 전파에 주력합시다. ② 불건전한 은사 위주 부흥회보다 회개 중생을 고조합시다. ③ 환상적인 부흥회보다 역사의식을 강조합시다. ④ 일부 부흥사의 비윤리적 행위를 시정하고 하나님의 공의를 실현하기 바랍니다. ⑤ 건전한 복음 위주의 부흥회를 통하여 교계 부흥에 기여합시다.) “선교전략”, 크리스챤신문 1975.11.1. “부흥사 실천 요강”, 크리스챤신문 75.11.22. “목민운동을 전개합시다”, 크리스챤신문 1975.11.29.(첫째, 민중의 심령상태를 파악하자. 둘째, 민중 속에 깊이 찾

연월	나이	활동 내용
		아갑시다. 셋째, 민중을 사랑합시다. 넷째, 민중을 지도해야 할 것입니다. 다섯째, 복음을 전파합시다.) "절제운동을 전개합시다", 크리스챤신문 1976.2.21. "입체적인 복음화 운동을 전개합시다" (① 개인 복음화 ② 교계 복음화 ③ 정치 복음화 ④ 경제 복음화[올바른 경제관 확립, 직장과 소득이 공평히 분배, 올바른 경제관리-정당한 관리] ⑤ 문화 복음화 ⑥ 사회 복음화 ⑦ 윤리 복음화)

고영근의 민족목회

1976. 3. 12. (고난 2)	44	충북 단양장로교회 설교로 인해 긴급조치 9호로 구속(통일교 신자들 신고로): ① 육영수 묘역을 1,000평이 넘는 규모로 만들어 국민을 동원하여 참배케 하는 일은 개인숭배이다. 민주국가에서 개인숭배는 있을 수 없다. ② 집권자가 정권욕에 사로잡혀 문선명에게 협조하고 있다. ③ 남침 위협이 있으니 총화유신 하자면서 지도층들이 양주만 마시고 있다. ④ 한국이 82개 비동맹국에 가입 안 되고 유엔 표결에서 지지표가 줄어드는 것은 특정 집권자의 잘못으로 인함이다.
1976. 11.	44	한국기독교선교회 총무 해임, 서울 서노회, 전도목사로 직책 부여
1977. 7. 17.	45	병보석으로 석방
1977. 10.	45	『사도행전 설교자료집: 부록 옥중수기』 출판
1977. 11. 27. (고난 3)	45	전남 강진군 강진교회 부흥회 기간 동안 「농민을 위한 기도회」 강연으로 긴급조치 9호 2차 구속: ① 박 정권은 인권을 탄압해서 투옥에 투옥을 가속화하고 있다. ② 국민의 신뢰를 짓밟고 악한 정치를 하고 있다. ③ 5.16 이후 헌법을 3번 고쳤는데 제3차는 악명높은 유신헌법이다. ④ 국헌을 준수한 지 1년 만에 악명높은 개헌을 자행하는 등 조국으로서는 용서할 수 없는 큰 과오를 범했다. ⑤ 장기집권을 하기 위해서 많은 부정을 자행하고 있다. ⑥ 집권자들이 총칼로 국민을 겨누고 있으며 반면, 농민과 근로자들은 그들에게 속임을 당하고 있는 비참한 현실이다
1977. 12.	45	옥중수기 추가 공소(1980.1.7. 면소판결, 1980.6 판매금지령)
1978. 5. 11.~5. 25.	46	광주고등법원 총 2차례에 걸쳐 10시간 재판, 최후진술 1시간 30분
1979. 2. 9~10. 26.	47	6차 총 60일간의 옥중금식기도 강행, 회유 강요에 단호한 거절 "무릎은 한 무릎 꿇으나 두 무릎 꿇으나 꿇기는 마찬가지이니 무릎을 꿇을 수 없음이요, 300여 명의 학생들이 고생하는 이 상태에서 목사가 먼저 나가는 것은 양 떼를 이리

연월	나이	활동 내용
		가운데 버리고 도망함이요, 공산당들도 25년 독방 징역을 살면서 각서 한 장 안 쓰는데 목사가 감옥살이 4년도 못 되어 각서 쓰고 무릎을 꿇는 것은 양심이 허락지 않음이다.”
1979. 12. 8.	47	긴급조치법 해제로 석방
1980. 3. 1.	48	한국목민선교회 창립
1980. 7. 7.	48	“계엄령을 조속히 해제하고 군대는 국방에만 전념하라” 성명서 발표
1981. 2.	49	목민선교회 주최로 기독교회관(사회위원회 사무실)에서 ‘나라를 위한 기도회’ 시작
1981. 9. 15.	49	『기독교인의 나아갈 길』 출판
1981. 5.~12.	49	교역자 위한 정기강좌회 주최(9회): 안병무(마가복음 연구와 재평가) 이만열(역사의식을 가져야 할 한국교회) 김관석(NCC 운동의 어제와 오늘) 서남동(민중신학의 원리) 송건호(한국교회 백년사의 공로와 과오) 유인호(한국경제의 현재와 전망) 한완상(한국교회의 사회적 사명) 함석헌(한국교회는 무엇을 하고 있는가) 조남기(한국교회와 인권 문제) 김동길(기독교와 역사의식 등)
1981.	49	고난받는 양심수 영치금, 도서보내기 운동 시작
1982. 4. 19. (고난 4)	50	4.19 기념강연회 사건: “군벌정치는 중단하라”(광주청년협의회 주최, 광주한빛교회)
1982. 5. 18. (5. 19~26.) (고난 5)	50	5.18 광주민주화운동 2주기 추모예배 설교: (광주기독교교회협의회 주최, YMCA) “순국열사의 핏소리” 설교 후 안기부 수사국 지하실에서 7일 동안 구류, 조사 받음. ① 자기가 범한 살인죄를 은폐하고 공작을 꾸미는 것이 살인자들의 생리, ② 아벨 한 사람의 피를 흘린 죄도 엄중한 경고를 받았는데 하물며 2년 전 광주의거 때 수 많은 애국 선열들의 핏소리가 하나님께 호소하지 아니할 리가 없다, ③ 한국교회부터 회개 촉구, 불의에 항거하지 못한 것을 회개, 교계 부조리 시정, 십계명을 중심으로 국민윤리, 애국정신 확립 필요, ④ 우리 동포도 회개촉구, 이기주의와 경제제일주의 회개, 불의한 권세 앞에 침묵, 맹종 회개, 정치관여 군인들 회개, 사이비언론인 회개, 왜곡해석 어용학자도 회개, ⑤ 공산주의자 회개 촉구, 민주화 방해 중지, ⑥ 미국 정부 회개 촉구, 독재 방조 정책 회개, 광주학살에 동참한 죄 회개, 주한미국대사 회개 촉구, ⑦ 전두환

연월	나이	활동 내용
		정권 회개 촉구, 이 나라 정의확립을 위해 회개, 국가안보를 위해 회개, 군인들이 총칼을 들고 정권을 잡는 일을 반복 회개, 민주주의 실현을 위해 회개, 군사독재 물러나고 자유, 정의 민주주의 정권이 수립
1982. 8. 15.	50	군산시 8.15 기념예배 설교(850명 회집)
1982. 8. 15. (8. 20~23) (고난 6)	50	기독교장로회 전북노회 8.15 기념예배 설교("해방의 종교") 후 연행
1982. 9. 12.	50	『민족의 나아갈 길』 출판
1982. 10.	50	1981년 5월 4일부터 교역자중심 강좌회 실시하다가 1982년 시민을 위한 교양강좌회로 전환(총 10회): 김성식(기독교와 역사의식) 김용준(기독교와 과학) 민경배(한국교회의 어제와 오늘) 장을병(민주주의의 본질) 김윤식(현대 속의 목회계획) 박현채(한국경제를 점검한다) 진덕규(한국 사회변동과 정치구조) 김성식(애국정신 확립) 안병욱(국민정신 확립) 유인호(한국경제의 오늘과 내일) 등
1983. 2. 17.	51	유태흥 대법원장에게 진정서 발송(미 문화원 방화사건에 대한 진정서)
1983. 2. 24.~4. 6. (고난 7)	51	문부식 구명기도회(NCCK 목요기도회) 설교 후 안기부 수사국 41일 구류 (서울시경 정보과, 대공수사과, 서울지방 검찰청, 국가안전기획부 수사국): ① 문부식은 자기의 욕망이나 명예를 위한 것이 아니고 미국의 대한정책을 개선하라고 행동으로 호소한 것, ② 문부식은 자수하였는데 사형을 언도하는 것은 정부가 거짓말, ③ 반미감정과 현 정부에 대한 반정부감정이 더욱 더 격화될 것이다.
1983. 1.	51	현대인을 위한 교양강좌회(9회): 고영근(한국교회의 나아갈 길) 문익환(한국의 평화와 세계의 평화) 오충일(평화가 없어 우신 예수님) 이문영(고난을 수용하는 행정) 임영천(제왕의식과 민중의식) 이만열(한말기독교와 민족운동) 주재용(성령과 역사)등
1983.3.~1985.11.	51	성수동교회 설교목사

연월	나이	활동 내용
1984.2.15.~1986.12.	52	NCCK 인권위원회 후원회장(3년)
1984. 2. 25.	52	『우리 민족의 나아갈 길 1, 2』 출판
1984. 2. 29.	52	3.1절 기념예배(목포시연합집회): "우리 민족의 나아갈 길"(800명 회집)
1984. 4. 19.	52	4.19 기념예배(광주시 기독교연합회): "우리 민족의 나아갈 길"(550명 회집)
1984. 4. 21.	52	1984. 4. 21. 부활절연합예배(원주시 기독교연합회): "예수 부활의 역사적 의의"(1,200명 회집)
1984. 5. 16.	52	"오늘의 민주구국선언": (함석헌, 홍남순, 조용술, 조남기, 은명기, 예춘호, 이우정, 이문영, 윤반웅, 안병무, 송건호, 성내운, 백기완, 박형규, 박성철, 문익환, 김종완, 김윤식, 김병걸, 고 은, 고영근, 계훈제, 강희남)
1984. 7. 16.	52	박조준 목사 구속사건 진상규명 기도회 설교(기독교회관 200명 회집, 박조준, 정래혁, 광주시민 학살한 전두환, 한국교회 모두 회개하라), 박조준 구속사건을 위한 대책협의 영치금, 면회 등
1984. 9. 2. (9. 6.~9. 7.) (고난 8)	52	"새로운 항일의 깃발을 드높이자" 일본 재침략저지민족운동대회 성명 발표 후 연행 (재야인사 77명 농성), 방일 반대 농성기도회(인천위원회에서), 성명서낭독(대한문 앞 광장), 방일 귀국 후 친일 굴욕 외교를 규탄하는 성명서(재야인 140명)
1984. 10. 16.	52	민주통일국민회의 창립 의장: 문익환 부의장: 계훈제, 신현봉 중앙위원회 위원장: 강희남 감사: 유운필, 곽태영 분과위원장: 백기완(통일문제위원회) 김병걸(문화교육위원회) 고영근(인권대책위원회) 문정현(민주발전위원회) 김승균(국제관계위원회) 임채정(민생문제위원회) 사무총장: 이창복
1984. 11. 25.~26. (고난 9)	52	『우리 민족의 나아갈 길 3』 필화사건으로 구류(안기부 수사국) "전두환 정권의 회개를 권고한다. ① 정의를 파멸한 죄(12.12 하극상, 광주사태는 진압이 아니고 학살이었다. 광주사태로 권력 장악한 결과가 더욱 나쁘다), ② 민주주의를 파괴한 죄, ③ 경제파멸을 자초하고 있는 죄, ④ 공산주의

연월	나이	활동 내용
		요인을 조성한 죄, ⑤ 역량의 한계를 자각하기 바란다.”
1984.	52	나라를 위한 기도회(10회): 고영근(민주주의의 네 가지 기본정신) 이해학(대 민중의 자세) 인명진(우리를 기다리는 저들) 임영천(예수 운동과 권력 이동) 문익환(역사를 보는 눈) 고영근(한국교회의 나아갈 길) 김동길(기독교인의 역사의식) 김영원(한국농촌의 실상) 송진섭(노동자의 현실과 교회의 사명) 이우정(한국여성의 사회참여) 등
1984.	52	민족생존을 위한 특별집회 인도(28회), 교역자 수련회(6), 교역자 위한 목회강좌회 (15), 성직자와 평신도 지도자를 위한 의식화 강연(10)
1985. 1. 7.	53	재야간담회 결성 (함석헌, 김재준, 홍남순, 조아라, 조남기, 박세경, 김성식, 지학순, 이돈명, 송건호, 안병무, 이문영, 고 은, 윤반웅, 고영근, 이우정, 장기철, 은명기, 박형규, 이태영, 문익환, 예춘호)
1985.	53	목민선교회 ‘나라를 위한 기도회’ 7회: 한완상(성령과 선교) 김윤식(NCCK와 합동) 문동환(민주주의와 인류의 평화) 고영근(광주엠네스티와 공동주최) 고영근(느헤미야의 구국운동) 김동완(주님과 함께 민중과 함께,) 이해학(죽음으로 이루는 소망)
1985. 2.	53	“총선에 즈음하여” 재야간담회 성명 발표
1985. 4. 1.	53	예장 인권위원회 부위원장 (2년)
1985. 4 .2.~4. 4. (고난 10)	53	『우리 민족의 나아갈 길 4』 필화사건으로 구류(안기부 수사국): “광주시민 학살자는 회개하고 물러가라. 국방의 의무를 망각하고 정권에 미쳐버린 군인들이 하극상의 폭력으로 정권을 획득했다. 광주사태는 엄연한 학살과 만행.”
1985. 4. 11.~20.	53	안동, 청주, 강진, 해남, 마산, 군산지역 부활절, 4.19 기념설교 “이 땅에 평화를”
1985. 4. 23	53	‘5월, 광주민주항쟁기념위원회’ 구성. 회장: 조아라 장로, 부회장: 고영근 목사, 유연창 목사 총무: 강신석 목사, 이해학 목사

연월	나이	활동 내용
1985. 5. 2.	53	"양심수는 지체없이 석방되어야 한다" 재야간담회 성명 발표. (함석헌, 김재준, 홍남순, 조아라, 조남기, 박세경, 김성식, 지학순, 이돈명, 송건호, 안병무, 이문영, 고 은, 윤반웅, 고영근, 이우정, 장기천, 은명기, 박형규)
1985. 5. 6.(5. 9.~13.) (고난 11)	53	나라를 위한 기도회 공동주최 광주 엠네스티 설교사건 "광주 시민 학살죄를 회개하라" 후 구류 (안기부 수사국)
1985. 8. 15.		전국청년연합 8.15 40주년 기념 설교(2,000명 회집)
1985. 8. 28. (고난 12)	53	국회의사당 앞에서 기도 후 연행(집시법 위반) "학원악법 폐지하라", "민생문제 해결하라" NCC 시국대책 교역자협의회 개최 중 시위
1985. 8. 27.	53	학원안정법 철회와 정국 안정을 위한 재야간담회 성명 발표 "현 시국에 대한 우리의 입장" (김재준, 함석헌, 홍남순, 박세경, 이동명, 조아라, 윤반웅, 조남기, 은명기, 박형규, 송건호, 안병무, 문익환, 고 은, 고영근, 이문영, 이태영, 장기천, 이우정, 계훈제)
1985. 9. 4.~9. 11. (고난 13)	53	목민선교회 '나라를 위한 기도회' 설교사건: "느헤미야의 구국운동" 후 구류 "느헤미야같이 신앙 구국운동, 외교 구국, 교육 구국, 투쟁 구국을 해야 합니다. 군인이 민간인을 찌르고 쏘고 하는 것은 학살입니다. 그것이 어떻게 치안유지고 어떻게 정당방위입니까. 공산당도 부상당하면 치료해서 포로로 집어넣는데 어떻게 국군이 다 죽어간 사람들의 발목을 잡아매고서 사람을 죽입니까. 오늘날에는 정치가는 없고 폭력배만 존재합니다."
1985. 9. 19.~9. 30. (고난 14)	53	민주헌정연구회 강연("한국민족의 살 길") 후 구류
1985. 10. 17.	53	목요기도회 설교("강폭하지 말고 무소(誣訴)하지 말라") 예정, 강제 불법연행됨
1985. 11. 29.~30. (고난 15)	53	10월 17일 발족한 고문수사 및 용공조작 저지 공동대책위원회가 민주화추진협의회에서 농성, 안기부 연행 구류.
1985. 12.	53	85 인권주간 NCC 연합예배 주제: "악법 철폐하고 하나님의 법 실현" 전국순회강사: 조성기, 이해학, 김지길, 김상근, 장을병, 박형규, 김동완, 조승혁, 김윤식, 송건호, 금영균, 김동길, 이돈명, 고영근, 원형수, 주재용, 오충일
1985. 12. 15.	53	군산지구 인권위원회 설교
1985. 12. 30.	53	순천지구 인권위원회 설교
1985.	53	교역자 위한 수련회 및 강좌회(21), 민족생존을 위한 특별집회(31), 학원안정법 반대 투쟁(재야간담회), 서명운동과 기

연월	나이	활동 내용
	54	자회견, 농성, 고문 및 용공조작 반대를 위한 투쟁, 구속자 위한 모금 운동과 영치금 지원, 미문화원 점거사건 및 삼민투위 사건을 위하여, 5.18 광주민주화운동 기념행사 추진, 재야간담회 학원안정법 철회요구 성명서 발표 등
1986. 1. 12.	54	"조국의 위기 타개를 위한 우리의 제언" 재야간담회 성명 발표: ① 정부와 집권당은 민주저항세력에 대한 힘의 과시만으로는 절대로 그 정당성이 획득되지 않음을 깨달아야 한다. ② 강대국의 힘의 논리에 의한 수입개방 압력은 이 나라 경제와 민중의 삶은 생존의 벼랑에 내몰고 있다. ③ 어째서 이 정부는 일제와 유신체제의 유물을 청산 못하고 목마르게 정의를 구하고 민주화를 부르짖는 사람들이 박해를 받고 고문을 당해야 하는가? ④ 야당 정치인들은 국민 앞에 다시 한번 과감한 자세로 역사에 영원히 씻지 못할 오명을 남기지 않도록 최선을 다해야 할 것이다. ⑤ 국민들은 오늘 이 나라의 운명이 어떤 파국을 향해 달리고 있는지 직시해야 한다(함석헌, 김재준, 홍남순, 조아라, 박세경, 이돈명, 지학순, 문익환, 조남기, 윤반웅, 김성식, 이태영, 은명기, 안병무, 문동환, 박형규, 이우정, 송건호, 고은, 이문영, 고영근, 장기천).
1986. 1. 20.~1. 31. (고난 16)	54	목요예배 헌금기도 후 유언비어로 구류, NCC 인권위원회, 한국기독청년협의회, 전국목회자 정의평화실천협의회 공동대응, "기도는 유언비어가 아니다"
1986. 3. 8.	54	인천산업선교회 "노동운동 탄압과 선교탄압 저지를 위하나 연속기도회"(3.3~9, 이해학, 오충일, 조화순, 이정학, 문익환, 고영근, 박형규)
1986. 3. 19.	54	예장 인권위원회, KBS-TV 시청료 거부 및 민주개헌을 위한 서명운동 성명서, 「민주헌법 예장 추진본부」 결성 (위원장: 조남기, 부위원장: 고영근, 총무: 금영균, 서기: 고환규)
1986. 4. 7.~4. 15. (고난 17)	54	KSCF설교("기독청년의 시대적 사명") 후 구류,
1986. 4. 19.	54	부활절, 4.19 기념강연 (순천, 전주, 청주 지구, "십자가와 부활")
1986. 6. 10.~6. 19.	54	나라를 위한 기도회; 전주 성광, 여수 은현, 청주 제일, 대구 남성, 부산 중부 교회에서 개최
1986. 6. 24.	54	"개헌정국을 보는 우리의 입장" 재야간담회 성명 발표 ① 문익환 목사 지체없는 석방 ② 개헌의 중심은 직접선출의 원칙 ③ 한국 민주화 과정에서 미국의 역할 문제점 ④ 민주 지향적 사회정의 실현, 통일기반

연월	나이	활동 내용
		(함석헌, 김재준, 홍남순, 조아라, 박세경, 이돈명, 지학순, 계훈제, 조남기, 윤반웅, 이우정, 은명기, 박형규, 장기천, 고영근, 송건호, 고　은, 안병무, 이문영, 문동환)
1986. 7.	54	완도, 임실, 전남 지구 민주화를 위한 강연 "우리 민족의 나아갈 길", "민족의 진로"
1986. 7. 25.	54	재야간담회 성명 발표 "권 양에게" (함석헌, 김재준, 홍남순, 조아라, 박세경, 이돈명, 지학순, 계훈제, 조남기, 윤반웅, 이우정, 은명기, 박형규, 장기천, 고영근, 송건호, 고　은, 안병무, 이문영, 문동환)
1986. 8. 15.	54	동해시 8.15 기념강연
1986. 8. 25.	54	기장 전북노회 8.15 기념강연 이후 연행
1986. 8. 25.~8. 28. (고난 18)	54	레이건 정부에게 보내는 공개 권고문 서명사건 후 구류: ① 레이건 정부는 전두환 정권을 지원하지 말라. ② 점진적 민주화 대타협 정책을 시정하라. ③ 워커 대사를 즉각 경질하라. ④ 잘못된 대한정책으로 반미 테러를 자초하지 말라. ⑤ 한국을 공산화되게 하지 말고 민주화에 협력하라. ⑥ 미국 정부는 한국의 평화통일과 독립에 협조하라. ⑦ 미국 정부는 하나님의 정의구현에 힘쓰기 바랍니다. (발기인: 이두수, 조화순, 고영근, 장성룡, 허병섭, 이해학, 임영천, 이호석, 정동수 목사)
1986. 9. 13.~9. 19. (고난 19)	54	9월 11일 목요예배 설교 후 구류: "회개하라 천국(민주화)이 가까우니라" ① 국제악을 회개하라(소련, 미국, 일본의 범죄). ② 정치악을 회개하라(김일성 정권, 전두환 정권). ③ 경제악을 회개하라. ④ 종교악을 회개하라(십자가 팔아먹는 한국교회). ⑤ 민주화운동에 명심할 문제.
1986. 10. 30. (11. 7.~11. 8.) (고난 20)	54	종교개혁기념주간 목요예배 설교 "한국교회의 나아갈 길" "① 한국 교계 갱신을 단행하자(신앙의 기본자세 재정비, 축복의 두 가지 면, 신앙과 윤리의 병행, 정의와 사랑이 병행, 소극적 적극적 면 병행, 성직자의 삼중직이 병행, 교회 부조리 시행). ② 민족목회 실시(국민윤리 확립, 생활이념 확립, 애국정신 확립, 동포에게 예수사랑 반사)복음화 운동을 전개하자. ③ 전두환 정권의 영구집권 저지하고 민주화 성취." 위 설교내용 중 '전두환 정권은 공산당식의 내각책임제로 영구집권을 획책하고 있다'가 문제 됨. "① 정치참여의 자유를 봉쇄하고 있는 점이 공산당 정치형태와 유사하다. ② 국민의 의사와 반대되는 인물이 당선되는 점이 공산당식 선거제도와 유사하다. ③ 당총재와 수상직을 분리시키는 점이 공산당식 내각제와 유사하다."
1986.	54	민족생존을 위한 강연회(25회), 교역자 위한 강좌회(13), 나

연월	나이	활동 내용
		라를 위한 기도회(5), 구국기도회(6), 구속된 양심수 영치금 성원(46건), 박영진 열사 후원 운동
1987. 1. 12.~24. (고난 21)	55	경동노회 청년연합주최 겨울선교대회 설교 후 구류: "전두환의 국정연설은 국민을 무시하는 협박장이다. 민정당의 내각 제안은 공산당식 내각 제안과 방불…."
1987. 2. 3.	55	"주한 미국 대사관 릴리 대사에게 드리는 공개 권고문"
1987. 4. 3.	55	"시거 차관보의 대한정책을 비판한다" 성명서: "시거 차관보의 연설은 우리 국민이 원하는 민주화 곧 자유, 정의, 평등 인권이 보장되는 민주화가 아니고 군벌정권을 연장하기 위한 '위장된 민주화'를 독려하는 연설과 발언으로서 우리 민족의 규탄을 받을 수밖에 없는 발언이다. ① 전두환의 88년 평화적 정권교체의 약속은 평가할만한 가치가 있다는 발언, ② 과거의 죄과와 불만은 접어두라는 발언, ③ 특정한 정당의 특정한 안은 지지하지 않는다는 발언, ④ 타협과 합의로 개헌이 이루어져야 한다는 발언, ⑤ 김대중 씨가 릴리 대사와의 대화를 거부했다는 말, ⑥ 은퇴한 정치인은 어느 나라나 국가적 자원으로서 조언이 필요하다는 말, ⑦ 미국은 40년 동안 한국에서 민주주의와 인권을 포함, 정치, 경제, 사회의 발전을 지지해왔다는 말. 미국 정부는 위와 같은 잘못을 회개하고 대한정책을 개선하여 한국에 진정한 민주화가 성취되도록 협조함으로써 한미 간 평등한 우의를 지속할 수 있기를 바란다."
1987. 4. 10.~14. (고난 22)	55	이민우 총재와 신민당 비주류에게 공개 권고문 발송사건 후 구류
1987. 4. 10.	55	신당(통일민주당) 창당지지 성명서 발표: (윤반웅, 고영근, 김경섭, 신삼석, 강세현, 박영신, 김종득, 김호현, 김영원, 이해학, 김금동, 김종오, 이동련, 정옥균, 김영진, 김태헌, 임영천, 박봉신, 양기동, 정동수, 이한섭, 권오창, 윤승중, 남상도, 장채철, 이 협, 이남하)
1987. 4. 12.	55	구류 중 영등포 직결재판소에서 재판, 강서경찰서에 다시 유치장 구류
1987. 4. 14.	55	한신대 강연회(500명 회집) "기독교와 민주주의"
1987. 4. 24.	55	안동시 부활절 기념예배(1,000명 회집)
1987. 5. 4.	55	부산시 연합 '나라를 위한 기도회'
1987. 5. 7.	55	4.13 호헌반대 삭발 단식 48시간 기한부 단식(예장 목협, 예장 총회장실)
1987. 5. 13.	55	서울 시내 8개 대학교 기독학생회 주최 "나라를 위한 기도회" 설교(고려대, 500여 명 회집)

연월	나이	활동 내용
1987. 5. 15.~20. (고난 23)	55	순천노회 주최 '나라를 위한 기도회' 설교 후 구류: "기독교와 민주주의" 연행에 항의 시위, 순천지역 6월 항쟁의 도화선이 됨
1987. 5. 21.~6. 26.	55	부평, 여주, 여천, 충남 태안, 목표, 원주, 영주, 경기, 의성, 울산 지구, 의정부 지구, "나라를 위한 기도회" 설교(누적인원 5,300명 회집)
1987. 6. 22.	55	전두환 정권의 4.13 호헌에 항거하여 예장 목사 800여 명 새문안교회에서 나라 위한 기도회 중 옥외설교
1987. 6.	55	"미국 정부의 불의하고 간악한 대한정책을 규탄한다" 1차 성명 발표(서명자 1,050명)
1987. 7. 23.	55	순교자 고 임기윤 목사 추모예배(감리교 사회선교협회, 한국목민선교회, 감리교 청년전국연합회, NCC 예배위원회 공동 주최)
1987. 8. 15.	55	8.15 기념예배(용인, 광주 지구/850명 회집)
1987. 8. 17.~12. 13.	55	"민주화를 위한 강연" (울산, 제주, 완도, 대전, 고산, 김천, 상주, 무안, 신안, 장성, 성광, 해남, 부여, 광양, 영광, 이리, 목포, 광명, 순천, 임실, 광주, 청주, 전주, 정읍, 순창, 천안, 온양, 여주, 동두천, 김제, 남원, 담양, 화순, 대구, 부산 지구, 누적 인원 11,500여 명 회집)
1987. 9. 12.	55	"미국 정부의 불의하고 간악한 대한정책을 규탄한다" 성명서 2차 발표, 서명 성직자 1,400명): "미국 정부가 군벌 독재를 성원하여 지원하겠다고 표명한 것은 민주화를 강력히 요구하고 있는 우리나라에 선전포고한 것이나 다를 바가 없다. 미국 정부는 즉시 철회하고 4,200만 국민이 염원하는 민주화를 즉시 성원하기 바란다. 이에 각자 서명함으로써 우리 성직자들의 열의를 이 성명서를 통해 표명하는 바이다."
1987. 9. 13. (9. 29.~10. 6.) (고난 24)	55	목민선교회 설교사건 '노태우 방미규탄 성명서' 후 구류: "노태우 총재대행은 레이건 대통령에게 한국 대통령으로 임명을 받고 일본에 들러서 인준받고 돌아와 수단 방법을 가리지 않고 대통령에 취임할 것이 자명하다."
1987. 9. 12.	55	"나라를 위한 기도회" 개최: "조국을 위기에서 구원하자. 독재정권이 막강한 것이 문제가 아니라 민주진영이 미약한 것이 큰 문제이다."
1987. 9. 28.	55	"대통령 후보 선정에 대한 우리의 주장" 함석헌, 문익환, 고영근 등 61명 명의로 성명서 발표
1987.10. 5.	55	"민주화를 위한 후보 단일화에 대한 우리의 견해"

연월	나이	활동 내용
		함석헌, 김관석, 윤반웅 등 46명 명의로 성명 발표
1987. 10. 15.	55	선거 때 특정인 지지 표명했다는 이유로 예장 총회 인권위원회 부위원장직 해임됨.
1987. 10. 29.	55	예장 서울 서노회 전도목사직 해임됨
1987. 10. 30.	55	성명서 "김대중 선생님의 대통령 출마 선언과 평화민주당(가칭) 창당을 지지하며" 발표: "우리는 군부독재를 선거혁명으로 끝장내고 민주화를 성취하기 위해 김대중 선생님과 평화민주당(가칭)의 출범을 지지하는 바이다." 한국민주기도협의회, 한국 첫 토요기도회, 자주민권운동협의회, 한국민주평화실천협회, 광주의거유족회.
1987.	55	민중 생존을 위한 설교와 강연회 총 85회, 교역자 강좌회(14), 구속자 영치금 후원, 순국 유가족 후원, 철거민 후원.

고영근의 통일운동

1988. 1. 25.	56	선거법 위반혐의로 조사(시경 형사과 지능계)
1988. 3. 1.	56	'고영근 목사는 왜 평민당에 입당하였는가?': "① 국민을 각성시키는 계몽 강연을 하기 위해서 평민당에 입당하였습니다. ② 민주화운동의 중추세력인 평민당을 보호하기 위해서 입당했습니다 ③ 민주화운동의 구심 인물인 김대중 선생에게 용기를 드리기 위해서였습니다. 민주화의 그 날까지 당직을 맡거나 어떠한 정치적 직책을 맡지 않고 복음선교에 매진할 것입니다. 그리고 조국의 복음화와 민주화를 위하여 예언자로서의 사명을 위해 순교적 충성을 다하고자 합니다."
1988. 3. 7.	56	집시법 위반사건 재판: ("민정당의 내각 제안은 공산당식 내각 제안과 방불하다" 고 발언)
1988. 4.	56	4.26 총선을 위한 강연(33회, 누적 인원 187,740명)
1988. 6. 1.	56	박병훈 목사가 명예훼손으로 고소한 사건 판결. 징역 1년 집행유예 1년. "박병훈 목사는 삼선개헌을 지지했지요. 그리고 유신개헌도 학원안정법도 지지했으니 항상 지지만 합니다.… "
1988. 9. 15. (고난 25)	56	시위학생 구타하는 경찰 항의 사건
1989. 3. 1.	57	『민주화냐 독재 연장이냐 4』 출판: "조국의 정의화, 자주화, 민주화, 통일을 위하여"
1989. 3.	57	명예선언 장교 후원 운동

연월	나이	활동 내용
1989. 6.	57	한국목민선교회 전체 임원, 이철규 열사 망월동 묘지 참배
1989. 6. 19.	57	오명걸 목사 환영회 개최
1989. 10. 10.	57	『죽음의 고비를 넘어서』 2권 출판.
1989. 12.	57	구속된 장기수에게 덧버선 차입(125켤레, 서독 튀빙겐교회 여신도회 제공)
1989.	57	민족생존을 위한 강연회(27회, 누적 인원 880명)
1990.	58	이문옥 감사관 가족 돕기 운동. 양심수, 구속자, 시국사범 등 후원 운동
1990.	58	비전향 장기수 돕기 운동 실시(1990~1999)
1990. 8. 17.~1996.	58	공정언론촉구 성직자회 창립(창립 초기 회원 180명, 1991년 회원 300명 증가. 고영근 목사 회장; 1990~1993, 박상증 목사 회장; 1994~1996, 실질적 활동 기록은 1990~1994년까지 보관되어 있음): "언론인들이 정론을 펴지 못하고 왜곡된 보도를 일삼아 왔고 외세와 독재자에게 아부하여 분단과 군사독재를 합리화하므로 자주화 정신과 민주화 정신을 소멸시켰기 때문이다. 우리 조국의 정의화, 자주화, 민주화, 통일을 조속히 실현하려면 언론계가 크게 반성하고 다시 태어나서 정론을 펼 수 있도록 혁신을 일으켜야 한다고 판단, 하나님의 정의를 구현하려는 성직자들이 예언자의 집단이 되어서 바른 언론인에게는 격려를 보내고 그 반면 사이비 언론인에게는 각성을 촉구하기 위하여 '공정언론 촉구 성직자회'를 조직하였습니다."
1990.	58	"민족 생존을 위한" 설교 및 강연 (전주, 군산, 목포, 원주, 해남, 강진, 마량, 안산, 청주, 남원 등, 누적 인원 3,100명)
1991.	59	'미국 정부에게 보내는 공개 권고문' 발표(단체서명자 301명): "① 미국은 소련과 더불어 한국을 38선으로 분할했으니 그 책임을 통감하고 1995년 이전에 통일이 되도록 조처하기를 촉구한다. ② 미국과 소련은 6.25 한국전쟁을 일으켜 우리 조국을 초토화시켰던 범죄를 사과하고 즉시 긴장을 완화하라. ③ 미국 정부는 한국에서 30년 동안 군사독재가 자행되도록 독재정권을 창출하고 방조한 정책을 개선하고 민주화가 성취되도록 과감하게 조치하기를 촉구한다. ④ 자유, 정의, 평등, 평화를 표방하고 유엔을 창설한 미국은 긴장 고조를 중단하고 세계평화에 기여하라. ⑤ 미국 정부는 세계 인류의 저주와 하나님의 무서운 심판을 자초하지 말고 정도를 걸어 번영을 계속하기 바란다."
1991.	59	교역자 위한 목회강좌회 (21), 민족생존을 위한 강연회(17),

연월	나이	활동 내용
		비전향 장기수, 시국사범 영치금 및 생활용품 후원 운동(미국 에덴교회), 분신자 유가족 위로 및 치료 후원, 공정언론 촉구성직자회 공동활동, 이문옥 감사관 가족돕기 운동
1991. 5.	59	강기훈 유서대필사건, 강기훈 교우를 위한 기도회(예장 강기훈문제대책위원회 주최)
1992. 6. 15.	60	'지방자치 단체장 선거를 조속히 실시해야 한다' 성명 발표
1992. 8 .26.	60	노태우 고소 고발: "지방자치단체장 선거를 고의적으로 연기하는 것은 국민들의 권력 창출 권한을 박탈하는 것이다." 고발죄명 지방자치제법 부칙 제2조 2항 위반
1992. 8. 3.	60	"미국 정부에게 보내는 공개 권고문" 2차 발표(307명 서명): "미국은 한국에게 잘못해 온 정책을 개선, 한국의 민주주의를 궤멸시킨 잘못을 치유, 일본의 재무장을 방조하지 말고 견제하여 세계화에 기여, 하나님의 심판을 자초하지 말기를 기원한다."
1992. 9.~11.	60	국회의원 선거법 위반으로 불구속 입건: 1992. 3. 24. 국회의원 선거 때 "현명한 유권자는 민자당 후보를 지지하지 말고 제일야당 후보를 지지하여 정권교체를 이룩하자"는 내용의 유인물 배포한 사건으로 불구속 입건되어 5회 공판받음
1992. 10. 1.	60	『죽음의 고비를 넘어서』 3권 출판
1992. 11. 23.~4. 27. (고난 26)	60	정권교체를 호소하는 유인물 배포사건 후 구속 수감(대통령 선거법 위반): 『나라와 겨레를 내 몸과 같이』 책자 3,000권을 출간하여 배포한 지 1주일도 안 되어 선거법 위반으로 구속, 영등포 구치소에 수감되어 5개월 복역함("세 가지 종류의 민주주의": 우경화된 사이비 민주주의, 좌경화된 사이비 민주주의 그리고 자유, 정의, 평등, 인권 등 민주주의 기본요소가 시행되는 자유민주주의 등을 제시하고 분석, 정리. 군사정권은 32년 동안 국가안보를 정권 연장에 악용해왔다. 선거 때마다 간첩 소동, 남침 위협을 핑계삼아 긴장을 고조하고 야당 후보자를 공산당으로 매도하여 유권자의 판단을 흐리게 함으로 위장된 승리를 조작했다. 따라서 '국가안보를 정권 연장에 악용하지 말라'는 내용의 성명서 발표, 인쇄하여 우송한 문제).
1992. 12.	60	서울서노회 무임목사로 결정
1992.	60	시국사범 및 비전향 장기수 영치금 후원(94명)
1993. 4. 30.	61	법원, 노태우 고소고발장 '혐의없음' 처분통지서 통보
1993. 10. 4.	61	공정언론 총구 성직자회 총회 및 강연회

연월	나이	활동 내용
1994. 4. 11.	62	김영삼 정부와 언론인에게 보내는 공개 권고문: "김영삼 정부와 언론은 12.12 군사반란 사건을 공명정대하게 처리하기를 촉구한다" 성직자 공동서명 309명
1994. 10. 5.	62	예장 전주노회 전도목사로 부임
1994. 10. 29.~2001. 4.	62	한국교회 갱신을 위한 제안문 1~42 크리스챤신문, 기독교신문 전면광고: ① 한국교회는 민족사 앞에 범죄를 회개하자. ② 새해의 교회재정 예산 중 30%를 선교비(20%)와 봉사비(10%)로 책정하자. ③ 신학교 난립과 목사안수 남발을 자제하자. ④ 이제는 부흥회를 건전하게 실시할 때 아닌가? ⑤ 한국교회는 생활개혁운동으로 삶의 시범을 겨레에게 보여주자. ⑧ 한국교회는 8.15 해방 50주년을 맞으면서 십계명을 중심하여 국민윤리를 확립하자. ⑭ 한국교회는 해방 이후 나라와 겨레를 위하여 그리고 민족사 앞에서 무엇을 공헌하고 있는가 반성하자. ⑰ 한국교회는 외화 낭비를 자제하자. 그리고 절제운동을 전개하며 경제번영에 공헌하자. ⑱ 한국교회는 미국 정부에게 회개를 권고하자. 그리고 조국의 자주화 운동을 전개하자. ⑲ 한국교회는 신도들이 사회생활에서 무례하지 않고 덕을 세우며 봉사하도록 지도하자. ⑳ 한국교회 선교력을 교회갱신, 자선사업, 구조복음화를 위해 총력을 경주하자. ㉑ 한국교회는 국민생활 개혁운동(하나님의 선교)을 전개하기 위하여 선교력을 집주시키자. ㉒ 한국교회는 거짓과 외식을 회개하고 진실하자. 그리고 신뢰사회 구축의 주역이 되자. ㉓ 한국교회는 7,300만 우리 겨레를 가나안복지로 인도하자. 그리고 통일과 번영을 주도하자. ㉔ 한국교회 성직자는 제사장적 사명, 왕적 사명, 예언자적 사명을 균형있게 수행하자. ㉝ 한국교회는 편법목회 지양하고 성령과 양심을 따라서 정도를 걷는 목회를 실시하자.
1974.	63	시국사범 및 비전향 장기수 영치금 후원(64명)
1995.7.	63	시국사범 석방운동 전개: 8.15 해방 50주년을 맞이하여 감옥에서 고생하는 무기수와 시국사범 전원을 석방시키자는 건의안 동참 서명엽서 취합.
1995	63	시국사범 및 비전향 장기수 영치금 후원(353명)
1996. 1~12.	64	교회갱신에 대한 제안문(기독교신문): "① 불의한 정권에 대처하는 5종류의 목사들! 각자 자신을 성찰하자. ② 한국교회는 타락했던 종교들의 전철을 밟지 말자. ③ 한국교회는 해방 이후 나라를 위해 무엇을 공헌했는가 반성하자…"(4~12회차).

연월	나이	활동 내용
1996.	64	비전향 장기수(덕천, 목민, 광림교회 후원), 시국사범(예본) 영치금 후원, 신도 간 편지 교류(150명, 선교비 973만 원)
1996. 3. 1.	64	교회와 나라를 위한 기도회(백주년기념관, 강사; 이해동 목사)
1997. 7. 26.	65	송건호 선생 돕기 모임 추진: (발기인: 이문영, 김찬국, 이영희, 이우정, 박상증, 정철범, 김동완, 권호경, 한승헌, 김상근, 고영근, 지상섭 등)
1997. 10. 2.~12. 18.	65	나라를 위한 기도회와 시민강좌회: "한국교회가 단결하여 기도해야겠다는 성령의 감동과 우리 겨레에게 민주주의를 바르게 교육시켜야겠다는 사명감으로 '나라를 위한 기도회와 시민강좌회'를 개최하기로 결정. 한국판 미스바 대성회를 이룩하자." 자문위원: 오행수, 김관석, 김지길, 김성진, 조용술, 김성수, 이만신 공동의장: 박상증, 금영균, 조승혁, 서기행, 장성룡, 이문영, 이우정 집행위원장: 고영근 강좌: 민주주의 완성과 정권교체(김근 논설위원), 민족정기 확립과 정권교체(나종일 교수), 통일번영의 준비와 정권교체(전인권 교수), 15대 대선에 대한 문명론 조명(이문영 교수), 경제 회생과 정권 교체(김상근 목사), 국민대화합과 정권 교체(황태연 교수), 인권신장과 정권 교체(한승헌 변호사)
1997. 11. 3.~11. 11.	65	"지역별 나라를 위한 기도회": '본받아야 할 느헤미야의 구국운동'(익산, 군산, 전주, 김제, 남원, 전남노회, 광주, 목포, 여수, 순천 등. 강사: 고영근, 조영래)
1997.	65	교회갱신에 대한 제안문 12회(기독교신문): "① 한국교회는 거짓과 외식을 회개하자. 그리고 신뢰사회 구축의 주역이 되자…"(2~12회차).
1997.	65	시국사범 후원, 비전향 장기수 광주교도소 방문 및 영치금 후원(9), 기타 교도소(3), "36년간의 장기집권 이제는 교체할 때가 아닌가" 출판, 배포, 고난받는 민주인사 성원
1998. 10. 20.	66	한국인권문제연구소에서 제1회 인권상 수상
1998. 11. 22.	66	장기수 석방환영 예배(백주년기념관, 한국목민선교회 주최)
1990.~1998.		비전향 장기수 후원사업 주도(참여 교회; 광림, 목민, 은현, 신정동, 예본, 덕천, 벌교제일, 과역중앙, 독일토요기도회, 독일복흠, 기북, 미국에덴, 에녹회, 독일베를린 정의평화위원회, 현대교회, 미국교포 김영철 목사, 독일 서범석 성도 등)

연월	나이	활동 내용
1999. 10. 5.	67	애국인사를 기리는 기도회: 주최: 한국목민선교회, 후원: 한국기독교교회협의회, 국가조찬기도회, CBS
1999. 10. 9.	67	"박정희 기념관 건립은 민족정기를 궤멸하는 처사이니 즉시 중단하여야 마땅하다" 성명서 발표 및 시위
1999. 11. 9.	67	민주열사 의문사 규명과 명예회복을 위한 특별법 제정 촉구회: 주최: 한국목민선교회, 유가협, 후원: 한국기독교교회협의회 인권위원회
1999. 12. 31.	67	민주주의 발전을 위한 국민협의회 발족(나라를 걱정하는 재야인의 모임): 고문: 이돈명, 이문영, 한승헌, 한완상, 이우정 부회장: 박상증, 이해동, 조승혁, 김재열, 고영근 지도위원(47명), 중앙위원(45명)
2000. 3. 16.	68	"클린턴 미국 대통령과 미국 정부에게 보내는 공개진정서" 발표, 나라를 걱정하는 기독인의 모임(102명 성직자): 공동의장: 김지길, 이문영, 김성수, 박상증 사무총장: 고영근 성직자: 임택진, 강희남, 조용술, 박형규, 김관석, 김지길, 김성수 임기준, 백윤석, 강원하, 배성룡, 김준영, 유영소, 박상증, 김영철, 정철범, 금영균, 조승혁, 장성룡, 이해동, 유연창, 문정식, 심삼선, 김경섭, 김호현, 이명남, 오충일, 서도섭, 박종화, 김종오, 김종렬 홍성현, 송봉규, 이경석, 강신석, 노정렬, 김경식, 김진석, 정성모, 고영근, 홍근수, 김상해, 김동완, 차선각, 박광선, 조화순, 조영래, 김용우, 이동춘, 서재일, 문대골, 정지강, 엄상현, 노영우, 나명환, 김경남, 백남운, 박영모, 김재열, 이천우, 김정웅, 이해학, 김병균, 김진옥, 이철우, 김종희, 유경재, 백도웅 (69명) 평신도: 신창균, 조아라, 박용길, 이소선, 이문영, 이돈명, 지익표, 이세중, 김동수, 송좌빈, 한준수, 유원호, 배종렬, 김원영, 윤영규, 전창일, 유시경, 김병태, 조병희, 문승만, 박점동, 조귀남, 우창웅, 이관복, 박연철, 임영천, 곽태영, 이자현, 박정기, 유택렬, 김판순, 조윤익, 류중남 (33명)
2002. 3. 1.	70	생활개혁운동본부 창립(본부장)
2002. 3. 5.~2004. 6.	70	전주 한일장신대학교 강사(교회와 국가)
2002.	70	교회갱신을 위한 칼럼 연재 (46회차, 52~97)
2002.	70	시국사범 영치금 후원(111명, 323만 원)
2003. 4. 1.	71	고영근 목사 선교사역 50주년 감사예배 및 출판기념회 『이것이 나의 간증이요』
2003. 6. 18.	71	반공포로 석방 50주년 기념예배(기독교신우회 회장: 고영근)

연월	나이	활동 내용
2003.	71	교회갱신을 위한 칼럼 연재 (32회차, 101~132)
2004. 12.	72	지병인 당뇨로 실명 위기
2007.	75	긴조 구속 당시 발병한 당뇨병과 뇌졸중으로 투병 시작
2009. 9. 6.	77	하나님의 부르심을 받다.

저자 소개

고성휘

성공회대학교에서 "세월호 담론투쟁과 주체의 전이현상 연구"로 신학박사(Ph.D.) 학위를 받고 장로회신학대학교 역사신학과 박사 후 국내연수 과정 중에 있다. 마을목회 사례연구와 고영근 연구에 관한 다수의 논문이 있다.

김정준

성공회대학교 신학연구원 연구교수, 기독교대한감리회 수정교회 담임목사, 한국기독교교육학회(KSCRE) 수석 부회장, 한국종교교육학회 이사로 있다. 저서로는『융 심리학과 영성교육』(2008),『교회통찰 - 코로나, 뉴노멀, 언택트 시대, 교회로 살아가기』(공저, 2020) 등이 있다.

박종현

연세대학교 철학박사 학위를 받고 명지대학교 교목과 관동대학교 교수를 지냈다. 한국교회사학연구원장으로 봉사하였고 현재 연세대학교 기독교문화연구소 전문연구원과 한국문화신학회 회장으로 있다.『미국 남장로회 여선교사 기도회』외 여러 저술이 있다.

신익상

성공회대학교 열림교양대학 조교수, 연세대학교 겸임교수, 사)한국교회환경연구소 소장으로 일하고 있다. 서울대학교 물리학과를 졸업하고 감리교신학대학교 대학원에서 조직신학으로 M.Div.를, 종교철학으로 Ph.D.를 받았다. 저서로는『바울 해석과 한국 사회 주변부』(2019) 외 다수가 있다.